ΕΧΘΡΟΣ

ΑΠΑΓΟΡΕΥΜΕΝΗ ΖΩΝΗ

Στο χωριό Μπρέντμαουθ, χαμένο κάπου
στην καταπράσινη και μυστηριακή εξοχή
της Αγγλίας, βρίσκεται το Ινστιτούτο.
Είναι μια σχολή που διευθύνει ο στρατηγός
Έξφορντ και προετοιμάζει νέα παιδιά,
προικισμένα με μια εξαιρετική ιδιοφυΐα,
για να γίνουν κάποια μέρα σπουδαίοι επιστήμονες.
Όμως ακόμη και ο Μαρκ, η Ρεβέκα, ο Τζόε και
η Κολέτ αδυνατούν να εξηγήσουν κάποια
παράξενα γεγονότα.

Μήπως πρόκειται για κάτι πέρα από
τα όρια του φυσικού; Μήπως την απάντηση
θα τη βρουν αποκλειστικά και μόνο στην
ΑΠΑΓΟΡΕΥΜΕΝΗ ΖΩΝΗ...

Τίτλος πρωτοτύπου:
THE PSYCHIC ZONE – THE ENEMY WITHIN

Από τις εκδόσεις: HODDER CHILDREN'S BOOKS, Λονδίνο 1998

Τίτλος βιβλίου:
Ο εσωτερικός εχθρός

Συγγραφέας:
Mathew Stone

Μετάφραση:
Αντωνέλλα Μουτσοπούλου

Θεώρηση κειμένου:
Γιώργος Χριστόπουλος

Εξώφυλλο:
Χρήστος Δήμος

Στοιχειοθεσία:
Σ. Τουμαζάτος & Σ[ΙΑ] Ο.Ε.

Εκτύπωση:
Δ. Τουμαζάτος

Πρώτη έκδοση: Φεβρουάριος 2001

ISBN 960-274-346-8

ΕΚΔΟΣΕΙΣ ΨΥΧΟΓΙΟΣ Α.Ε.
Μαυρομιχάλη 1
106 79 Αθήνα
Τηλ.: 3302234-5 - 3618654
Telefax: 01/3302098
http: www.psichogios.gr
E-mail: psicho@otenet.gr

PSICHOGIOS PUBLICATIONS S.A.
1, Mavromichali Str.
106 79 Athens-Greece
Tel.: 3302234-5 - 3618654
Telefax: 01/3302098
http: www.psichogios.gr
E-mail: psicho@otenet.gr

ΜΑΘΙΟΥ ΣΤΟΟΥΝ

ΑΠΑΓΟΡΕΥΜΕΝΗ ΖΩΝΗ

Ο ΕΣΩΤΕΡΙΚΟΣ ΕΧΘΡΟΣ

Μετάφραση:
Αντωνέλλα Μουτσοπούλου

ΠΡΩΤΗ ΕΚΔΟΣΗ

ΕΚΔΟΣΕΙΣ ΨΥΧΟΓΙΟΣ

Περιεχόμενα

ΑΠΑΓΟΡΕΥΜΕΝΗ ΖΩΝΗ

Τρεις μήνες μέχρι τη Γη

Κέντρο Ελέγχου του Χιούστον, Τέξας, ΗΠΑ
Πέμπτη, 26 Μαρτίου, ώρα 15.16

Η Μόργκαν Νάιτ κοιτούσε διστακτικά τις οθόνες που βρίσκονταν μπροστά της στο Κέντρο Ελέγχου του Χιούστον. Μερικές από αυτές έδειχναν ολόκληρο τον πλανήτη Γη και τη διαδρομή των δορυφόρων που βρίσκονταν σε τροχιά γύρω του. Άλλες έδειχναν ένα σωρό αριθμούς και έκαναν συνεχώς μαθηματικές πράξεις, τις οποίες η Μόργκαν θυμόταν αχνά από την εποχή που πήγαινε στο λύκειο. Ένα σωρό επιστήμονες και τεχνικοί με λευκές ποδιές κάθονταν μπροστά από τις οθόνες, ενώ στα χέρια τους είχαν μπλοκ όπου κρατούσαν σημειώσεις. Κάθε τόσο γυρνούσαν ο ένας στον άλλο και σχολίαζαν τις πληροφορίες που εμφανίζονταν στις οθόνες.

Η Μόργκαν όμως δε νοιαζόταν ούτε για τις φωτογραφίες της Γης που είχαν πάρει οι δορυφόροι από απόσταση 150 περίπου εκατομμυρίων χιλιομέτρων, ούτε για τους επιστήμονες και τους τεχνικούς. Εκείνη το μόνο που την ενδιέφερε, ήταν μία συγκεκριμένη οθόνη κι αυτό που έδειχνε: τη φιγούρα ενός αστροναύτη με τη στολή του να επισκευάζει το διαστημόπλοιο Ντέιμος III, κρεμασμένος μες στη μαυρίλα του διαστήματος και σε θερμοκρασίες κάτω από το μηδέν.

Στο φόντο, ακριβώς πάνω από τον ώμο του αστροναύτη, διέκρινε έναν πλανήτη που είχε το χρώμα της σκουριάς: ο πλανήτης Άρης. Το Ντέιμος III ήταν το τρίτο από μια σειρά ερευνητικών διαστημόπλοιων που είχαν στόχο να προετοιμάσουν την πρώτη επανδρωμένη αποστολή στον πλανήτη Άρη, την οποία σχεδίαζε η ΝΑΣΑ* εδώ και δύο χρόνια.

Ο αστροναύτης λεγόταν Άρμστρονγκ Νάιτ και ήταν ο πατέρας της Μόργκαν.

Με μάτια σταθερά καρφωμένα στην οθόνη που έδειχνε τον μπαμπά της, η Μόργκαν στράφηκε σε μια από τις κονσόλες που ήταν τοποθετημένες μπροστά από τις οθόνες. Ένας από τους τεχνικούς με τις λευκές ποδιές τής χαμογέλασε, πάτησε ένα διακόπτη και μετακίνησε το μικρόφωνο προς εκείνη.

Η Μόργκαν έσκυψε πάνω από το μικρόφωνο.

– Γεια σου, μπαμπά, εγώ είμαι, είπε. Φαίνεσαι μια χαρά.

Ακολούθησε παύση, καθώς τα ραδιοκύματα απαιτούσαν κάποιο χρόνο για να διασχίσουν τα 150 εκατομμύρια χιλιόμετρα που χώριζαν τον Άρμστρονγκ Νάιτ από τη μοναχοκόρη του. Κατόπιν ακούστηκαν κάποια παράσιτα και ύστερα η φωνή του Άρμστρονγκ, σφυριχτή:

– Μόργκαν, εσύ είσαι;

---

* Η διαστημική υπηρεσία των ΗΠΑ. (Σ.τ.Μ.)

Η φωνή του Άρμστρονγκ δεν ακουγόταν καθαρά. Βεβαίως οι επιστήμονες της ΝΑΣΑ είχαν προειδοποιήσει τη Μόργκαν γι' αυτό, ότι δηλαδή η κάπως υψηλότερη από το συνηθισμένο δραστηριότητα των ηλιακών κηλίδων εκείνη τη στιγμή δημιουργούσε παράσιτα στην επικοινωνία. Εξάλλου ήταν οι ηλιακές κηλίδες που είχαν δημιουργήσει πρόβλημα στο σύστημα πλοήγησης του Ντέιμος ΙΙΙ και είχαν αναγκάσει τον Άρμστρονγκ να βγει από το διαστημόπλοιο και να αιωρείται τώρα στο διάστημα για να κάνει τις απαραίτητες επισκευές.

— Μα και βέβαια εγώ είμαι, απάντησε χαρούμενα η Μόργκαν στον πατέρα της μέσω του μικροφώνου. Ποιος άλλος λες να σου τηλεφωνούσε από την άλλη άκρη του κόσμου, από το μικρό πλανήτη Γη;

Άκουσε τον μπαμπά της να γελά συγκρατημένα και ύστερα τον είδε να γυρνά το πρόσωπό του προς τη βιντεοκάμερα που ήταν εγκατεστημένη στο διαστημόπλοιο και κατέγραφε κάθε του κίνηση. Μολονότι δεν μπορούσε να δει τη μοναχοκόρη του, εκείνης της άρεσε να σκέφτεται πως ήταν σαν να κοιτάζονταν.

— Ξέρεις, μου λείπει η γριά Γη μας, της είπε ο πατέρας της. Και πεθύμησα και σένα, Μόργκαν...

Ο Άρμστρονγκ και οι τρεις άλλοι αστροναύτες συνάδελφοί του, οι οποίοι αποτελούσαν το πλήρωμα του Ντέιμος ΙΙΙ, ήταν στο διάστημα πάνω από τρεις μήνες τώρα και θα περνούσαν τουλάχιστον άλλοι τρεις πριν επιστρέψουν στη Γη.

Η Μόργκαν ένιωσε έναν κόμπο στο λαιμό της. Εκατομμύρια άλλοι άνθρωποι σ' όλο τον κόσμο ένιωσαν επίσης έναν κόμπο στο λαιμό τους, γιατί η συνομιλία του Νάιτ με την κόρη του μεταδιδόταν ταυτόχρονα από τα διεθνή τηλεοπτικά δίκτυα του CNN και του BBC. Αυτό ήταν ιδέα της διεύθυνσης δημοσίων σχέσεων της ΝΑΣΑ, η οποία προσπαθούσε μ' αυτόν τον τρόπο να ξαναστρέψει το ενδιαφέρον της κοινής γνώμης στα διαστημικά προγράμματα κι έτσι ίσως η κυβέρνηση των ΗΠΑ ν' αύξανε τα κονδύλια που έδινε στη ΝΑΣΑ. Γι' αυτό είχαν επιτρέψει στη Μόργκαν να μιλήσει στον μπαμπά της μέσω ζωντανής δορυφορικής σύνδεσης.

Η Μόργκαν έβγαλε τα γυαλιά της, όπως έκανε κάθε φορά που ένιωθε άβολα ή ντρεπόταν.

– Και μένα μου λείπεις μπαμπά, είπε. Είμαι πραγματικά περήφανη για σένα.

Η Μόργκαν περίμενε μέχρι η απάντηση του μπαμπά της να φτάσει στη Γη. Όμως δεν ήρθε απάντηση. Η Μόργκαν έριξε μια ματιά στον τεχνικό που στεκόταν δίπλα της.

– Τι συμβαίνει; τον ρώτησε και στη φωνή της υπήρχε ένας τόνος νευρικότητας.

– Δεν τρέχει τίποτα, της απάντησε εκείνος ψύχραιμα. Ίσως κάποια παραπάνω παράσιτα από τις ηλιακές κηλίδες. Θα επαναπρογραμματίσω τους αναμεταδότες.

Και με ηρεμία ανοιγόκλεισε μερικούς από τους διακόπτες πάνω στην κονσόλα και χτύπησε μερικά πλήκτρα.

– ...μένω να σε δω γρήγορα, ακούστηκε ξαφνικά η φωνή του Άρμστρονγκ Νάιτ και η Μόργκαν έβγαλε έναν αναστεναγμό ανακούφισης.

Απλώς είχε διακοπεί ο ήχος, όχι όμως και η εικόνα, γιατί όση ώρα η Μόργκαν περίμενε ν' ακούσει τη φωνή του πατέρα της, τον έβλεπε στην οθόνη να αιωρείται γύρω από την άτρακτο του Ντέιμος ΙΙΙ. Πιο ήσυχη τώρα, κατάλαβε πως είχε ανησυχήσει χωρίς να υπάρχει ιδιαίτερος λόγος.

Η νευρικότητα ήταν πάντα πρόβλημα για τη Μόργκαν Νάιτ. Πάντα επιθυμούσε να έχει τη λογική, την άνεση και την κοινωνικότητα της Λιβ Φάραρ. Η Μόργκαν ήταν ευτυχισμένη που θα βρισκόταν σε λίγο καιρό κοντά στη Λιβ, χάρη στην υποτροφία που είχε κερδίσει για να σπουδάσει στο Ινστιτούτο Μπρέντμαουθ, στην Αγγλία. Τουλάχιστον ήξερε πως εκεί θα είχε μια φίλη.

— Ήταν στ' αλήθεια παράξενο να μη σ' έχω κοντά μου την ημέρα των Χριστουγέννων, είπε η Μόργκαν στον πατέρα της.

Οι Νάιτ δε φημίζονταν για τα θρησκευτικά τους αισθήματα, αλλά την ημέρα των Χριστουγέννων τους άρεσε να μαζεύονται όλοι μαζί και να απολαμβάνουν τη γαλοπούλα, όπως τους άρεσε και να κάθονται να παρακολουθούν τις κλασικές ταινίες που έπαιζε συνήθως η τηλεόραση εκείνη την ημέρα.

— Θα επανορθώσω όταν..., ακούστηκε η φωνή του Άρμστρονγκ.

Όμως ο ήχος διακόπηκε ξανά. Όταν επέστρεψε, η φωνή του Άρμστρονγκ ήταν πολύ πιο αχνή. Ακουγόταν λες και βρισκόταν ακόμα πιο μακριά απ' ό,τι στην πραγματικότητα, δηλαδή στα μισά της διαδρομής μέχρι τον πλανήτη Άρη. Η Μόργκαν έσκυψε για να δει από πιο κοντά την εικόνα του μπαμπά της. Όμως εκείνη τη στιγμή άρχισαν να εμφανίζονται στην οθόνη παράσιτα και η Μόργκαν ζάρωσε απογοητευμένη το μέτωπό της.

— Μα στ' αλήθεια είναι παράξενο αυτό που συμβαίνει, ακούστηκε ξανά μακρινή και αχνή η φωνή του Άρμστρονγκ μέσα από το σύστημα επικοινωνίας. Ποτέ στη ζωή μου δεν είδα κάτι σαν...

— Μπαμπά; Τι συμβαίνει; τον ρώτησε γεμάτη αγωνία η Μόργκαν ενώ τέντωνε τ' αφτιά της για να τον ακούσει καλύτερα, μιας και τα παράσιτα ήταν πολλά, κι ενώ έβλεπε με τρόμο την εικόνα του στην οθόνη να χάνεται. Τι τρέχει; Τι συμβαίνει;

Καθώς κυλούσαν τα δευτερόλεπτα, τα παράσιτα γίνονταν ολοένα και πιο πολλά και η Μόργκαν δεν μπορούσε ν' ακούσει τον πατέρα της. Ταυτόχρονα δεν έβλεπε και την εικόνα του στην οθόνη, που είχε γεμίσει από λευκές βούλες και γκρίζες γραμμές.

– Δεν ξέρω... είναι σαν ένα ολόκληρο... ποτέ δεν είδα κά..., ακούστηκε ξαφνικά η φωνή του Άρμστρονγκ μέσα από τα παράσιτα, για να ξαναχαθεί αμέσως μετά και να μην επανέλθει παρά τις προσπάθειες των τεχνικών.

Στο Κέντρο Ελέγχου επικρατούσε τώρα πανικός. Η Μόργκαν άρπαξε το μπράτσο του τεχνικού που ήταν δίπλα της.

– Τι συμβαίνει; τον ρώτησε με αγωνία. Τι συμβαίνει στον μπαμπά μου;

Ο τεχνικός κοίταζε απορημένος μια σειρά από πληροφορίες που εμφανίζονταν στην οθόνη που είχε μπροστά του. Ύστερα κούνησε το κεφάλι του.

– Δεν καταλαβαίνω, είπε. Όλα τα συστήματα έχουν καταρρεύσει.

– Όλα τα συστήματα; τον ρώτησε η Μόργκαν.

– Έχουμε χάσει κάθε επαφή με το Ντέιμος III, της είπε εκείνος χωρίς να την κοιτά.

Τα δάχτυλά του κινούνταν αδιάκοπα πάνω από τους διακόπτες προσπαθώντας ν' αποκαταστήσουν την επικοινωνία. Άλλοι τεχνικοί γύρω του έκαναν το ίδιο. Η ένταση ακόμα και ανάμεσα στους πιο εξειδικευμένους και έμπειρους τεχνικούς ήταν τόση, που την ένιωθε κανείς να πλανάται στον αέρα. Τα περισσότερα από τα συστήματα υποστήριξης του Ντέιμος III ελέγχονταν ηλεκτρονικά από τη Γη. Εάν δεν κατόρθωναν να τα αποκαταστήσουν, τότε το χειροκίνητο σύστημα ελέγχου του διαστημόπλοιου θα λειτουργούσε στην καλύτερη περίπτωση μόνο για ένα μήνα. Όμως το ταξίδι της επιστροφής στη Γη διαρκούσε τρεις μήνες.

– Πρέπει να κάνετε κάτι! έλεγε και ξαναέλεγε η Μόργκαν, η οποία κόντευε να τρελαθεί από την αγωνία της.

Ο τεχνικός γύρισε θυμωμένος προς τη μεριά της.

– Μα δε βλέπεις πως κάνουμε ό,τι μπορούμε; τη ρώτησε απότομα. Τώρα ή θα ηρεμήσεις ή θα βγεις έξω!

Η Μόργκαν σταμάτησε να μιλάει. Ήξερε πως αν συνέχιζε, δε θα βοηθούσε την κατάσταση στο παραμικρό. Έτσι, πίεσε τον εαυτό της να ηρεμήσει.

Πέρασαν ακόμα μερικά ατελείωτα λεπτά γεμάτα αγωνία· λεπτά που φάνηκαν στη Μόργκαν αιώνες ολόκληροι. Παρόλο που ήξερε πως εκατομμύρια άλλοι άνθρωποι στην υδρόγειο μοιράζονταν την αγωνία της, αφού παρακολουθούσαν τα διεθνή δίκτυα του CNN και του BBC, η αγωνία της κορυφωνόταν λεπτό το λεπτό.

Το Κέντρο Ελέγχου είχε βυθιστεί τώρα στη σιωπή. Το μόνο που ακουγόταν, ήταν το νευρικό κλικ από τα δάχτυλα που έτρεχαν πάνω στους διακόπτες και τα πληκτρολόγια, καθώς και οι φωνές κάποιων τεχνικών που φώναζαν σε άλλους να δοκιμάσουν εκείνο ή το άλλο πρόγραμμα. Η οθόνη που έδειχνε πριν τον πατέρα της Μόργκαν και το εξωτερικό μέρος του Ντέιμος III, εξακολουθούσε να παραμένει σβηστή.

Η Μόργκαν άρχισε να χτυπά το πόδι της στο πάτωμα με ανυπομονησία και ανησυχία. Μέσα της ευχόταν να πίστευε στον Θεό ή σε κάποια άλλη μεγαλύτερη δύναμη, γιατί έτσι θα μπορούσε να προσευχηθεί. Η αλήθεια είναι πως προσευχήθηκε και, απ' ό,τι φάνηκε ύστερα από λίγο, η προσευχή της μάλλον βρήκε ανταπόκριση.

– ...πίσω στο Ντέιμος, ακούστηκε σπασμένη η φωνή του μπαμπά της.

Ταυτόχρονα εμφανίστηκε αχνά στην οθόνη και η εικόνα του: περπατούσε αργά κατά μήκος της ατράκτου του Ντέιμος ΙΙΙ προκειμένου να επιστρέψει στο διαστημόπλοιο, όπου τον περίμεναν οι συνάδελφοί του.

– Μπαμπά! Είσαι εντάξει! φώναξε η Μόργκαν και ανάσανε με ανακούφιση.

– Μα και βέβαια είμαι εντάξει, ακούστηκε η φωνή του Άρμστρονγκ, πιο καθαρή και πιο δυνατή απ' ό,τι προηγουμένως, ενώ και η εικόνα του στην οθόνη γινόταν ολοένα και πιο καθαρή επίσης. Έι, παιδιά, γιατί όλη αυτή η ανησυχία εκεί κάτω;

– Όλα τα συστήματα κατέρρευσαν, του είπε η Μόργκαν. Ο ήχος, η εικόνα, όλα.

– Όχι από τη δικιά μας τη μεριά, γλυκιά μου, ακούστηκε η φωνή του Άρμστρονγκ. Όλα δουλεύουν τέλεια εδώ πάνω.

Η Μόργκαν έριξε μια πεταχτή ματιά στον τεχνικό δίπλα της. Μα πώς ήταν δυνατόν όλα εκεί πάνω να λειτουργούν τέλεια και όλα εδώ κάτω να έχουν καταρρεύσει για λίγα λεπτά;

– Στ' αλήθεια ανησύχησες, ε; ακούστηκε πάλι η φωνή του Άρμστρονγκ, ενώ την ίδια ώρα η Μόργκαν τον έβλεπε στην οθόνη να ανοίγει την πόρτα του διαστημόπλοιου για να μπει μέσα.

– Ναι, του απάντησε η Μόργκαν.

– Μα δε χρειάζεται, γλυκιά μου, ακούστηκε η φωνή του Άρμστρονγκ, ήρεμη και καθησυχαστική. Όλα πάνε θαυμάσια εδώ.

– Απλώς νόμιζα πως κάτι πήγε στραβά για άλλη μια

φορά με την πτήση, του είπε η Μόργκαν. Η αποστολή αυτή πήγε στραβά από την πρώτη μέρα, ή μάλλον από την εικοστή.

Έξω στο διάστημα ο Άρμστρονγκ Νάιτ χαμογέλασε. Η εκτόξευση του Ντέιμος III με προορισμό τον πλανήτη Άρη είχε προγραμματιστεί για την πρώτη μέρα του Δεκεμβρίου. Παρ' όλ' αυτά είχε καθυστερήσει είκοσι ολόκληρες μέρες, γιατί μία από τους τεχνικούς που εργάζονταν για την αποστολή αυτή είχε υποστηρίξει πως οι συνθήκες για την εκτόξευση δεν ήταν κατάλληλες. Παρόλο που πολλοί είχαν διαφωνήσει με την άποψή της, στο τέλος εκείνη είχε παρουσιάσει ένα σωρό στοιχεία που μάλλον αποδείκνυαν ότι είχε δίκιο. Έτσι, η εκτόξευση είχε αναβληθεί για είκοσι μέρες.

— Μην ανησυχείς πια, γλυκιά μου. Όλα θα είναι τέλεια από δω και πέρα, ακούστηκε η φωνή του Άρμστρονγκ, ο οποίος στη συνέχεια έκλεισε τον ήχο και τη βιντεοκάμερα, διακόπτοντας έτσι την επικοινωνία με τη Γη.

Η Μόργκαν ένιωσε τέτοια ανακούφιση που ο μπαμπάς της ήταν ασφαλής, ώστε ούτε καν σκέφτηκε να τον ρωτήσει τι ήταν αυτό που είχε πει λίγο πριν διακοπεί η επικοινωνία τους και χαθεί η εικόνα του από την οθόνη.

Θυμήθηκε να τον ρωτήσει τρεις μήνες αργότερα, αφού εκείνος είχε επιστρέψει στη Γη κι εκείνη ετοιμαζόταν να πάρει το αεροπλάνο που θα την πήγαινε για σπουδές στην Αγγλία, στο φημισμένο Ινστιτούτο Μπρέντμαουθ. Όμως εκείνος δεν της είχε απαντήσει.

Αλλά κι αν ακόμα της είχε απαντήσει, τότε ήταν ήδη πολύ αργά, πάρα πολύ αργά.

Νέες αφίξεις

Τραπεζαρία Ινστιτούτου Μπρέντμαουθ
Τρίτη, 12 Ιανουαρίου, ώρα 13.30

— Μαρκ Πράις, είσαι ένας μούργος!

Το αγόρι με τα ξανθά μαλλιά και το δερμάτινο μπουφάν έκανε μια γκριμάτσα και όρμησε στο δεύτερο χάμπουργκερ με διπλό τυρί. Το πιγούνι του ήταν γεμάτο κέτσαπ που έτρεχε και λέρωνε το φανελάκι του με τη στάμπα του πιο μοντέρνου συγκροτήματος χέβι μέταλ. Η Ρεβέκα Στορμ, η κοπέλα που τον είχε πει μούργο, δεν ήξερε τι ήταν χειρότερο: η λαιμαργία του Μαρκ ή το γεγονός πως συμπεριφερόταν περισσότερο σαν ερωτοχτυπημένο πιτσιρίκι και λιγότερο σαν ιδιοφυής μαθητής των θετικών επιστημών που ήταν στην πραγματικότητα.

Τα μάτια του Μαρκ στένεψαν και έριξε ένα βλέμμα όλο φωτιά στη Ρεβέκα.

— Όχι, δεν είμαι! της είπε, σε τόνο που θύμιζε πιτσιρίκι που το τσάκωσε ο μπαμπάς του να κάνει σκανδαλιές.

Σκούπισε το κέτσαπ από τα χείλη του με μια χαρτοπετσέτα και άπλωσε το χέρι του για να πάρει ένα ακόμα τηγανητό κρεμμύδι.

— Εξήγησέ μας τότε γιατί την εβδομάδα που πέρασε δεν έκανες τίποτε άλλο παρά να μιλάς για τη Μόργκαν Νάιτ, ρώτησε τον Μαρκ ο Τζόε Ουίλιαμς, ο έξυπνος νεγράκος από τις φτωχογειτονιές της Νέας Υόρκης, μαθητής κι αυτός του Ινστιτούτου, που τρελαινόταν να «κάνει κόμμα» με τη Ρεβέκα και να πειράζει τον Μαρκ, χωρίς όμως κακή διάθεση.

— Εσύ και ο μισός αρσενικός πληθυσμός του Ινστιτούτου, συμπλήρωσε η Ρεβέκα τον Τζόε.

— Ζηλεύεις, Μπέκι; τη ρώτησε με ύφος ο Μαρκ, αποφασισμένος να της ανταποδώσει στα ίσα τα πειράγματά της.

— Ονειρεύεσαι, του απάντησε η Ρεβέκα.

Ο Μαρκ και ο Τζόε αντάλλαξαν ένα συνωμοτικό βλέμμα. Όσο κι αν προσπαθούσε η Ρεβέκα, δε θα μπορούσε να τους ξεγελάσει: υπήρχε μια πίκρα στη φωνή της.

Στο Ινστιτούτο Μπρέντμαουθ για παιδιά προικισμένα με ιδιαίτερη ευφυΐα όλοι θεωρούσαν την εύστροφη και ετοιμόλογη Ρεβέκα με τα μακριά καστανοκόκκινα μαλλιά και το λεπτό σώμα ως ένα από τα πιο όμορφα κορίτσια, βεβαίως μέχρι τη στιγμή που έκανε την εμφάνισή της η Μόργκαν Νάιτ, πριν από μια εβδομάδα, στην αρχή του τρίτου τριμήνου.

Η νεόφερτη Μόργκαν Νάιτ ήταν τόσο κομψή και ελκυστική, που κανένα από τα κορίτσια του Ινστιτούτου δεν μπορούσε να συγκριθεί μαζί της. Ακόμα και η Λιβ Φάραρ, το δημοσιογραφικό ταλέντο του Ινστιτούτου, είχε μείνει κατάπληκτη από τη μεταμόρφωση της Μόργκαν. Το κορίτσι που είχε αντικρίσει, ξανθό και πανέμορφο, δεν είχε απολύτως καμία σχέση με το άχαρο δεκατετράχρονο κοριτσάκι που είχε συναντήσει κάποτε σε ένα από τα εκπαιδευτικά ταξίδια της στις Ηνωμένες Πολιτείες.

Η Μόργκαν είχε κερδίσει το θαυμασμό κάθε αρσενικού μαθητή στο Ινστιτούτο, από τους μικρούς των πρώτων τάξεων μέχρι τους κομψούς τελειόφοιτους. Ακόμα και ο κύριος Ράδερφορντ, ο καθηγητής της χημείας, είχε παραβιάσει έναν από τους άγραφους νόμους του και της είχε βάλει άριστα από την πρώτη κιόλας εργασία που του παρέδωσε.

— Δε μου καίγεται καρφί για τ' αγόρια, είπε εκνευρισμένη η Ρεβέκα και τίναξε τα μαλλιά της προς τα πίσω, όπως έκανε όταν δεν έλεγε την αλήθεια.

Ύστερα κοίταξε τα δυο άδεια χαρτάκια από τα χάμπουργκερ που είχε καταβροχθίσει ο Μαρκ και αποφάσισε πως μάλλον θα έπρεπε ν' αλλάξει θέμα συζήτησης.

— Δεν έτυχε ν' ακούσεις ποτέ για την υγιεινή διατροφή; ρώτησε τον Μαρκ, αρχίζοντας έτσι την προσπάθειά της ν' αλλάξει το θέμα της συζήτησης.

— Όχι, της απάντησε χαρούμενα ο Μαρκ και ρεύτηκε για να την εντυπωσιάσει ακόμα περισσότερο.

Η Ρεβέκα χαμογέλασε αποδοκιμαστικά. Παρά τις αφάνταστες ποσότητες φαγητού που κατέβαζε ο Μαρκ, ποτέ δεν έμενε γραμμάριο στο λεπτό του κορμί. Η Μπέκι, από την άλλη μεριά, έπρεπε να παρακολουθεί με προσοχή τη σιλουέτα της, γιατί είχε την τάση να παίρνει βάρος με το παραμικρό. Σκέφτηκε πως ίσως να 'ταν καλύτερα αν άρχιζε να πηγαίνει στο γυμναστήριο, ακόμα κι αν βαθιά μέσα της ήξερε πως θα το 'κανε μόνο και μόνο για ν' ανταγωνιστεί τη Μόργκαν Νάιτ. (Όχι πως τη ζήλευε βεβαίως).

– Ρεβέκα, θα 'πρεπε να δοκιμάσεις και συ ένα, είπε ο Τζόε, ο οποίος είχε μόλις φάει ένα χάμπουργκερ με αρνίσιο κρέας και μια ιδιαίτερη σάλτσα με κάπαρη. Οι καινούριοι υπεύθυνοι της τραπεζαρίας του σχολείου είναι εκπληκτικοί.

Η Ρεβέκα έκανε μια γκριμάτσα. Ήταν χορτοφάγος και δεν υπήρχε τίποτε στο καινούριο μενού της τραπεζαρίας του σχολείου που να μπορεί να τραβήξει το ενδιαφέρον της.

– Μακάρι να είχαμε ακόμα εδώ την κυρία Τσάπμαν, είπε η Ρεβέκα. Μπορεί μεν να τάιζε εσάς τους κρεατοφάγους με ένα σωρό αηδίες, αλλά τουλάχιστον πρόσεχε και εμάς τους χορτοφάγους.

– Πολύ περίεργο που η γρια-καρδερίνα τα μάζεψε και έφυγε ξαφνικά, είπε ο Μαρκ, ο οποίος είχε πάντα αδυναμία στη μαγείρισσα με το χαρούμενο πρόσωπο. Δούλευε στο Ινστιτούτο πολλά χρόνια.

– Ξέρεις βεβαίως ποιος ήταν πίσω από όλα αυτά, είπε ο Τζόε.

– Όχι, του απάντησε ο Μαρκ. Ποιος;

– Στην αρχή αυτού του τριμήνου, μια μέρα βαριόμουν τόσο, που σκέφτηκα να πάω να μελετήσω στη βιβλιοθήκη, άρχισε να λέει ο Τζόε και απογοητεύτηκε όταν ούτε η Ρεβέκα ούτε ο Μαρκ φάνηκαν να τον πιστεύουν. Λοιπόν, περνούσα έξω από το γραφείο του Έξφορντ, με παρακολουθείτε;

– Το οποίο όμως δεν έχει καμία σχέση με τη βιβλιοθήκη, τον διέκοψε η Ρεβέκα. (Η βιβλιοθήκη του Ινστιτούτου και το γραφείο του διευθυντή βρίσκονται σε διαφορετικά κτίρια). Παραδέξου το, λοιπόν, Τζόε, κάτι σκάρωνες.

Ο Τζόε έσκυψε το κεφάλι.

– Καλά, το παραδέχομαι. Σκέφτηκα πως η αίθουσα

των καθηγητών θα ήταν άδεια και πως θα μπορούσα να τρυπώσω μέσα και να δω αν ο Σμίθερστ είχε αφήσει κάπου εκεί τα χαρτιά για το διαγώνισμα των μαθηματικών της επόμενης εβδομάδας. Ξέρεις πόσο αφηρημένος είναι...

– Αυτό είναι απάτη, Τζόε, του είπε επιτιμητικά αλλά χαμογελώντας η Ρεβέκα.

Ο Τζόε την αγνόησε.

– Λοιπόν, περνούσα από το γραφείο του Έξφορντ. Η πόρτα ήταν ανοιχτή και άκουσα την Εύα να κλείνει από το τηλέφωνο μια συμφωνία με τους καινούριους υπεύθυνους της τραπεζαρίας.

– Την Εύα; Μα πώς γίνεται να βρίσκεται πάντα πίσω απ' ό,τι γίνεται στο Ινστιτούτο; αναρωτήθηκε ο Μαρκ.

Η Εύα ήταν η προσωπική βοηθός του στρατηγού Έξφορντ, μια ψηλή ξανθιά με ψυχρά μάτια που φορούσε πάντα μαύρα γυαλιά. Ήταν ο φόβος και ο τρόμος όλων στο Ινστιτούτο. Φορές φορές ακόμα και ο ίδιος ο στρατηγός Έξφορντ φαινόταν να διαφωνεί με τις αποφάσεις της βοηθού του.

– Μα για ποιο λόγο να την ενδιαφέρει η συμφωνία για το φαγητό των μαθητών του Ινστιτούτου; αναρωτήθηκε με τη σειρά της και η Ρεβέκα.

– Τα πάντα στο Ινστιτούτο ενδιαφέρουν την Εύα, παρατήρησε ο Μαρκ.

– Ακόμα κι αν είναι έτσι, δεν περίμενα να τη νοιάζουν τόσο πολύ τα χάμπουργκερ και τα παϊδάκια που δίνουν σε σας, τα σαρκοβόρα, είπε η Ρεβέκα. Δεν την είδα ποτέ στη ζωή μου να τρώει κάτι, ούτε καν κρέας.

– Βάζω στοίχημα πως τρελαίνεται για αίμα, είπε ο Μαρκ και δε χρειαζόταν να εξηγήσει τι εννοούσε.

Αν και κανένας τους δεν είχε αδιάσειστες αποδείξεις, ήταν όλοι σχεδόν σίγουροι πως η Εύα ήταν μέλος του *προγράμματος*, μιας μυστικής οργάνωσης με παρακλάδια σ' όλη την υφήλιο.

– Αν το καλοσκεφτείς, όλ' αυτά συμπίπτουν με την άφιξη της Μόργκαν Νάιτ, έτσι δεν είναι; είπε συνωμοτικά ο Τζόε.

– Μάλλον, απάντησε η Ρεβέκα, κάπως πειραγμένη που η συζήτηση είχε ξαναγυρίσει στο πρόσωπο της Μόργκαν Νάιτ. Όμως γιατί;

– Από αυτά που ακούω, ο γέρος της Μόργκαν δεν εντυπωσιάστηκε και πολύ με την μπροσούρα που του έστειλε ο Έξφορντ, είπε ο Τζόε.

Ο Μαρκ τον διέκοψε.

– Μα είναι τρελό! Το Ινστιτούτο είναι ένα από τα καλύτερα σχολεία θετικών επιστημών στη χώρα... στον κόσμο θα μπορούσα να πω, είπε. Όλοι θέλουν να στείλουν τα παιδιά τους εδώ: κυβερνητικοί αξιωματούχοι και υπουργοί, παλιοί αριστοκράτες, πολυεκατομμυριούχοι, όλοι...

– Σίγουρα, παραδέχτηκε ο Τζόε, ο οποίος ήξερε πως ήταν πραγματικά τυχερός που είχε κερδίσει μια υποτροφία για το Ινστιτούτο, αφού μόνο έτσι θα κατάφερνε να ξεφύγει από τη μιζέρια των φτωχογειτονιών της Νέας Υόρκης. Μου φαίνεται πως ο μπαμπάς της Μόργκαν δεν ενθουσιάστηκε με την ιδέα να τρώει η κόρη του το χυλό της Τσάπμαν στην τραπεζαρία κάθε μέρα. Ούτε και με το δωμάτιο στους κοιτώνες των κοριτσιών που της πρόσφερε ο Έξφορντ, αν το καλοσκεφτείς.

– Το ξέρω, είπε η Ρεβέκα και θυμήθηκε τι της είχε πει η Κολέτ Ράσελ, φίλη και των τριών παιδιών αλλά όχι από το Ινστιτούτο, για τη Μόργκαν Νάιτ, ότι δηλαδή η Μόργκαν έμενε σ' ένα μικρό σπιτάκι στο χωριό, παρέα με μια παράξενη οικονόμο.

– Εννοείς πως ο πατέρας της Μόργκαν επέμενε να

αλλάξουν κάποια πράγματα εδώ μέσα; ρώτησε ο Μαρκ τον Τζόε. Κι όλα αυτά για να γλιτώσει η κόρη του από το κρέας και τα λαχανικά που σέρβιρε η κυρία Τσάπμαν για μεσημεριανό;

— Κάτι τέτοιο, του απάντησε ο Τζόε. Πάντως προσφέρθηκε να πληρώσει ο ίδιος για τις αλλαγές.

— Μα τότε ο άνθρωπος πρέπει να έχει περισσότερα χρήματα απ' ό,τι λογική, είπε η Ρεβέκα, η οποία ένιωθε μέσα της το τσίμπημα της ζήλιας, γιατί αυτή και η μαμά της τα έβγαζαν πέρα πολύ δύσκολα από τότε που ο μπαμπάς της, ο Νάθαν, σκοτώθηκε σ' ένα παράξενο δυστύχημα πριν από αρκετά χρόνια. Τελευταία μάλιστα η μαμά της αντιμετώπιζε ακόμα μεγαλύτερα οικονομικά προβλήματα, σε σημείο μάλιστα που δεν είχε ακόμα πληρώσει στο Ινστιτούτο τα δίδακτρα γι' αυτή τη χρονιά. Ίσως το ταξίδι μετ' επιστροφής στον Άρη να πείραξε τα μυαλά του! σχολίασε πικρόχολα η Ρεβέκα.

Ο Τζόε έκανε μια γκριμάτσα.

— Όμως δεν έχω παράπονο. Το σάντουιτς που έφαγα για μεσημεριανό χθες, ήταν ένα από τα καλύτερα που δοκίμασα ποτέ από την εποχή που έφυγα από τη Νέα Υόρκη. Καλύτερο από όσα είχα δοκιμάσει πριν!

— Μπλιαχ, έκανε κοροϊδευτικά η Ρεβέκα και ένιωσε το στομάχι της να ανακατεύεται στη σκέψη του κρέατος. Σίγουρα ο Άρμστρονγκ Νάιτ είναι ένας από τους πιο διάσημους άντρες σ' όλη τη Γη αυτή τη στιγμή. Και είναι φυσικό, αφού είναι αστροναύτης.

— Και μάλιστα ένας αστροναύτης που πλησίασε τον πλανήτη Άρη σε απόσταση ογδόντα εκατομμυρίων χιλιομέτρων, της υπενθύμισε ο Μαρκ. Είναι ο πρώτος άνθρωπος που κατάφερε να πλησιάσει τόσο κοντά. Σκέψου τι μπορεί να είδε εκεί.

— Ένα νεκρό πλανήτη, πολύ μικρότερο από τη Γη και

με μια ατμόσφαιρα που δεν μπόρεσε να υποστηρίξει κανένα είδος ζωής. Βλέπεις εσύ κάτι το εντυπωσιακό; τον ρώτησε σαρκαστικά η Ρεβέκα.

— Όμως ο τύπος διαθέτει πολλά εκατομμύρια. Υποσχέθηκε μάλιστα να δώσει αρκετά από αυτά που κέρδισε από τη δουλειά του στο Ινστιτούτο, είπε ο Τζόε. Γι' αυτό κι ο Έξφορντ με την Εύα συμφώνησαν ν' αλλάξουν το διαιτολόγιό μας κι έδιωξαν την κυρία Τσάπμαν, αφού της έδωσαν ένα σεβαστό ποσό για αποζημίωση.

Η Ρεβέκα σκέφτηκε για μια στιγμή το θέμα. Ήξερε πως η λειτουργία του Ινστιτούτου βασιζόταν σε μεγάλο βαθμό στις δωρεές, παρόλο που το επιδοτούσε και το κράτος μ' ένα γενναίο ποσό κάθε χρόνο.

— Μάλλον έχεις δίκιο, παραδέχτηκε τελικά η Ρεβέκα και στράφηκε προς τον Τζόε. Δεν υπάρχει τίποτα που να νοιάζει περισσότερο το στρατηγό Έξφορντ και την Εύα από τη συνέχιση της λειτουργίας του Ινστιτούτου. Μερικές φορές μοιάζει με έμμονη ιδέα. Όμως υπάρχει κάτι που με προβληματίζει.

— Κι εμένα, της είπε ο Τζόε. Για πες μου, πιστεύεις πως κάποιος σαν τον Μαρκ έχει έστω και μια πιθανότητα με τη Μόργκαν Νάιτ, όταν κάποιος τόσο σέξι και τόσο ψύχραιμος, όπως ο κύριος από δω, δηλαδή εγώ, την τριγυρίζει;

— Όχι, απάντησε η Ρεβέκα και χαμογέλασε. Όμως πώς στο καλό τα κατάφερε ο Άρμστρονγκ Νάιτ και έγινε εκατομμυριούχος τόσο γρήγορα; Εννοώ ότι ο μισθός κάποιου που δουλεύει στη ΝΑΣΑ, έστω κι αν είναι αστροναύτης, δεν του επιτρέπει να γίνει τόσο γρήγορα μέλος της λέσχης των πολυεκατομμυριούχων.

— Ποιος νοιάζεται; είπε ο Τζόε και ανασήκωσε τους ώμους του, ενώ άπλωνε το χέρι του για να βουτήξει ένα τηγανητό κρεμμύδι από το πιάτο του Μαρκ.

Όμως ο Μαρκ τράβηξε γρήγορα το πιάτο του κάτω απ' το χέρι του Τζόε.

— Συγγνώμη, Τζόε, του είπε και κατέβασε με μια μπουκιά τα δυο τελευταία τηγανητά κρεμμύδια που είχαν μείνει στο πιάτο του. Λοιπόν, θα σας δω και τους δυο αργότερα. Τώρα έχω δουλειά.

— Όχι, δεν έχεις, του είπε η Ρεβέκα και έριξε μια ματιά στο ρολόι της. Έχεις κενό μέχρι τις τρεις.

— Όχι τέτοιου είδους δουλειά, της απάντησε ο Μαρκ. Έχω μια δουλειά να κάνω για την εφημερίδα του σχολείου, τον *Ερευνητή.*

Ο Τζόε έκανε μια γκριμάτσα επιδοκιμασίας.

— Τα κατάφερες τελικά, φίλε μου, είπε στον Μαρκ. Έπεισες τη Λιβ Φάραρ να σε αφήσει να δουλέψεις μαζί της.

Στο Ινστιτούτο ήταν κοινό μυστικό πως η γοητευτική συντάκτης της εφημερίδας του σχολείου, η Λιβ Φάραρ, άρεσε στον Μαρκ, όμως το αίσθημα δεν ήταν αμοιβαίο από την πλευρά της και μάλιστα μέχρι τώρα φρόντιζε να το δείχνει.

— Και βέβαια, είπε ο Μαρκ και το στήθος του φούσκωσε από περηφάνια. Και μάντεψε ποια εργασία μου έδωσε!

— Δε θέλουμε να σου χαλάσουμε την έκπληξη, τον προκάλεσε η Ρεβέκα.

— Να πάρω συνέντευξη από τη Μόργκαν Νάιτ! Απίστευτο, ε; είπε ο Μαρκ.

— Τη βλέπουμε κάθε μέρα στην τάξη, παρατήρησε η Ρεβέκα και η ζήλια στη φωνή της δεν μπορούσε να κρυφτεί. Μα τι το ιδιαίτερο έχει;

— Η Λιβ απλώς πιστεύει πως υπάρχει τόσο ενδιαφέρον για τον μπαμπά της Μόργκαν και τις εμπειρίες του στο διάστημα, που θα ήταν πολύ καλή ιδέα να μας μιλήσει γι' αυτό, της απάντησε ο Μαρκ. Έτσι η Μόργκαν θα γλιτώσει την ενόχληση από τους διάφορους περίεργους κατά τη διάρκεια του εξαμήνου.

Ο Τζόε άφησε ένα σφύριγμα.

– Παμπόνηρε, είπε στον Μαρκ με θαυμασμό. Μόνος σε ένα δωμάτιο με τη Μόργκαν Νάιτ! Είναι το όνειρο κάθε θερμόαιμου αρσενικού σ' όλη τη Γη.

Η Ρεβέκα άφησε να της ξεφύγει ένας μακρύς και βαθύς αναστεναγμός.

– Συγκρατηθείτε, είπε και στους δυο τους. Εσείς οι δυο είσαστε τα χειρότερα παραδείγματα θερμόαιμων αρσενικών που γνωρίζω!

– Ορίστε; έκανε ο Μαρκ.

– Εννοώ ότι αν όλα τα θερμόαιμα αρσενικά είναι σαν εσάς, καλύτερα να λείπει! είπε η Ρεβέκα και γέλασε υπεροπτικά.

Ύστερα σηκώθηκε να φύγει. Σε αντίθεση με τον Μαρκ, είχε μάθημα φυσικής στις δύο και δεν ήθελε να καθυστερήσει. Εκείνη τη στιγμή άνοιξε η πόρτα της τραπεζαρίας και μπήκε μέσα ένα νεαρό αγόρι δεκατεσσάρων περίπου χρόνων με κινεζικά χαρακτηριστικά. Στα χέρια του κρατούσε ένα φάκελο γεμάτο χαρτιά. Αφού κοίταξε ένα γύρω στην τραπεζαρία, εντόπισε τον Μαρκ, τη Ρεβέκα και τον Τζόε και πήγε προς το μέρος τους.

– Γεια σου, Τζόνι, είπε η Ρεβέκα.

Το όνομα του δεκατετράχρονου ήταν στην πραγματικότητα Λο Τενγκ Λι, αλλά του άρεσε να τον φωνάζουν Τζόνι. Ο Τζόνι κούνησε το κεφάλι του σε χαιρετισμό σε καθένα από τα τρία παιδιά και κατόπιν κοίταξε ερωτηματικά τον Μαρκ.

– Είσαι έτοιμος, Μαρκ; τον ρώτησε.

Τα αγγλικά του Τζόνι ήταν καθαρά και ακριβή και δεν υπήρχε σχεδόν κανένα ίχνος ξενικής προφοράς.

Ο Μαρκ σούφρωσε το μέτωπό του.

— Έτοιμος για τι; τον ρώτησε.

Ο Τζόνι χαμήλωσε το βλέμμα του κι έδειξε το φάκελο που κρατούσε στα χέρια του.

— Μου είπες πως έχεις κενό, θύμισε στον Μαρκ. Υποσχέθηκες να με βοηθήσεις με την εργασία βιολογίας που έχω να κάνω στις διακοπές.

— Εγώ; τον ρώτησε ο Μαρκ και προσποιήθηκε πως το είχε ξεχάσει. Όμως μπορεί να περιμένει, έτσι δεν είναι;

Ο Τζόνι κούνησε αρνητικά το κεφάλι του.

— Έπρεπε να την έχω κάνει από την αρχή του εξαμήνου, είπε στον Μαρκ. Ο στρατηγός Έξφορντ είπε πως μπορώ να καθυστερήσω μια ακόμα εβδομάδα για να την τελειώσω. Πρέπει να τη δώσω την Πέμπτη το πρωί, το αργότερο.

Ο Μαρκ χασμουρήθηκε.

— Κοίτα, Τζόνι, θα πρέπει να το αναβάλουμε, είπε.

Ο Τζόνι σκυθρώπασε.

— Μα υποσχέθηκες..., άρχισε να του λέει και η φωνή του ακουγόταν βαθιά απογοητευμένη.

— Ακριβώς όπως και εσύ υποσχέθηκες στον Έξφορντ πως θα την έδινες στην αρχή του εξαμήνου, είπε ο Μαρκ και κοίταξε το ρολόι του. Θα δω τι μπορώ να κάνω αργότερα, εντάξει; Προς το παρόν έχω πολύ πιο σημαντικά πράγματα να κάνω, απ' το να βοηθώ ανθρώπους που δεν μπορούν να τελειώσουν την εργασία τους έγκαιρα!

Και χωρίς άλλη κουβέντα, ο Μαρκ σηκώθηκε κι έφυγε απ' την τραπεζαρία. Ο Τζόνι στράφηκε απαρηγόρητος στη Ρεβέκα και τον Τζόε.

— Μου το είχε υποσχεθεί, είπε δυστυχισμένα.

— Λυπάμαι, Τζόνι, είπε απολογητικά η Ρεβέκα, εκ μέρους του Μαρκ, ενώ ύστερα πρόσθεσε σαρκαστικά: Είναι ένα θερμόαιμο αρσενικό και αυτή τη στιγμή έχει μόνο ένα πράγμα στο μυαλό του.

— Θα 'πρεπε να 'ναι θέμα τιμής, είπε ο Τζόνι. Στη χώρα μου, όταν δίνουμε μια υπόσχεση, την κρατάμε.

— Αυτό κάνει και ο Μαρκ συνήθως, είπε η Ρεβέκα και κατόπιν χαμογέλασε με συμπόνια στον Τζόνι. Θα του μιλήσω γι' αυτό αργότερα. Είμαι σίγουρη πως θα σε βοηθήσει πριν έχεις προβλήματα με το στρατηγό Έξφορντ.

— Βεβαίως, αν είχες κρατήσει την υπόσχεση που έδωσες στον Έξφορντ, δε θα είχες φτάσει σ' αυτό το σημείο τώρα, έτσι δεν είναι; του είπε ο Τζόε.

Η Ρεβέκα κοίταξε τον Τζόε παραξενεμένη. Υπήρχε ένας τόνος στη φωνή του που δεν τον είχε ακούσει ποτέ πριν.

— Τι εννοείς, Τζόε; τον ρώτησε.

— Να, αν ο Τζόνι από δω είχε παραδώσει την εργασία του στην ώρα της, δε θα 'πρεπε τώρα να τρέχει να παρακαλάει τον Μαρκ, είπε ο Τζόε.

— Απ' όσο θυμάμαι και συ με πήρες τηλέφωνο κατά τη διάρκεια των διακοπών για να μου ζητήσεις βοήθεια με την εργασία των μαθηματικών, του υπενθύμισε η Ρεβέκα.

— Ναι, αλλά αυτό είναι διαφορετικό, της απάντησε ο Τζόε.

— Δε νομίζω, είπε η Ρεβέκα λίγο ψυχρά και κατόπιν στράφηκε στον Τζόνι. Παρ' όλα αυτά ο Τζόε έχει δίκιο, Τζόνι. Πώς και δεν τέλειωσες την εργασία σου στην ώρα της;

Ο Τζόνι χαμήλωσε τα μάτια του.

— Είχα προβλήματα στο σπίτι..., άρχισε να λέει, χωρίς να σηκώνει τα μάτια του από το πάτωμα για να αντικρίσει τη Ρεβέκα και τον Τζόε.

Και όταν η Ρεβέκα και ο Τζόε τον πίεσαν λίγο παραπάνω, πρόσθεσε:

— Προβλήματα με την οικογένειά μου...

— Οι οικογένειες είναι μεγάλος μπελάς μερικές φορές, έτσι δεν είναι; είπε η Ρεβέκα με συμπόνια.

Σκεφτόταν τον μπαμπά της. Κάθε φορά που προσπαθούσε να μιλήσει στον Μαρκ γι' αυτό τώρα τελευταία, εκείνος άλλαζε θέμα.

Ο Τζόνι κοίταξε το φάκελό του και αναστέναξε.

— Αν ο Μαρκ δεν μπορεί να με βοηθήσει, τότε θα πρέπει να προσπαθήσω, αν μπορώ, να τελειώσω την εργασία μου μόνος μου, είπε σχεδόν μονολογώντας.

— Έτσι όπως θα έπρεπε να είχες κάνει από την αρχή, είπε ο Τζόε αυστηρά.

— Τζόε! είπε επιτιμητικά η Ρεβέκα.

Όμως ο Τζόνι κούνησε το κεφάλι του, σημάδι ότι συμφωνούσε με αυτό που είχε πει ο Τζόε.

— Όχι, Ρεβέκα, είπε ο Τζόνι. Ο Τζόε έχει δίκιο. Θα έπρεπε να έχω βρει το χρόνο κατά τη διάρκεια των διακοπών να ολοκληρώσω την εργασία μου.

— Ναι, εντάξει, αλλά αν είχες οικογενειακά προβλήματα..., του είπε η Ρεβέκα. Είμαι σίγουρη πως ο στρατηγός Έξφορντ θα καταλάβαινε...

Ο Τζόνι χαμογέλασε, γιατί γνώριζε —όπως το γνώριζε και η Ρεβέκα— πως ο αυστηρός διευθυντής του Ινστιτούτου δεν έπαιρνε χαμπάρι από οικογενειακά προβλήματα. Ύστερα τους χαιρέτησε και τους δύο και βγήκε από την τραπεζαρία. Μόλις έφυγε, η Ρεβέκα γύρισε στον Τζόε.

— Τζόε, πώς μπόρεσες! του είπε. Ήσουν πολύ κακός με τον Τζόνι. Και αυτό δεν είναι καθόλου στο χαρακτήρα σου.

Ο Τζόε έσφιξε τα χέρια μέσα στις τσέπες του τζιν του και σκυθρώπασε.

— Ίσως και να μην είναι του χαρακτήρα μου, παραδέχτηκε, όμως υπάρχει κάτι σ' αυτό το αγόρι που δε μου αρέσει.

— Όπως; τον ρώτησε η Ρεβέκα.

Η Ρεβέκα θεωρούσε τον Τζόνι ένα καλό κι εργατικό αγόρι, παρόλο που κάποιες φορές παραήταν ευγενικό, ακόμα και εις βάρος του ίδιου του του εαυτού.

— Είναι μάλλον θέμα διαίσθησης, της είπε ο Τζόε. Λες και κάτι μας κρύβει. Το ίδιο πιστεύει και η Κολέτ. Μου το 'πε πριν από μερικές μέρες, όταν ήμουν στο Φάιβγουεϊς.

Το ενδιαφέρον της Ρεβέκας ζωντάνεψε. Τόσο ο Τζόε όσο και η Κολέτ προαισθάνονταν πράγματα, κάτι που πολλοί επιστήμονες ακόμα και τώρα διστάζουν να παραδεχτούν ως χάρισμα. Αν και οι ικανότητες του Τζόε ήταν πολύ περισσότερες από της Κολέτ, η Κολέτ καταλάβαινε την πραγματική φύση των ανθρώπων με έναν τρόπο σχεδόν αφύσικο. Εάν η Κολέτ έλεγε πως κάποιος δεν ήταν όπως φαινόταν, τότε είχε κατά πάσα πιθανότητα δίκιο.

— Πιστεύει πως είναι απατεώνας; ρώτησε η Ρεβέκα τον Τζόε.

— Δεν είπα κάτι τέτοιο, τη διόρθωσε ο Τζόε. Όμως δεν είναι αυτό που δείχνει. Διαφορετικά, γιατί ανέλαβε ο ίδιος ο Έξφορντ τα μαθήματα βιολογίας που παρακολουθεί ο Τζόνι;

— Ο Έξφορντ δεν είναι μόνο απόστρατος στρατιωτικός. Έχει επίσης πτυχίο βιολόγου, είπε η Ρεβέκα. Γιατί, δε θα 'πρεπε;

— Τα τελευταία χρόνια ο Έξφορντ αφιερώνει όλο του το χρόνο στο να διευθύνει το Ινστιτούτο με την Εύα, της είπε ο Τζόε. Γιατί άρχισε ξαφνικά να δείχνει τόσο ενδιαφέρον για τον Τζόνι, σε σημείο μάλιστα να ξαναπιάσει τη διδασκαλία;

— Μήπως τη νοστάλγησε; είπε η Ρεβέκα. Αν το καλοσκεφτείς, δεν έχει άδικο. Η βιολογία είναι παράδεισος σε σχέση με την εργασία δίπλα στη βασίλισσα των πάγων κάθε ώρα της μέρας!

Ο Τζόε γέλασε σφιγμένα και κατόπιν η φωνή του έγινε πάλι σκληρή.

— Πέρα από αυτό, δεν μπορούμε ποτέ να έχουμε εμπιστοσύνη στους Κινέζους, έτσι δεν είναι; ρώτησε τη Ρεβέκα.

Η Ρεβέκα κατσούφιασε και ζήτησε εξηγήσεις.

— Μα να, είναι κάπως διαφορετικοί από μένα και από σένα, δε συμφωνείς; της είπε με φυσικότητα ο Τζόε. Εννοώ, ούτε καν μοιάζουν με μας. Άσε που ο Έξφορντ τους περιποιείται περισσότερο. Είτε το θέλεις είτε όχι, Ρεβέκα, δεν μπορείς να εμπιστεύεσαι τέτοιους ανθρώπους, όλοι το γνωρίζουν.

Η Ρεβέκα δάγκωσε τα χείλη της για να ελέγξει το θυμό που ένιωθε να φουντώνει μέσα της. Αυτό που έλεγε ο Τζόε ακουγόταν τόσο ρατσιστικό, που δεν μπορούσε να πιστέψει τ' αφτιά της.

— Ο Τζόνι ήρθε εδώ με την αξία του, όπως και κάθε άλλος, του είπε αγανακτισμένη.

— Ναι; είπε ο Τζόε και τώρα η φωνή του ήταν περιπαικτική. Τότε πώς δεν κατάφερε ποτέ να πάρει βαθμό μεγαλύτερο από το Δ όλο αυτόν τον καιρό που βρίσκεται στο Ινστιτούτο;

Αυτό ήταν χτύπημα κάτω από τη ζώνη για τη Ρεβέκα. Βεβαίως το να πάρει κάποια στιγμή ένας μαθητής του Ινστιτούτου Δ ή ακόμα και Ε σ' ένα μάθημα δεν ήταν ασυνήθιστο, όμως οι βαθμοί αυτοί αποτελούσαν σπάνιες εξαιρέσεις και όχι τον κανόνα.

– Κι εσύ πώς το ξέρεις αυτό; ζήτησε να μάθει η Ρεβέκα.

– Σου είπα πως μπήκα κρυφά μέσα στο γραφείο των καθηγητών πριν από λίγες μέρες, της απάντησε ο Τζόε. Κάποιος είχε αφήσει τα αποτελέσματα των εξετάσεων του Δεκεμβρίου πάνω σ' ένα από τα τραπέζια. Σου λέω, Ρεβέκα, τύπους σαν τον Τζόνι θα έπρεπε να τους στέλνουν πίσω στην Κίνα ή τέλος πάντων εκεί απ' όπου κρατάει η σκούφια τους. Τέτοιου είδους άτομα δεν έχουν θέση στο Ινστιτούτο. Σίγουρα δεν ανήκει εδώ, με μας!

Η Ρεβέκα έριξε μια απορημένη ματιά στον Τζόε.

– Ξέρεις, βάζω στοίχημα πως το ίδιο είπαν κάποιοι και για σένα, του είπε με έμφαση.

– Τι εννοείς; τη ρώτησε ο Τζόε.

– Ένα μαυράκι από τη Νέα Υόρκη, να μπαίνει σε ένα από τα καλύτερα σχολεία του κόσμου, του απάντησε η Ρεβέκα. Τι δικαίωμα είχες να πάρεις τη θέση ενός λευκού παιδιού, ας πούμε από τις φτωχογειτονιές της Γλασκόβης; Ίσως θα ήταν καλύτερα αν έμενες στο Χάρλεμ. Τουλάχιστον εκεί θα ήσουν με τους δικούς σου ανθρώπους.

Τα μάτια του Τζόε πέταγαν φωτιές καθώς κοίταζε τη Ρεβέκα.

– Σίγουρα δε μιλάς σοβαρά, της είπε και όλο έσφιγγε και ξέσφιγγε τις γροθιές του από θυμό.

– Φυσικά και δεν το εννοώ, του είπε η Ρεβέκα για να τον ησυχάσει. Ήρθες εδώ με την αξία σου, ακριβώς όπως ο Μαρκ και εγώ, ακριβώς όπως ο Τζόνι, ακριβώς όπως όλοι μας.

Ο Τζόε σούφρωσε το μέτωπό του και ένα τρέμουλο τάραξε το κορμί του, λες και μόλις τώρα συνειδητοποιούσε τι είχε πει σε σχέση με τον Τζόνι.

— Μου φαίνεται απίστευτο ότι ξεστόμισα τέτοια λόγια, είπε απολογητικά στη Ρεβέκα.

— Κι εμένα, είπε η Ρεβέκα.

— Έχεις δίκιο, της είπε ο Τζόε. Μερικά παιδιά στην πατρίδα μου έλεγαν πως ήμουν ένας άχρηστος νέγρος που δεν του άξιζε να έρθει εδώ. Δε θα 'πρεπε να 'μουν τόσο κακός με τον Τζόνι.

— Μήπως θα 'πρεπε να του ζητήσεις συγγνώμη; τον ρώτησε η Ρεβέκα.

Ο Τζόε σκέφτηκε για μισό λεπτό και μετά είπε:

— Ναι, σίγουρα θα του ζητήσω. Μάλλον θα τον βοηθήσω με την εργασία της βιολογίας, για να διορθώσω την ανοησία που έκανα.

— Δε θα βοηθήσεις κανένα με καμιά εργασία, κύριε Ουίλιαμς, ακούστηκε μια κοφτή φωνή, κρύα όσο και ο παγωμένος αέρας του Ιανουαρίου που χτυπούσε τα κλαδιά των ελάτων που βρίσκονταν έξω από τα παράθυρα της τραπεζαρίας.

Ο Τζόε και η Ρεβέκα σήκωσαν τα μάτια τους ψηλά. Μπροστά τους στεκόταν η Εύα, ντυμένη όπως συνήθως, δηλαδή μ' ένα αυστηρό ταγιέρ και με τα αιώνια μαύρα γυαλιά στα μάτια της. Κάποιοι άλλοι μαθητές στην τραπεζαρία την κοίταξαν ανήσυχοι. Συνήθως κανείς από τους καθηγητές δεν παραβίαζε το άσυλο της τραπεζαρίας των μαθητών. Η Εύα, που δεν ήταν βεβαίως καθηγήτρια, το είχε παραβιάσει και θα το παραβίαζε ούτως ή άλλως.

— Μα ο Τζόε απλώς πρότεινε να βοηθήσει τον Τζόνι με την εργασία της βιολογίας, είπε η Ρεβέκα, η οποία αναρωτιόταν από μέσα της πώς στο καλό κατάφερνε η Εύα να τους αιφνιδιάζει κάθε φορά χωρίς να την παίρνουν είδηση. Θα 'λεγε κανείς ότι εμφανιζόταν από το πουθενά.

– Κάθε μαθητής στο Ινστιτούτο μας θα πρέπει να κάνει τις εργασίες του μόνος του, δήλωσε η Εύα σε κοφτό τόνο.

– Προσπαθούσα να είμαι φιλικός, αυτό είναι όλο, είπε απολογητικά ο Τζόε, ενώ σκεφτόταν ότι ένας άνθρωπος όπως η Εύα μάλλον δεν είχε νιώσει ποτέ του τι θα πει φιλία, ούτε και θα είχε ποτέ του βοηθήσει άλλο άνθρωπο, ή τουλάχιστον δεν την είχε δει ο Τζόε να βοηθάει.

Η Εύα παρατήρησε τον Τζόε μέσα από τα σκούρα γυαλιά της.

Εκείνος ένιωσε ένα τρέμουλο. Υπήρχαν φορές που ο Τζόε πίστευε πως αυτή η γυναίκα δεν ήταν καν άνθρωπος. Όσο κι αν προσπαθούσε μέσα του τα δυο αυτά χρόνια που την ήξερε, ο Τζόε δεν έβρισκε τίποτα πάνω της που να τον κάνει να την εμπιστευτεί.

– Θα σταματήσεις να βοηθάς τον Λο Τενγκ Λι, δήλωσε η Εύα πάλι σε κοφτό τόνο.

– Γιατί; τη ρώτησε η Ρεβέκα και ανταπέδωσε την παγερή ματιά της, αποφασισμένη να μην την αφήσει να τη φοβίσει με τον τρόπο που φόβισε τον Τζόε. Γιατί είναι λάθος να βοηθάμε ο ένας τον άλλον;

Η Εύα έστρεψε τα μάτια της στη Ρεβέκα. Χωρίς να το θέλει, η Ρεβέκα ένιωσε την ίδια τρεμούλα στο σώμα που είχε νιώσει κι ο Τζόε.

– Εκτός από τη συνύπαρξή σας στις τάξεις, κανείς από εσάς δε θα κάνει παρέα ξανά με τον Λο Τενγκ Λι. Το καταλάβατε; είπε η Εύα.

Αυτό πια παραήταν. Η Ρεβέκα ένιωσε το θυμό να φουντώνει μέσα της ξανά.

—Γιατί; ρώτησε πάλι την Εύα, απαιτητικά αυτή τη φορά.

—Ποτέ ξανά! επανέλαβε η Εύα τονίζοντας μία μία τις συλλαβές και κάνοντας ξεκάθαρο πως δεν είχε σκοπό ν' απαντήσει στην ερώτηση της Ρεβέκας. Κατόπιν πρόσθεσε μανιασμένα: Και αν παρακούσετε, αμέσως θα δείτε τις υποτροφίες σας στο Ινστιτούτο να ανακαλούνται.

Και χωρίς άλλη κουβέντα, άφησε τη Ρεβέκα και τον Τζόε εμβρόντητους και προχώρησε με στρατιωτικό βήμα προς τον πίνακα ανακοινώσεων των μαθητών στην άλλη άκρη της τραπεζαρίας, όπου και στύλωσε τα μάτια της στις συνηθισμένες αφίσες και τις αγγελίες που ήταν καρφιτσωμένες εκεί. Υπήρχαν ενημερωτικά φυλλάδια κατά των ναρκωτικών και αγγελίες για φιλανθρωπικές εκδηλώσεις, προγράμματα εξετάσεων και αγγελίες γραμμένες από το χέρι κάποιου εξυπνάκια που ήθελε να πουλήσει ακριβά κάποιο άχρηστο αντικείμενο. Αρκετές αφίσες διαφήμιζαν τις ομάδες ειδικού ενδιαφέροντος του Ινστιτούτου, όπως το κλαμπ αστρονομίας, καθώς και πολιτιστικούς και λαογραφικούς συλλόγους. Υπήρχαν επίσης ανακοινώσεις που αφορούσαν κάποιες από τις πολλές θρησκευτικές ομάδες του Ινστιτούτου, καθώς και μια αφίσα με ζωντανά χρώματα που αναφερόταν σε μια οργάνωση με το όνομα «Νέα Αυγή».

Η Εύα, αφού έψαξε με τα μάτια όλες τις ανακοινώσεις, τελικά βρήκε αυτή που έψαχνε. Την ξεκόλλησε επιδεικτικά από τον πίνακα, την τσαλάκωσε και την πέταξε στο καλάθι των αχρήστων.

Όταν έφυγε από την τραπεζαρία, η Ρεβέκα με τον Τζόε πλησίασαν το καλάθι των αχρήστων. Η Ρεβέκα έσκυψε κι έβγαλε από μέσα το χαρτί που είχε πετάξει η Εύα, καθώς κι ένα άλλο.

– Λοιπόν, ποιο ήταν το πρόβλημα; ρώτησε ο Τζόε τη Ρεβέκα καθώς εκείνη άρχισε να ισιώνει το τσαλακωμένο χαρτί.

Η Ρεβέκα το ίσιωσε όσο καλύτερα μπορούσε και διάβασε: Η «Νέα Αυγή»: μια νέα τάξη για την καινούρια χιλιετία.

– Τι εκνεύρισε τη βασίλισσα των πάγων αυτή τη φορά; τη ρώτησε ο Τζόε.

– Μάλλον αυτό, είπε η Ρεβέκα και έδωσε στον Τζόε το άλλο χαρτί.

Ο Τζόε το αναγνώρισε αμέσως. Ήταν ένα φυλλάδιο που παρότρυνε τους ντόπιους κατοίκους του χωριού Μπρέντμαουθ και τους μαθητές του Ινστιτούτου να συμμετάσχουν σε μια δημόσια διαμαρτυρία που θα γινόταν σε λίγες μέρες.

– Είναι αυτή η οικολογική κίνηση στην οποία είναι ανακατεμένη η Κολέτ, είπε ο Τζόε καθώς διάβαζε προσεκτικά το φυλλάδιο.

Το Ζου-Ζαν, ένα από τα ανεξάρτητα ασιατικά κράτη που είχε τελευταία αποκτήσει δύναμη, είχε τελικά αποφασίσει να απαλλαγεί από τα πυρηνικά όπλα που είχε στην κατοχή του. Αν βρισκόταν κατάλληλος χώρος για να θαφτεί το θανατηφόρο φορτίο πλουτωνίου που είχε αυτό το κράτος, ήταν διατεθειμένο να δώσει όλα τα πυρηνικά του όπλα.

Κατά παράξενο τρόπο, η βρετανική κυβέρνηση είχε δεχτεί να θαφτούν αρκετές από τις πυρηνικές κεφαλές αυτού του κράτους λίγο έξω από το Πένγουιν Μαρ, στη νοτιοδυτική ακτή της Αγγλίας, στην Κορνουάλη. Το καραβάνι με τα φορτηγά που θα μετέφεραν τις πυρηνικές κεφαλές είχε προγραμματιστεί να περάσει από το χωριό Μπρέντμαουθ σε λίγες μέρες, στο δρόμο του για την Κορνουάλη.

Όπως ήταν φυσικό, αυτό έκανε τους κατοίκους του χωριού να ξεσηκωθούν. Στο Ινστιτούτο υπήρχαν πολλοί μαθητές που, μαζί με τους κατοίκους, συμμετείχαν στην προετοιμασία της διαμαρτυρίας.

— Μα γιατί δε θέλει η Εύα αυτό το φυλλάδιο; ρώτησε η Ρεβέκα τον Τζόε και πήρε το χαρτί από τα χέρια του.

— Ίσως να μη συμφωνεί μ' αυτό που σχεδιάζουν να κάνουν η Κολέτ και οι φίλοι της, είπε ο Τζόε, αν και ήξερε πως μια απλή ασυμφωνία δε δικαιολογούσε τόσο θυμό από την πλευρά της Εύας. Μάλλον κάτι άλλο κρυβόταν από πίσω.

— Όπως δε συμφωνεί και με πολλά άλλα πράγματα πάνω στον πίνακα, είπε η Ρεβέκα στον Τζόε και του έδειξε τα διαφημιστικά της ποπ μουσικής. Όμως δεν τα έσκισε κι αυτά, έτσι δεν είναι;

Ήταν γνωστό πως η Εύα μισούσε τη μοντέρνα μουσική, όπως ήταν γενικά γνωστό ότι μισούσε καθετί που άρεσε στα παιδιά του Ινστιτούτου.

— Λες να θέλει να περάσουν τα πυρηνικά από το Μπρέντμαουθ; αναρωτήθηκε ο Τζόε και κατόπιν έβαλε τα γέλια. Ίσως να θέλει να τα βουτήξει. Το φαντάζεσαι, η Εύα να τρέχει με πυρηνικές κεφαλές κάτω από τις μασχάλες της!

— Αυτό δεν είναι καθόλου αστείο, είπε η Ρεβέκα και γύρισε αμέσως το κεφάλι της καθώς άκουσε κάποιον να φωνάζει το όνομά της.

Ένας από τους μαθητές του Ινστιτούτου ερχόταν προς το μέρος της.

Ο νεοφερμένος ήταν ένα ψηλό αγόρι, πολύ αρρενωπό και με καλοσυνάτο πρόσωπο. Ήταν ένα χρόνο μεγαλύτερος από τη Ρεβέκα. Φορούσε ένα μακρύ, άχαρο πουλόβερ, πάνω στο οποίο είχε καρφιτσώσει ένα σωρό κονκάρδες και σήματα για την οικολογία και την ειρήνη. Στη μια πλευρά της μύτης του είχε ένα σκουλαρίκι και αρκετά άλλα κρέμονταν κατά μήκος του δεξιού αφτιού του.

Χαμογέλασε πλατιά στη Ρεβέκα και στον Τζόε και κατόπιν άπλωσε το χέρι του και πήρε το φυλλάδιο από τα χέρια της Ρεβέκας.

– Άσ' το σε μένα, Μπέκι, της είπε.

Στη φωνή του εξακολουθούσαν να υπάρχουν ίχνη από την τραγουδιστή προφορά της Ουαλίας, αν και ο πατέρας του ήταν ένας πολυεκατομμυριούχος ο οποίος είχε στείλει το μοναχογιό του στα καλύτερα διεθνή σχολεία, πριν τον γράψει και στο Ινστιτούτο, όπου φοιτούσε τώρα.

– Μου φαίνεται πως η Εύα δεν είναι και τόσο ενθουσιασμένη με τη διαμαρτυρία που ετοιμάζετε εσύ και η Κολέτ, Γκριφ, έτσι δεν είναι; τον ρώτησε η Ρεβέκα και χαμογέλασε.

Ο Γκριφ ήταν ένα από τα καλύτερα παιδιά που είχε γνωρίσει ποτέ. Ήταν πάντα πρόθυμος να υποστηρίξει κάποιον καλό σκοπό, ακόμα και εις βάρος των μαθημάτων του. Επιπλέον ποτέ δεν άκουγες από τα χείλη του κακή κουβέντα για κανέναν. Η Ρεβέκα τα σκεφτόταν αυτά την ώρα που έβλεπε τον Γκριφ να καρφιτσώνει το φυλλάδιο πάλι στον πίνακα ανακοινώσεων.

– Σκασίλα μου, είπε ο Γκριφ με τρόπο απότομο, κάτι που δεν του ταίριαζε καθόλου. Αυτό που έχει σημασία είναι να εμποδίσουμε τα πυρηνικά να περάσουν μέσα από το χωριό, και όχι αυτό που θέλει η Εύα.

– Όλα θα πάνε καλά, είπε ο Τζόε ήρεμα. Η κυβέρνηση δε θ' άφηνε να περάσει κάτι τέτοιο από δω, αν υπήρχε ο παραμικρός κίνδυνος. Πρέπει να είναι απόλυτα ασφαλές.

— Αυτό είπαν και για το Τσέρνομπιλ*, είπε ο Γκριφ και έκανε δυο βήματα πίσω για να θαυμάσει τη δουλειά του.

Το φυλλάδιο μισοσκέπαζε τώρα μια αφίσα που διαφήμιζε την οργάνωση «Νέα Αυγή». Ο Γκριφ αναρωτήθηκε από μέσα του ποιοι να βρίσκονταν πίσω απ' αυτή την οργάνωση, γιατί ποτέ του δεν είχε ακούσει τίποτα γι' αυτούς.

— Καλή τύχη λοιπόν, είπε η Ρεβέκα ενθαρρυντικά και κατόπιν πρόσθεσε λίγο περιπαικτικά: Βάζω στοίχημα πως σε καναδυό ώρες η Εύα θα ξανάρθει και θα ξανακατεβάσει το φυλλάδιο!

Ο Γκριφ γύρισε προς τη Ρεβέκα και στα μάτια του υπήρχε ένα παράξενο, σχεδόν ψυχρό βλέμμα, που ούτε η Ρεβέκα ούτε ο Τζόε είχαν δει άλλη φορά.

— Δεν πρέπει να την αφήσουμε να κάνει κάτι τέτοιο, είπε. Αν προσπαθήσει, θα πρέπει να τη σταματήσουμε!

— Ναι; τον ρώτησε ο Τζόε κοροϊδευτικά. Εσύ και ποιος άλλος; Ξέρεις ότι όταν η Εύα βάλει κάτι στο μυαλό της, βρε θα το κάνει, ο κόσμος να χαλάσει!

— Τότε θα πρέπει να θανατωθεί, είπε ο Γκριφ χαμογελώντας και έφυγε από την τραπεζαρία.

Για μια στιγμή ούτε η Ρεβέκα ούτε ο Τζόε ήξεραν εάν μιλούσε σοβαρά ή όχι. Κατόπιν συμφώνησαν πως ο Γκριφ μάλλον αστειευόταν.

Πρέπει ν' αστειευόταν, έτσι δεν είναι; Γιατί κάτι τέτοιο δεν ταίριαζε καθόλου στον Γκριφ.

Έτσι δεν είναι;

---

* Αναφορά στο μεγαλύτερο πυρηνικό ατύχημα στην ιστορία της πυρηνικής ενέργειας, όταν τον Απρίλιο του 1986, από έκρηξη στον πυρηνικό αντιδραστήρα του πυρηνικού σταθμού Τσέρνομπιλ, διέφυγε στην ατμόσφαιρα μεγάλη ποσότητα ραδιενέργειας. (Σ.τ.Μ.)

ΑΠΑΓΟΡΕΥΜΕΝΗ ΖΩΝΗ

Η «Νέα Αυγή»

Χωριό Μπρέντμαουθ, οικία Φετς
Τρίτη, 12 Ιανουαρίου, ώρα 14.48

Από τότε που έφτασε στην Αγγλία, η Μόργκαν Νάιτ έμενε στην οικία Φετς, ένα μικρό, χαριτωμένο αγροτόσπιτο σ' ένα μικροσκοπικό λόφο με θέα το χωριό Μπρέντμαουθ, σαράντα πέντε περίπου λεπτά με τα πόδια από το Ινστιτούτο. Πριν το πιάσει, το σπίτι χρησιμοποιούνταν για τη φιλοξενία επισκεπτών επιστημόνων ή γι' αυτούς που δούλευαν στο κοντινό ραδιοτηλεσκόπιο του λόφου Φετς.

Η τριαντάχρονη οικονόμος με το ξινισμένο πρόσωπο και τα σφιγμένα χείλη που άκουγε στο όνομα δεσποινίς Ράντκλιφ οδήγησε τον Μαρκ στο μικροσκοπικό σαλονάκι του σπιτιού. Ο Μαρκ αναρωτήθηκε πώς στο καλό η Μόργκαν Νάιτ, μια σύγχρονη κοπέλα, είχε δεχτεί να μείνει εδώ –προφανώς ύστερα από πίεση του πατέρα της– κι όχι στους κοιτώνες των κοριτσιών στο Ινστιτούτο, όπου σε κάθε δωμάτιο υπήρχε κι από ένας υπολογιστής με πρόσβαση στο Διαδίκτυο, καλωδιακή τηλεόραση κι άλλα καλούδια της σύγχρονης τεχνολογίας. Άσε δε το γεγονός ότι οι κοιτώνες των κοριτσιών ήταν κοντά σ' αυτούς των αγοριών!

Το μόνο καλό που είχε η οικία Φετς ήταν η θέση της. Πρόσφερε μια πανοραμική θέα της εξοχής γύρω της: το ραδιοτηλεσκόπιο του λόφου Φετς προς το βορρά, το Ινστιτούτο και την εκκλησία του Αγίου Μιχαήλ δυτικά και, ανατολικά, έναν καινουριοφτιαγμένο, κατηφορικό δρόμο απ' όπου θα περνούσε το καραβάνι με τις πυρηνικές κεφαλές, περίπου σε μια-δυο μέρες.

Λίγο πιο μακριά ο Μαρκ μπορούσε να διακρίνει το Φάιβγουεϊς, δηλαδή ένα μεγάλο κτήμα το οποίο είχε στη μέση ένα σπίτι και στο οποίο ζούσε η Κολέτ Ράσελ με τους γονείς της. Υπενθύμισε νοερά στον εαυτό του να πεταχτεί να της πει ένα γεια αργότερα.

— Η Μόργκαν θα σας δει τώρα, ανακοίνωσε η Ράντκλιφ στον Μαρκ με άκαμπτο ύφος.

Μιλούσε με αμερικανική προφορά και το πρόσωπό της φάνηκε κάπως γνωστό στον Μαρκ. Αναρωτήθηκε πού την είχε συναντήσει.

— Μα βέβαια, είπε ο Μαρκ και προσπάθησε να κρύψει ένα χαμόγελο.

Η οικονόμος φερόταν λες και η Μόργκαν ήταν καμιά βασίλισσα που του 'κανε τη μεγάλη τιμή να τον δεχτεί!

Η πόρτα στο καθιστικό άνοιξε και η Μόργκαν Νάιτ μπήκε μέσα. Ο Μαρκ ξεροκατάπιε. Την έβλεπε συχνά στο σχολείο, αλλά έτσι όπως στεκόταν πάντα μακριά από τους άλλους, φαινόταν απρόσιτη. Τώρα, καθώς ο ήλιος του Ιανουαρίου έμπαινε μέσα από το παράθυρο και φώτιζε τα μακριά ξανθά μαλλιά της, που 'βγαζαν χρυσές ανταύγειες, φαινόταν ακατανίκητη. Ο Μαρκ σφύριξε σιωπηλά στον εαυτό του. Αν ήταν εδώ κάποιοι από τους συμμαθητές του, σίγουρα θα πέθαιναν από τη ζήλια τους!

— Γεια σου. Πρέπει να είσαι ο Μαρκ, είπε η Μόργκαν και του έκανε νόημα να καθίσει σε μια από τις αναπαυτικές πολυθρόνες δίπλα στο παράθυρο.

Ύστερα κάθισε κι αυτή σε μια άλλη, ακριβώς απέναντί του. Η Ράντκλιφ είπε πως θα τους έφερνε αναψυκτικά και βγήκε από το καθιστικό.

Η Μόργκαν Νάιτ ήταν ψηλή και καλοφτιαγμένη, με δέρμα σαν λευκή πορσελάνη και μάτια μπλε, βαθιά και διαπεραστικά. Σύμφωνα με τη Λιβ Φάραρ, την εποχή που είχε γνωρίσει τη Μόργκαν στην Αμερική, δεν ήταν παρά ένα άχαρο κοριτσάκι που φορούσε γυαλιά. Φαίνεται, σκέφτηκε ο Μαρκ καθώς έβαζε το χέρι στην τσέπη του δερμάτινου μπουφάν του για να βγάλει τη λίστα με τις ερωτήσεις που θα της έκανε, πως τον τελευταίο χρόνο το ασχημόπαπο είχε μεταμορφωθεί σε έναν πολύ σέξι κύκνο!

— Ε... η Λιβ μου είπε πως συμφώνησες να δώσεις αυτή τη συνέντευξη για να τελειώσεις μια για πάντα με τις ερωτήσεις σχετικά με τον μπαμπά σου, άρχισε ο Μαρκ.

— Ναι, είπε η Μόργκαν και κοίταξε τον Μαρκ βαθιά στα μάτια, κάτι που τον έκανε να αισθανθεί αμήχανα. Δεν καταλαβαίνω όμως γιατί όλο αυτό το ενδιαφέρον για μένα και τον μπαμπά μου.

— Μα κατάφερε να φτάσει ως τα μισά του Άρη και να επιστρέψει πίσω, είπε ο Μαρκ καθώς κοιτούσε τις σημειώσεις του, ενώ μέσα του σκεφτόταν πως η κόρη του ήταν μάλλον ό,τι πιο σέξι πλάσμα είχε υπάρξει ποτέ πάνω στη Γη.

— Μάλιστα, είπε η Μόργκαν με ένα χαμόγελο ταπεινοφροσύνης.

— Λοιπόν, πώς είναι εκεί πάνω; τη ρώτησε ο Μαρκ.

Η Μόργκαν έκλεισε τα μάτια της.

— Θαυμάσια, είπε με μια ανάσα. Τόσος χώρος, τόσο κενό... και να 'σαι ο πρώτος άνθρωπος που κολύμπησε στο διάστημα ανάμεσα στους πλανήτες εδώ και εκατομμύρια χρόνια...

— Ακούγεσαι λες και πήγες και εσύ εκεί πάνω, παρατήρησε ο Μαρκ.

Η Μόργκαν άνοιξε τα μάτια της.

— Και βέβαια όχι, είπε, αλλά έτσι ακριβώς μου το περιέγραψε ο μπαμπάς μου.

— Μάλλον, είπε ο Μαρκ και θυμήθηκε τις εικόνες του Άρμστρονγκ Νάιτ στο δελτίο ειδήσεων την ώρα που έκανε τον περίπατό του έξω από το Ντέιμος ΙΙΙ.

Οι εικόνες αυτές ήταν αρκετά εντυπωσιακές. Αυτός και η Ρεβέκα είχαν κολλήσει στο κανάλι CNN για ώρες πέρυσι το Μάρτιο και όχι μόνο επειδή ο νεκρός μπαμπάς της Ρεβέκας είχε κάποτε δουλέψει σε ένα διαστημικό πρόγραμμα και βρισκόταν στο ίδιο κέντρο ελέγχου κατά την εκτόξευση του Ντέιμος Ι.

Την ίδια άποψη με τον Μαρκ και τη Ρεβέκα φαίνεται πως είχε κι ο υπόλοιπος κόσμος, γιατί ξαφνικά οι υπεύθυνοι δημοσίων σχέσεων της ΝΑΣΑ είδαν το ενδιαφέρον του κοινού για τα διαστημικά προγράμματα να αναζωπυρώνεται.

— Δεν ανησυχούσες για τον μπαμπά σου; τη ρώτησε ο Μαρκ. Όταν χάθηκε η εικόνα στην τηλεόραση, όλοι νόμιζαν πως κάτι πήγε στραβά.

— Αν ανησύχησα; Όχι βεβαίως! είπε ψέματα η Μόργκαν και συνοφρυώθηκε για λίγα δευτερόλεπτα, καθώς προσπαθούσε να θυμηθεί κάτι που είχε θάψει βαθιά στη μνήμη της.

— Πες μας λοιπόν δυο λόγια παραπάνω για τον περίπατο του μπαμπά σου στο διάστημα, την παρότρυνε ο Μαρκ.

— Έκανε τον μπαμπά ν' αλλάξει τόσο πολύ, άρχισε να λέει η Μόργκαν. Όταν επέστρεψε στη Γη, πήγαμε για διακοπές στο Σάο Πάολο.

— Σάο Πάολο, στη Βραζιλία; τη ρώτησε ο Μαρκ.

— Ναι, απάντησε η Μόργκαν. Γιατί με ρωτάς;

— Έτσι, χωρίς ιδιαίτερο λόγο, είπε ο Μαρκ.

Όμως ο Μαρκ γνώριζε πως ο ελεγκτής του προγράμματος είχε την έδρα του κάπου στη χώρα αυτή, όπως γνώριζε και την ταυτότητά του. Παρ' όλ' αυτά είχε δώσει λόγο στον εαυτό του να μη μάθει ποτέ η Ρεβέκα πως ο ελεγκτής του προγράμματος ήταν στην πραγματικότητα ο πατέρας της, που η ίδια τον πίστευε νεκρό. Όμως μάλλον επρόκειτο για σύμπτωση που η Μόργκαν και ο μπαμπάς της επισκέφτηκαν εκείνη τη χώρα για διακοπές. Σίγουρα δε θα μπορούσαν να είναι ανακατεμένοι σε κάτι τόσο διαβολικό όπως το πρόγραμμα...

Έτσι, άφησε τη Μόργκαν να συνεχίσει.

— Όπως έλεγα, όταν επέστρεψε, πήγαμε για διακοπές στο Σάο Πάολο και τότε μιλήσαμε για πολλά πράγματα. Ποτέ πριν δεν ασχολιόταν με τη θρησκεία, ούτε σκεφτόταν φιλοσοφίες και τέτοια πράγματα.

— Ναι, έχω ακούσει πως το ταξίδι στο διάστημα μπορεί να αλλάξει το χαρακτήρα ενός ανθρώπου, είπε ο Μαρκ. Το να κοιτάς τη Γη από το διάστημα, σε κάνει να βλέπεις τα πάντα από εντελώς διαφορετική προοπτική.

— Έτσι είναι, είπε η Μόργκαν. Όταν ήμαστε εκεί...

— Ήσαστε εκεί; έκανε ο Μαρκ.

— Συγγνώμη, εννοώ όταν ο μπαμπάς μου ήταν εκεί, είπε η Μόργκαν και φάνηκε να στενοχωριέται που της είχε ξεφύγει κάτι τέτοιο. Όταν ο μπαμπάς μου ήταν εκεί, λοιπόν, υποθέτω πως βίωσε κάποιο είδος θρησκευτικής εμπειρίας.

Ύστερα σηκώθηκε και περπάτησε μέχρι το τραπέζι δίπλα από το παράθυρο. Επάνω του υπήρχε μια στοίβα φυλλάδια. Πήρε ένα και το έδωσε στον Μαρκ. Ήταν ίδιο με την αφίσα που είχαν δει η Ρεβέκα με τον Τζόε στον πίνακα ανακοινώσεων της τραπεζαρίας του Ινστιτούτου.

– Η «Νέα Αυγή»; τη ρώτησε ο Μαρκ αφού το διάβασε. Τι είναι αυτό;

– Πιστεύουμε πως στη Γη πρόκειται να συμβεί μια μεγάλη αλλαγή. Είμαστε λίγοι, αλλά γινόμαστε ολοένα και περισσότεροι.

Ο Μαρκ αναστέναξε. Είχε ακούσει όλες αυτές τις ανοησίες για τη χιλιετία και παλιότερα, δεν μπορούσε όμως να τις πιστέψει. Κατά την άποψή του, όλες αυτές οι θεωρίες ήταν επικίνδυνες. Θα ήταν κρίμα αν η Μόργκαν Νάιτ και ο μπαμπάς της είχαν πέσει θύματα τέτοιων ανοησιών.

– Εννοείς το τέλος του κόσμου και όλα τα σχετικά; τη ρώτησε ο Μαρκ και προσπάθησε να κρύψει την απέχθειά του για όλες αυτές τις καταστροφικές προφητείες. Εγώ πιστεύω πως, αν όλοι εμείς δεν αλλάξουμε συμπεριφορά, θα καταστρέψουμε τον πλανήτη μας μόνοι μας.

Η Μόργκαν κούνησε το κεφάλι της.

– Δεν πρόκειται για εσχατολογίες σχετικά με το τέλος του κόσμου, είπε. Πρόκειται για την αρχή ενός καινούριου.

– Δεν καταλαβαίνω, είπε ο Μαρκ.

– Πρόκειται για τη νέα αυγή της ειρήνης και της ευημερίας που θα ξημερώσει στον κόσμο, είπε η Μόργκαν. Είναι στο χέρι ανθρώπων σαν εσένα και μένα να διασφαλίσουμε πως ο κόσμος είναι έτοιμος γι' αυτή.

— Εσύ και εγώ; έκανε ο Μαρκ έκπληκτος.

— Μα και βέβαια, είπε η Μόργκαν. Εσύ κι εγώ και όλοι οι άλλοι στο Ινστιτούτο. Δεν το καταλαβαίνεις, Μαρκ; Εμείς είμαστε διαφορετικοί. Ευφυείς... ταλαντούχοι, ανώτεροι από το 99,9% του πληθυσμού. Είναι στο χέρι ανθρώπων σαν και μας να οδηγήσουμε τους πιο αδύναμους, να οργανώσουμε τη ζωή τους, να καθορίσουμε μια νέα τάξη, να τους δείξουμε το σωστό· να τους κάνουμε να καταλάβουν ποιοι είναι οι ανώτεροι άνθρωποι.

— Έι, για ένα λεπτό, άρχισε να λέει ο Μαρκ, έτοιμος να διαμαρτυρηθεί στη Μόργκαν για όσα είχε ακούσει από το στόμα της.

Όμως εκείνη τη στιγμή άνοιξε η πόρτα του καθιστικού και μπήκε μέσα η Ράντκλιφ. Στα χέρια της κρατούσε ένα δίσκο με σάντουιτς και δυο κουτιά κόκα-κόλα.

— Τι συμβαίνει, Μαρκ; τον ρώτησε η Μόργκαν και τον κοίταξε με τα διαπεραστικά της μάτια ίσια στα δικά του, ενώ άπλωσε το χέρι της στο δίσκο, πήρε ένα σάντουιτς και του το πρόσφερε.

— Μα και βέβαια είμαστε ιδιαίτεροι, είπε ο Μαρκ και πήρε το σάντουιτς. Το ίδιο όμως και όλοι οι άλλοι. Ο κάθε άνθρωπος σ' αυτόν τον κόσμο είναι ιδιαίτερος με τον τρόπο του. Κανένας δεν είναι καλύτερος από κάποιον άλλο επειδή τυχαίνει να είναι πιο ευφυής ή πιο ταλαντούχος ή πιο ελκυστικός.

— Μα πραγματικά πιστεύεις κάτι τέτοιο, Μαρκ; τον ρώτησε η Μόργκαν χωρίς να παίρνει τα μάτια της από πάνω του.

— Ναι, είπε ο Μαρκ και δάγκωσε με τη γνωστή του λαιμαργία μια μεγάλη μπουκιά από το σάντουιτς. Τα μάτια της Μόργκαν δεν έφευγαν στιγμή από τα δικά του και τον είχαν κάνει να νιώθει παράξενα. Όταν σκέφτεσαι πως είσαι καλύτερος από οποιονδήποτε άλλο, τότε δε γίνεσαι τίποτε άλλο από ένας φασίστας. Έτσι σκέφτονταν και οι Ναζί πριν από πενήντα χρόνια, όταν κατέσφαξαν έξι εκατομμύρια Εβραίους προσπαθώντας να αποδείξουν αυτό που είχαν στο μυαλό τους.

Η Μόργκαν χαμογέλασε.

– Δεν είμαστε φασίστες, Μαρκ, είπε. Απλώς θέλουμε να βοηθήσουμε τους άλλους, να τους δείξουμε πού έχουν κάνει λάθος. Να ξεχωρίσουμε τα πρόβατα από τα ερίφια και να προετοιμάσουμε τον πλανήτη για τη νέα αυγή...

Ο Μαρκ καταβρόχθισε το σάντουιτς και πήρε ένα ακόμα που του πρόσφερε η Μόργκαν.

– Με τίποτα δεν τα πιστεύω εγώ αυτά, είπε και ένιωσε ένα τσίμπημα στο πίσω μέρος του κεφαλιού του.

Ο τρόπος που μιλούσε η Μόργκαν του θύμιζε το πρόγραμμα. Από ό,τι ήξερε, το πρόγραμμα στελεχωνόταν από ανθρώπους που πίστευαν πως όλοι οι άλλοι είναι κατώτερα όντα και πως, κατά συνέπεια, μπορούν να τους κάνουν ό,τι θέλουν. Ο Μαρκ ήξερε πως το πρόγραμμα ήταν διεθνές και πως η μυστική βάση του βρισκόταν κάπου στη Νότια Αμερική, κατά πάσα πιθανότητα στη Βραζιλία. Η Μόργκαν είχε αναφέρει ότι πήγαν με τον μπαμπά της διακοπές εκεί. Ο Μαρκ προσπάθησε να σβήσει τις υποψίες από το μυαλό του, μάζεψε τις σημειώσεις του και ετοιμάστηκε να φύγει.

Τότε η Μόργκαν του πέταξε όλο νάζι:

– Μου φαίνεται πως σε στενοχώρησα.

Η φωνή της ακουγόταν τόσο απογοητευμένη, που για μια στιγμή ο Μαρκ μπήκε στον πειρασμό να αλλάξει γνώμη.

– Συγγνώμη, Μόργκαν, είπε καθώς εκείνη τον συνόδευε στην πόρτα. Ποτέ δεν πρόκειται ν' αποδεχτώ πως κάποιος έχει το δικαίωμα να κυβερνά άλλους ανθρώπους με τέτοιον τρόπο.

– Γιατί δεν έρχεσαι στη συνάντηση που προσπαθώ να οργανώσω στο σχολείο; τον ρώτησε η Μόργκαν. Θα συναντούσες μερικά άτομα από το Ινστιτούτο που σκέφτονται όπως και εγώ. Μπορεί και να σε πείθαμε.

Ο Μαρκ κούνησε το κεφάλι του.

– Συγγνώμη, της είπε για άλλη μια φορά.

– Μπορούμε ακόμα να είμαστε φίλοι, έτσι δεν είναι; τον ρώτησε εκείνη.

– Και βέβαια, της απάντησε ο Μαρκ, ενώ μέσα του αναρωτιόταν πώς θα μπορούσε κάποιος να μην είναι φίλος με μια τόσο ελκυστική κοπέλα όπως η Μόργκαν Νάιτ, ανεξάρτητα από τις απόψεις της.

– Τότε θα σε δω σύντομα, είπε η Μόργκαν και τον αποχαιρέτησε χαϊδεύοντάς τον στο μάγουλο.

Αμέσως μόλις έκλεισε η πόρτα πίσω από τον Μαρκ, η Μόργκαν γύρισε στη Ράντκλιφ, η οποία όλη αυτή την ώρα είχε μείνει μέσα στο καθιστικό και είχε παρακολουθήσει το τελευταίο μέρος της συζήτησής τους.

– Είναι δικός μας, είπε η Μόργκαν και πήρε από το δίσκο ένα σάντουιτς.

– Σίγουρα, είπε η Ράντκλιφ και κοίταξε έξω από το παράθυρο, προς τη μεριά του Ινστιτούτου. Και σύντομα το Ινστιτούτο θα είναι επίσης δικό μας!

Φάιβγουεϊς
Τρίτη, 12 Ιανουαρίου, ώρα 16.12

— Μη με υπολογίζεις, Κολέτ! είπε ο Μαρκ καθώς η Κολέτ του έδωσε ένα φυλλάδιο που διαφήμιζε τη διαμαρτυρία εναντίον του περάσματος των πυρηνικών κεφαλών από το χωριό.

Ο Μαρκ, αφού πρώτα έριξε μια ματιά στο φυλλάδιο, το δίπλωσε και το έβαλε στην κωλότσεπή του.

— Μη μου πεις πως υποστηρίζεις την Εύα! είπε η Κολέτ.

Η Κολέτ ήταν ένα όμορφο κορίτσι που έμοιαζε λίγο με αγοροκόριτσο. Τα ατίθασα ξανθά μαλλιά της και η σκανταλιάρικη έκφρασή της έκρυβαν καλά την αριστοκρατική διαπαιδαγώγησή της.

— Πίστευα πως εσύ περισσότερο από όλους δε χώνευες την Εύα, πρόσθεσε κι ο Γκριφ, ο οποίος ήταν ήδη στο σπίτι της Κολέτ όταν ο Μαρκ πέρασε για να της πει μια καλημέρα.

Ο Μαρκ υποψιαζόταν πως η Κολέτ ήταν ερωτευμένη με τον όμορφο οικολόγο μαθητή του Ινστιτούτου.

— Τι εννοείς; τον ρώτησε ο Μαρκ απότομα.

Ο Γκριφ αναρωτήθηκε γιατί ο Μαρκ είχε εκνευριστεί τόσο πολύ.

— Τίποτα το ιδιαίτερο, του απάντησε με ειλικρίνεια κι άπλωσε το χέρι του για να πάρει ένα σάντουιτς με σολομό, απ' αυτά που είχε ετοιμάσει η οικονόμος του σπιτιού της Κολέτ για να τους περιποιηθεί. Όλοι στο Ινστιτούτο λένε πως εσύ, η Μπέκι και ο Τζόε δεν μπορείτε ν' αντέξετε τη βασίλισσα των πάγων.

Ο Μαρκ αντάλλαξε ένα βλέμμα με την Κολέτ και κατόπιν στράφηκε στον Γκριφ.

—Ίσως να ξέρουμε κάποια πράγματα για την Εύα που δεν ξέρεις εσύ, Γκριφ, του είπε.

Τα λόγια του τράβηξαν την προσοχή του νεαρού Ουαλού με τα μακριά, σγουρά μαλλιά.

—Σαν τι πράγματα; ρώτησε τον Μαρκ και στο βλέμμα του διέκρινε κανείς την περιέργεια.

—Τίποτα που να μπορούμε ν' αποδείξουμε με σιγουριά, άρχισε να λέει η Κολέτ και κατόπιν έκλεισε το στόμα της, γιατί συνειδητοποίησε πως της είχαν ξεφύγει περισσότερα από όσα έπρεπε.

—Τίποτα, τελεία και παύλα, είπε ψέματα ο Μαρκ.

Ο Γκριφ κοίταξε πρώτα τον Μαρκ, ύστερα την Κολέτ, μετά ξανά τον Μαρκ και τέλος ανασήκωσε τους ώμους του, σαν να 'λεγε «Όπως νομίζετε».

—Και γιατί, αν επιτρέπεται, δε συμμετέχεις στη διαμαρτυρία; ρώτησε ο Γκριφ τον Μαρκ.

—Γιατί πιστεύω ότι όσο πιο νωρίς απενεργοποιήσουν τις κεφαλές και τις θάψουν, τόσο το καλύτερο, του απάντησε ο Μαρκ. Εκτός από αυτό, οι βαθμοί μου έχουν αρχίσει να πέφτουν. Εάν δε δουλέψω περισσότερο, ο γερο-Σκίνερ θα με γδάρει ζωντανό.

Ο Γκριφ χαμογέλασε με το ευφυολόγημα του Μαρκ, το οποίο είχε σχέση με έναν από τους καθηγητές της χημείας. Ο Τεντ Σκίνερ ήταν ο πιο δημοφιλής καθηγητής στο Ινστιτούτο. Ήταν γύρω στα εξήντα πέντε και δεν μπορούσε πια να περπατήσει χωρίς το μπαστούνι του. Μπορεί μεν η φιλελεύθερη στάση του απέναντι στους μαθητές του να είχε κάνει κάποιους απ' αυτούς να τον εκμεταλλεύονται, όμως, από την άλλη πλευρά, ο καλοσυνάτος χαρακτήρας του τους έκανε να δουλεύουν σκληρότερα για το μάθημά του. Όλοι αγαπούσαν το γερο-καθηγητή και σ' αυτό το θέμα είχε καταφέρει σίγουρα να είναι πρώτος σε σύγκριση με οποιονδήποτε άλλο καθηγητή του Ινστιτούτου.

— Μα θα πρέπει να σε τσακώσει πρώτα! αστειεύτηκε ο Γκριφ.

— Πρέπει να μας βοηθήσεις με το υπόμνημα, είπε η Κολέτ στον Μαρκ. Ο Γκριφ τρέχει όλη την εβδομάδα για να μαζέψει υπογραφές. Κάνει θαυμάσια δουλειά.

Και κοίταξε τον Γκριφ με βλέμμα όλο λατρεία. Ο Μαρκ χαμογέλασε από μέσα του. Δεν υπήρχε αμφιβολία: η Κολέτ ήταν σίγουρα ερωτευμένη με τον Γκριφ! Αποφάσισε όμως πως θα ήταν καλύτερα να μην αναφέρει τίποτε στους άλλους, διαφορετικά ο Τζόε θα την κορόιδευε αλύπητα!

— Σίγουρα ο Γκριφ κάνει θαυμάσια δουλειά, είπε ο Μαρκ, ο οποίος πρόσθεσε ότι λυπόταν πραγματικά, γιατί έπρεπε να καλύψει τα κενά του στα μαθήματα. Εκτός από αυτό, υποσχέθηκα στον Τζόνι πως θα τον βοηθήσω με την εργασία του, πρόσθεσε.

— Ναι, η Ρεβέκα μου το ανέφερε στο τηλέφωνο, είπε η Κολέτ και κοίταξε σκεφτική τον Μαρκ. Τον συμπαθείς τον Τζόνι, Μαρκ;

— Φαίνεται καλό παιδί, της απάντησε ο Μαρκ και η Κολέτ θυμήθηκε ότι η Ρεβέκα της είχε πει για τη συμπεριφορά του απέναντι στον Τζόνι νωρίτερα. Ναι, τον συμπαθώ. Εσύ;

— Τον έχω συναντήσει μόνο μια φορά, αλλά μου φαίνεται πως κρύβει κάτι, είπε η Κολέτ.

— Ναι, ο Τζόε μου το είπε, της είπε ο Μαρκ.

— Εμένα μου φαίνεται εντάξει, μπήκε στη μέση ο Γκριφ. Είπε πως υποστηρίζει τον αγώνα μας.

— Θα συμμετάσχει και αυτός στη διαμαρτυρία; τον ρώτησε η Κολέτ.

— Όχι, της απάντησε ο Γκριφ. Και δε μου είπε για ποιο λόγο.

– Γιατί είναι Ασιάτης, πετάχτηκε ο Μαρκ. Πάντα πίστευα ότι οι όμοιοί του...

– Οι όμοιοί του; τον διέκοψε η Κολέτ, η οποία είχε ξαφνιαστεί από τα λόγια του Μαρκ.

Το σχόλιο που είχε κάνει ο Μαρκ έκρυβε κάποιο ρατσισμό ή μήπως ήταν η ιδέα της; Πάντως, όπως κι αν είχε το πράγμα, ήταν πραγματικά παράξενο που ο Μαρκ είχε ξεστομίσει κάτι τέτοιο.

– Συγγνώμη, είπε ο Μαρκ, ο οποίος συνειδητοποίησε ξαφνικά ότι το σχόλιό του μπορούσε εύκολα να παρανοηθεί. Έτσι, φρόντισε αμέσως να διορθώσει τον εαυτό του: Πάντα πίστευα ότι οι λαοί αυτοί είναι ειρηνιστές, είπε.

– Και γω το ίδιο, είπε ο Γκριφ. Και απορώ. Τι το κακό υπάρχει στο να συμμετέχει κανείς σε μια ειρηνική διαμαρτυρία ενάντια στα πυρηνικά όπλα;

– Συγγνώμη, Γκριφ, αλλά δεν μπορώ να συμμετάσχω στη διαμαρτυρία, επανέλαβε ο Μαρκ.

– Προδότη, είπε η Κολέτ αστειευόμενη και χαμογέλασε.

– Ακόμα και αν δεν είχα την εργασία για τον Σκίνερ, θα έπρεπε να γράψω το άρθρο μου για τον *Ερευνητή*, είπε ο Μαρκ.

– Δουλεύεις για τη Λιβ Φάραρ; τον ρώτησε ο Γκριφ κι έκανε μια γκριμάτσα.

– Ναι, του απάντησε ο Μαρκ και μιμήθηκε την γκριμάτσα του Γκριφ. Πήρα μια συνέντευξη από τη Μόργκαν Νάιτ. Μπορεί να έχει κάποιες περίεργες απόψεις, αλλά, πίστεψέ με, πρόκειται για καυτό θέμα!

– Ποια είναι η Μόργκαν Νάιτ; τον ρώτησε η Κολέτ, που άρχιζε να μην της αρέσει η τροπή που έπαιρνε η συζήτηση.

– Η κόρη του Άρμστρονγκ Νάιτ, το πιο σέξι κορίτσι στον κόσμο, της είπε ο Μαρκ με έμφαση. Δεν υπάρχει αγόρι που να μην τρελαίνεται γι' αυτή!

— Είμαι σίγουρη πως αυτό δεν ισχύει για τον Γκριφ, είπε η Κολέτ και χαμογέλασε προς τη μεριά του Ουαλού, σαν να περίμενε επιβεβαίωση.

Ο Γκριφ της ανταπέδωσε το χαμόγελο, αλλά αμέσως μετά φάνηκε να αλλάζει και το πρόσωπό του να γίνεται άγριο και σκοτεινό. Μ' αυτή την έκφραση στο πρόσωπο στράφηκε προς τον Μαρκ.

— Ώστε λοιπόν σ' αρέσει η Μόργκαν Νάιτ; τον ρώτησε κάπως απότομα.

— Και μήπως είμαι μόνο εγώ; του απάντησε ο Μαρκ.

Ο Γκριφ ανασήκωσε το φρύδι του με αποδοκιμασία και γέλασε περιφρονητικά.

— Και πιστεύεις σοβαρά πως κάποιος σαν και σένα θα είχε έστω και μία πιθανότητα επιτυχίας μαζί της; ρώτησε τον Μαρκ.

Ο Μαρκ κατσούφιασε για λίγο. Μπορεί να μην ήταν ο Λεονάρντο Ντι Κάπριο ή ο Μπραντ Πιτ, αλλά δεν ήταν δα και κάνα τέρας ασχήμιας. Παρ' όλ' αυτά ανέκτησε την αυτοπεποίθησή του στη στιγμή.

— Ε, λοιπόν, ναι, είπε στον Γκριφ. Την ίδια πιθανότητα με οποιονδήποτε άλλον.

— Ποιον νομίζεις ότι κοροϊδεύεις; τον ρώτησε ο Γκριφ, του οποίου το πρόσωπο είχε σκοτεινιάσει ακόμα περισσότερο.

— Γκριφ, σταμάτα, πετάχτηκε η Κολέτ, η οποία ένιωθε τον καβγά να πλησιάζει.

— Δεν είσαι τίποτα άλλο από ένα ψωροπερήφανο παιδί με υποτροφία που νομίζει πως αποτελεί θείο δώρο για τις γυναίκες, συνέχισε ακάθεκτος κι ορμητικός ο Γκριφ. Να την αφήσεις στην ησυχία της, μ' ακούς; Κορίτσια σαν τη Μόργκαν δεν είναι για άτομα σαν κι εσένα!

– Για ένα λεπτό! είπε ο Μαρκ, ο οποίος ένιωθε το θυμό να φουντώνει μέσα του, μ' αποτέλεσμα να σηκωθεί από την πολυθρόνα όπου καθόταν και να τεντώσει απειλητικά το δάχτυλό του προς την κατεύθυνση του Γκριφ.

Ο Γκριφ τινάχτηκε κι αυτός όρθιος και κοίταξε τον Μαρκ άγρια.

– Τολμάς να με απειλείς; ρώτησε σχεδόν γρυλίζοντας τον Μαρκ.

– Φυσικά και δε σε απειλεί, Γκριφ, είπε η Κολέτ, σε μια προσπάθεια να προλάβει τις άσχημες εξελίξεις.

Ο Μαρκ αγνόησε την Κολέτ και κοίταξε τον Γκριφ ίσια στα μάτια.

– Ναι, είπε. Αυτό κάνω. Σε απειλώ!

Ο Γκριφ πλησίασε απότομα τον Μαρκ και τον έσπρωξε. Ο Μαρκ έπεσε ανάσκελα στο πάτωμα και ο Γκριφ πήδησε πάνω του.

Ο Ουαλός χίμηξε στον Μαρκ σαν άγριο ζώο και σήκωσε τη γροθιά του για να τον χτυπήσει στο πρόσωπο. Ο Μαρκ γύρισε το κεφάλι του την τελευταία στιγμή και το χέρι του Γκριφ χτύπησε πάνω στο χαλί. Ο Γκριφ ούρλιαξε από πόνο.

Ο Μαρκ το εκμεταλλεύτηκε και κατάφερε να τον σπρώξει από πάνω του. Πήδησε όρθιος για να ξεφύγει, αλλά ο Γκριφ ήταν πιο γρήγορος. Τέντωσε το πόδι του κι έβαλε τρικλοποδιά στον Μαρκ. Ο Μαρκ έπεσε γι' άλλη μια φορά στο πάτωμα, όμως αυτή τη φορά χτύπησε πάνω σ' ένα τραπεζάκι, το οποίο κοσμούσε ένα γυάλινο βάζο. Το βάζο έπεσε κάτω κι έσπασε σε χίλια κομμάτια.

Ο Μαρκ γύρισε ανάσκελα και είδε τον Γκριφ να ξαναπέφτει επάνω του. Τίναξε τα χέρια του και κατάφερε να δώσει στον Γκριφ ένα δυνατό χτύπημα στο πιγούνι. Το αίμα άρχισε να τρέχει από τις άκρες του στόματος του Γκριφ.

Η γεύση του δικού του αίματος εξαγρίωσε τον Γκριφ ακόμα πιο πολύ. Βούτηξε ένα από τα κομμάτια του σπασμένου γυαλιού και άρχισε να το πλησιάζει στο λαιμό του Μαρκ.

— Σταματήστε! φώναξε η Κολέτ και προσπάθησε να τραβήξει τον Γκριφ μακριά από τον Μαρκ, αλλά το μόνο που κατάφερε ήταν να του πάρει το κομμάτι το γυαλί από τα χέρια. Σταμάτα, Γκριφ, πριν σκοτώσετε ο ένας τον άλλον!

— Οι όμοιοί του δε θα 'πρεπε να 'χουν δικαίωμα να ζουν! γρύλισε ο Γκριφ και χτύπησε τον Μαρκ στο πρόσωπο με τη γροθιά του.

— Θα σε σκοτώσω, ουαλέζικο γουρούνι! βρυχήθηκε ο Μαρκ και βούτηξε με ορμή τον Γκριφ από τα μαλλιά.

Τα μάτια του Γκριφ γέμισαν δάκρυα.

— Σταματήστε! ούρλιαξε η Κολέτ για άλλη μια φορά και προσπάθησε και πάλι να τραβήξει τον Γκριφ πάνω από τον Μαρκ.

Στην προσπάθειά της επάνω κατάλαβε ότι όταν ένας άνθρωπος κατέχεται από τόση μανία, σχεδόν κανείς δεν μπορεί να τον κάνει καλά.

— Μαρκ! Γκριφ! Φέρεστε σαν ζώα! ξαναφώναξε η Κολέτ και έκλεισε τα μάτια της σφιχτά, λες και ήθελε να σταματήσει πια να βλέπει την εικόνα των φίλων της να χτυπούν ο ένας τον άλλο τόσο άγρια βάζοντας σε κίνδυνο ακόμα και την ίδια τη ζωή τους.

Η Κολέτ συγκέντρωσε το μυαλό της στην επιθυμία της να σταματήσουν ο Μαρκ και ο Γκριφ να παλεύουν, χωρίς να ξέρει τι ακριβώς έκανε. Έλπιζε πως οι ιδιαίτερες ικανότητες που είχε θα μπορούσαν κατά κάποιον τρόπο να ηρεμήσουν τα δυο αγόρια. Άρχισε λοιπόν να σκέφτεται όσο πιο έντονα μπορούσε: Ειρήνη, ηρεμία. Έξω το κακό, μέσα το καλό. Όχι άλλο πάλεμα, όχι άλλο μίσος. Όχι άλλο...

Φαίνεται πως οι ψυχικές της ικανότητες είχαν καταφέρει αυτό που επιθυμούσε, γιατί όταν άνοιξε τα μάτια της, ο Μαρκ και ο Γκριφ κάθονταν στο χαλί ο ένας αντίκρυ στον άλλο και κοιτούσαν απορημένοι το αίμα που έτρεχε από τις άκρες των χειλιών τους. Το μίσος είχε σβηστεί από τα πρόσωπά τους και είχε δώσει τη θέση του σε μια έκφραση δυσπιστίας, ανάμικτη με έκπληξη.

Ο Γκριφ μίλησε πρώτος.

– Δεν ξέρω τι μ' έπιασε..., άρχισε να λέει αδύναμα και κούνησε το κεφάλι του.

– Ήσουν έτοιμος... να με σκοτώσεις...,. είπε ο Μαρκ και κατόπιν, λες και το συνειδητοποιούσε μόλις εκείνη τη στιγμή: Και γω ήμουν έτοιμος να σκοτώσω εσένα...

– Γιατί; τους ρώτησε η Κολέτ καθώς τους βοηθούσε και τους δυο να σταθούν στα πόδια τους.

Ο Μαρκ κοίταξε παράξενα τον Γκριφ.

– Γιατί είναι διαφορετικός... είναι ένας ξένος, είπε ο Μαρκ.

– Μην είσαι ανόητος, του είπε η Κολέτ. Απλώς είναι Ουαλός.

– Όχι, ήταν... διαφορετικός, είπε ο Μαρκ αργά καθώς άκουγε ξανά μέσα στο μυαλό του τη φράση της Μόργκαν Νάιτ να ηχεί παράξενα.

– Και γω σε μισούσα, είπε ο Γκριφ, που επίσης έδειχνε να το συνειδητοποιεί μόλις εκείνη τη στιγμή. Μου θύμισες όλους αυτούς τους Άγγλους που έρχονται στην Ουαλία για ν' αγοράσουν εξοχικά και εξαναγκάζουν τους ανθρώπους ν' αφήσουν τη γη στην οποία ζουν εδώ και αιώνες. Ο μπαμπάς μου ποτέ δε συμπάθησε τους Άγγλους. Λέει πως η αγγλική κυβέρνηση έκλεισε τα ορυχεία πριν από πολλά χρόνια.

Ο Μαρκ χαμογέλασε διστακτικά.

– Κοίτα, εγώ λέω να το ξεχάσουμε, εντάξει; είπε και άπλωσε το χέρι του στον Γκριφ. Συγγνώμη. Φίλοι πάλι;

Ο Γκριφ χαμογέλασε κι εκείνος διστακτικά κι έσφιξε το χέρι του Μαρκ.

– Και γω λυπάμαι, είπε με ειλικρίνεια. Και πάλι φίλοι.

– Ωραία, είπε η Κολέτ και χαμογέλασε.

Χαμογέλασε γιατί οι φίλοι της τα είχαν ξαναβρεί, αλλά βαθιά μέσα της ένιωθε τρομοκρατημένη απ' αυτό που είχε ζήσει.

Όσο κράτησε το πάλεμα του Μαρκ με τον Γκριφ, η Κολέτ είχε νιώσει όλο αυτό το μίσος που ξεπηδούσε από τους δυο τους. Ο Γκριφ ο ειρηνιστής και ο Μαρκ ο οποίος σήκωνε χέρι μόνο όταν βρισκόταν σε αυτοάμυνα, παραλίγο να σκοτώσουν ο ένας τον άλλον. Για ένα λεπτό είχαν παραδοθεί στα πιο διαβολικά τους ένστικτα. Για ένα λεπτό ο Μαρκ και ο Γκριφ είχαν μετατραπεί σε αγρίους.

Και, κατά κάποιον τρόπο, η Μόργκαν Νάιτ βρισκόταν πίσω από όλα αυτά.

Ινστιτούτο Μπρέντμαουθ,
κοιτώνες των αγοριών, δωμάτιο Α313
Τρίτη, 12 Ιανουαρίου, ώρα 19.11

– Πολύ γλυκό εκ μέρους σου, Τζόε, είπε η Ρεβέκα καθώς οι πόρτες του ασανσέρ άνοιγαν και τα δυο παιδιά έφταναν στο τρίτο πάτωμα του κτιρίου, όπου βρίσκονταν οι κοιτώνες των αγοριών που φοιτούσαν στο Ινστιτούτο.

Ο Τζόε ξίνισε τα μούτρα. Στα δεκατέσσερά του είχε ακούσει ήδη πολλά, ιδιαίτερα στις φτωχογειτονιές της Νέας Υόρκης, πριν έρθει στο Ινστιτούτο, αν όμως μισούσε κάτι περισσότερο απ' όλα σ' αυτόν τον κόσμο, ήταν τα γλυκερά σχόλια σαν κι αυτό που είχε μόλις κάνει η Ρεβέκα γι' αυτόν.

– Έι, κόφ' το, της είπε και κατηφόρισε το διάδρομο προς το δωμάτιο Α313. Θέλω να ζητήσω συγγνώμη από τον Τζόνι. Ήμουν πραγματικό κτήνος μαζί του σήμερα το πρωί. Ίσως να μπορώ να τον βοηθήσω με την εργασία της βιολογίας για να επανορθώσω.

– Όλοι τού φερθήκαμε απαίσια σήμερα, είπε η Ρεβέκα. Ακόμα κι εγώ κι ο Μαρκ.

– Πού είναι αυτός; τη ρώτησε ο Τζόε.

Η Ρεβέκα ανασήκωσε τους ώμους της. Δεν είχε ιδέα. Πριν βρεθεί με τον Τζόε, είχε χτυπήσει την πόρτα του Μαρκ. Δεν πήρε απάντηση και ο μαθητής του διπλανού δωματίου τής είπε πως δεν τον είχε δει όλη μέρα.

– Αν κρίνω από τις συνήθειές του, είπε ο Τζόε στη Ρεβέκα, μάλλον θα βρίσκεται στους κοιτώνες των κοριτσιών τώρα και θα βοηθάει τη Χριστίνα Χάακ με το πάρτι της.

Η δημοφιλής μαθήτρια της φυσικής από το Βερολίνο είχε μόλις πάρει τρία άριστα στη σειρά για τις εργασίες των διακοπών και αυτό κατά την άποψή της αποτελούσε ικανοποιητική δικαιολογία για να κάνει ένα πάρτι. Ο μπαμπάς της είχε συμφωνήσει μαζί της και της είχε δώσει αρκετά χρήματα για να το γιορτάσει. Αν και τελειόφοιτη η ίδια, στα πάρτι της ήταν προσκαλεσμένοι όλοι οι μαθητές που ήταν από δεκατεσσάρων ετών και πάνω.

— Όποια και αν είναι η γνώμη σου, εξακολουθώ να πιστεύω πως αυτό που κάνεις είναι πολύ γλυκό, επανέλαβε η Ρεβέκα στον Τζόε.

— Ευχαριστώ, να λείπει, μουρμούρισε ο Τζόε. Γιατί λοιπόν ήθελες να έρθεις;

— Όπως και συ, σκέφτηκα να βοηθήσω και εγώ τον Τζόνι, του απάντησε. Για να επανορθώσω για την απαίσια συμπεριφορά του Μαρκ απέναντί του σήμερα το μεσημέρι.

— Ρεβέκα, την αλήθεια, της είπε ο Τζόε, ο οποίος τη γνώριζε αρκετά καλά για να ξέρει πότε λέει ολόκληρη την αλήθεια και πότε όχι.

— Εντάξει. Η Εύα μας είπε να μην κάνουμε ξανά παρέα με τον Τζόνι, του απάντησε η Ρεβέκα. Και αυτό είναι αρκετό. Θέλω να μάθω γιατί έχει τόση μανία να μας κρατήσει μακριά από αυτόν.

— Είπε πως θα ανακαλέσει τις υποτροφίες μας αν δεν υπακούσουμε, της θύμισε ο Τζόε.

— Τότε καλό είναι να διασφαλίσουμε πως δε θα μάθει τίποτα, έτσι δεν είναι; τον ρώτησε η Ρεβέκα.

Ύστερα κοίταξε έξω από το παράθυρο του διαδρόμου, το γκριζωπό κτίριο του Ινστιτούτου με τις κολόνες γοτθικού τύπου, τα ψηλά, κλειστά παράθυρα και τους πυργίσκους, για τους οποίους ο Τζόε είπε κάποτε ότι θύμιζαν κάστρο του Μεσαίωνα και όχι ένα επιστημονικό σχολείο υψηλής κλάσης. Τα φώτα σε πολλά από τα παράθυρα των εργαστηρίων ήταν ακόμα ανοιχτά.

Δίπλα από το κεντρικό κτίριο του Ινστιτούτου βρισκόταν ένα άλλο, το οποίο συνδεόταν με το κεντρικό κτίριο μ' ένα σκεπαστό διάδρομο. Στο δεύτερο αυτό κτίριο ήταν τα γραφεία της γραμματείας του Ινστιτούτου. Κάποιοι έλεγαν ότι το παλιό αυτό κτίριο ήταν ό,τι απέμεινε από ένα παλιό αβαείο που βρισκόταν εκεί για εκατοντάδες χρόνια και το οποίο είχε κατεδαφιστεί. Όλα τα παράθυρα σ' αυτό το κτίριο ήταν σκοτεινά, εκτός από δύο: του γραφείου του στρατηγού Έξφορντ και του γραφείου της Εύας. Αυτό σήμαινε πως, για την ώρα, η Ρεβέκα και ο Τζόε ήταν ασφαλείς από την Εύα.

— Έτσι κι αλλιώς δεν πιστεύω ότι πρόκειται να πραγματοποιήσει την απειλή της, είπε ο Τζόε στη Ρεβέκα με αυτοπεποίθηση καθώς πλησίαζαν την πόρτα του δωματίου A313.

— Και πώς καταλήγεις σ' αυτό το ιδιοφυές συμπέρασμα; τον ρώτησε ειρωνικά η Ρεβέκα. Χρησιμοποίησες όλες σου τις ψυχικές ικανότητες και λίγη μαντεία για αλατοπίπερο;

Ο Τζόε έκανε μια γκριμάτσα.

— Πού τέτοια τύχη! της είπε. Απλώς ξέρουμε περισσότερα από όσα θα 'πρεπε για την Εύα και για τις σχέσεις της με το πρόγραμμα. Άρα δε θα τολμήσει να μας διώξει από το Ινστιτούτο.

— Μα δεν έχουμε σίγουρες αποδείξεις, του είπε η Ρεβέκα. Το μόνο που ξέρουμε είναι πως πιθανόν να έχει κάποια σχέση με το πρόγραμμα.

— Εγώ και ο Μαρκ την αναγνωρίσαμε τότε εκεί κάτω, στους υπονόμους, της θύμισε ο Τζόε. (Μιλούσε για την περιπέτειά τους στους υπονόμους του Λονδίνου, με τον εξωγήινο και το παράξενο τσίρκο). Μπορεί να είναι η βοηθός του Έξφορντ, είναι όμως και η αναπληρώτρια ελέγκτρια του προγράμματος, συνέχισε ο Τζόε.

— Ίσως, είπε η Ρεβέκα, η οποία πρόσεχε πάντοτε τα λόγια της αν δεν είχε στα χέρια της αδιάσειστες αποδείξεις. Μου είπες πως ποτέ δεν την είδατε καθαρά· πως έμενε πάντα στη σκιά. Το μόνο που βρήκατε στο τέλος, ήταν ένα σπασμένο ζευγάρι μαύρα γυαλιά, που θα μπορούσαν να ανήκουν σε οποιονδήποτε.

– Αυτό αποτελεί ικανοποιητική απόδειξη για μένα, της είπε ο Τζόε.

– Όχι όμως για μένα, του αντέτεινε η Ρεβέκα. Και όσον αφορά τη θέση της ως αναπληρώτριας ελέγκτριας του προγράμματος... ακόμα δεν ξέρουμε καλά καλά τι είναι το πρόγραμμα!

– Μα πρόκειται για τους κακούς, αυτό είναι! είπε κατσουφιασμένος ο Τζόε και κατόπιν χτύπησε διακριτικά την πόρτα του δωματίου Α313, που ήταν το δωμάτιο του Τζόνι.

– Περάστε, ακούστηκε η φωνή του Τζόνι μέσα από το δωμάτιο μ' έναν επίσημο τόνο.

Ο Τζόε άνοιξε την πόρτα και μπήκε μέσα. Πίσω του ακολουθούσε η Ρεβέκα.

Το δωμάτιο Α313 ήταν ίσως το μεγαλύτερο από όλα τα άλλα, τόσο μεγάλο μάλιστα, που ο Τζόνι είχε βάλει ένα χώρισμα με παραστάσεις από τη χώρα του, το οποίο διαιρούσε το δωμάτιο στα δύο.

Ο Τζόνι καθόταν στο γραφείο του και παρακολουθούσε το δελτίο ειδήσεων του Καναλιού 4 σε μια μικρή, φορητή τηλεόραση. Ο δημοσιογράφος μιλούσε εκείνη τη στιγμή για τη διαμάχη σχετικά με τα σύνορα ανάμεσα στην Κίνα και το μικρό, ανεξάρτητο κράτος Ζου-Ζαν.

Το Ζου-Ζαν αποτελούσε τμήμα της Κίνας μέχρι πριν από λίγα χρόνια, οπότε απέκτησε την ανεξαρτησία του, μαζί με ορισμένα πολύτιμα αποθέματα ορυκτών που υπήρχαν στα εδάφη του, καθώς και με κάποια οπλικά συστήματα που ήταν εγκατεστημένα εκεί. Ο Τζόνι έκλεισε βιαστικά την τηλεόραση και στράφηκε για να χαιρετήσει τους επισκέπτες του.

Ενώ ο Τζόε ζητούσε συγγνώμη για την άσχημη συμπεριφορά του το μεσημέρι στην τραπεζαρία, η Ρεβέκα εκμεταλλεύτηκε την ευκαιρία για να κοιτάξει ένα γύρω στο δωμάτιο του Τζόνι. Εκτός από το ότι ήταν ασυνήθιστα μεγάλο και πάρα πολύ καθαρό, κατά τ' άλλα ήταν όπως ένα οποιοδήποτε δωμάτιο μαθητή του Ινστιτούτου.

Τα ράφια του Τζόνι λύγιζαν κάτω από το βάρος πολλών βιβλίων. Υπήρχαν, βεβαίως, τόμοι της φυσικής, της χημείας, της βιολογίας, όπως επίσης και βιβλία άλλων μαθημάτων του εθνικού προγράμματος σπουδών, το οποίο έπρεπε να ακολουθούν όλοι ανεξαιρέτως – ακόμα και οι μαθητές που εξειδικεύονταν στη μελέτη των επιστημών.

Τα βιβλία φαίνονταν ολοκαίνουρια και έδειχναν λες και κανείς δεν τα είχε ανοίξει ποτέ. Η Ρεβέκα θυμήθηκε αυτά που της έλεγε ο Τζόε για τους κακούς βαθμούς του Τζόνι. Αν δε θέλει να τον διώξουν από εδώ, το καλύτερο που έχει να κάνει, είναι ν' αρχίσει να κατεβάζει αυτά τα βιβλία από τα ράφια πιο συχνά και να τα ξεφυλλίζει, σκέφτηκε η Ρεβέκα.

Ενώ ο Τζόε ξεφύλλιζε τα χαρτιά μέσα στο φάκελο του Τζόνι με την εργασία της βιολογίας, η Ρεβέκα προχώρησε προς τα ράφια με τα βιβλία. Της άρεσε να ξέρει τι διαβάζουν οι άλλοι και επιπλέον ήξερε πως τα βιβλία που επιλέγει κανείς να βάλει στα ράφια του συχνά αποκαλύπτουν πολλά για το χαρακτήρα του.

Τα βιβλία του Τζόνι όμως μάλλον δεν της έλεγαν τίποτα, γιατί πολλοί από τους τίτλους ήταν γραμμένοι σε μια γλώσσα που έμοιαζε με την κινεζική. Μολαταύτα, ένα βιβλίο τράβηξε αμέσως την προσοχή της: ήταν ένας μεγάλος, λεπτός τόμος δεμένος με κόκκινο δέρμα και με μια διακοσμητική μπορντούρα στο εξώφυλλο. Το έβγαλε από το ράφι και εξέτασε με ενδιαφέρον τον πολύπλοκο θυρεό με το δράκο που στόλιζε το εξώφυλλο.

– Μη, ακούστηκε η φωνή του Τζόνι.

Αμέσως ο Τζόνι σηκώθηκε, διέσχισε το δωμάτιο και πήρε το βιβλίο από τα χέρια της Ρεβέκας. Δεν το έβαλε πίσω στο ράφι, αλλά αντίθετα το τοποθέτησε στο επάνω αριστερό συρτάρι του γραφείου του και το κλείδωσε με ένα κλειδί.

– Συγγνώμη, είπε η Ρεβέκα και πλησίασε τον Τζόε και τον Τζόνι. Δεν ήθελα να φανώ αδιάκριτη.

– Μην ανησυχείς, Ρεβέκα, της είπε ο Τζόνι. Δεν πειράζει. Εκτιμώ το γεγονός πως με βοηθάτε με τις εργασίες μου.

– Είναι το λιγότερο που μπορούμε να κάνουμε, του είπε εκείνη και τράβηξε μια καρέκλα για να καθίσει. Ας δούμε, λοιπόν, πού δυσκολεύεσαι με την εργασία της βιολογίας.

Αυτή και ο Τζόε κοίταζαν τις ερωτήσεις του τεστ που είχε βάλει ο Έξφορντ στον Τζόνι για τις διακοπές των Χριστουγέννων. Κάτω από τις ερωτήσεις ο Τζόνι είχε κρατήσει μερικές σημειώσεις για να τον βοηθήσουν να απαντήσει τις ερωτήσεις σωστά. Η Ρεβέκα συνοφρυώθηκε. Κάποιες από τις απαντήσεις του Τζόνι ήταν μέσα στο θέμα, κάποιες άλλες όμως ξέφευγαν εντελώς.

Έδειξε με το δάχτυλο στον Τζόνι μια ερώτηση που είχε σχέση με τις διάφορες λειτουργίες του εγκεφάλου. Ο Τζόνι είχε ζωγραφίσει εκεί ένα μεγάλο κόκκινο ερωτηματικό.

– Σεροτονίνη, διάβασε η Ρεβέκα τη λέξη που είχε κυκλώσει με κόκκινο ο Τζόνι και της είχε βάλει ερωτηματικό.

– Ναι, είπε ο Τζόνι και κοίταξε τη Ρεβέκα περιμένοντας μια απάντηση. Τι είναι; Έχω κοιτάξει όλα τα βιβλία μου, αλλά δε βρήκα πουθενά ούτε μια αναφορά σ' αυτό.

– Είναι ένας νευροδιαβιβαστής, του είπε με ύφος ειδικού η Ρεβέκα.

Ο Τζόνι δεν κατάλαβε τίποτα.

– Συγγνώμη; έκανε. Πώς το είπες; Δεν καταλαβαίνω τη λέξη.

Η Ρεβέκα κοίταξε τον Τζόνι καχύποπτα. Βεβαίως δεν περίμενε από ένα δεκατετράχρονο μαθητή να ξέρει τι είναι νευροδιαβιβαστής, όμως ο Τζόνι δεν ήταν ένας οποιοσδήποτε δεκατετράχρονος μαθητής. Ήταν ένας προικισμένος μαθητής του Ινστιτούτου και λογικά έπρεπε να ξέρει. Η Ρεβέκα άρχισε να σκέφτεται μήπως ο Τζόνι δεν ήταν ιδιαίτερα προικισμένος. Άρα τι θέση είχε στο Ινστιτούτο;

Η Κολέτ και ο Τζόε τον θεωρούσαν απατεώνα. Και τι ήταν αυτό που τους είχε πει η Εύα, να μην ξανακάνουν παρέα με τον Λο Τενγκ Λι; Τι ήταν αυτό που φοβόταν τόσο η Εύα;

– Είναι μια χημική ουσία που μεταφέρει μηνύματα από το ένα κύτταρο του εγκεφάλου στο άλλο, του εξήγησε η Ρεβέκα.

Δίπλα της ο Τζόε είχε αρχίσει να βαριέται. Σηκώθηκε και περπάτησε προς το χώρισμα.

– Μα και βέβαια! Αυτό είναι! είπε ο Τζόνι. Το είχα ξεχάσει.

Ναι, καλά..., σκέφτηκε ο Τζόε και άρχισε να τραβά το χώρισμα.

– Η σεροτονίνη ευθύνεται για τις αλλαγές της διάθεσης, είπε η Ρεβέκα στον Τζόνι. Όταν υπάρχει αρκετή σεροτονίνη στον εγκέφαλο, τότε νιώθεις ευτυχισμένος και ικανοποιημένος.

– Και όταν υπάρχει πολύ λίγη; τη ρώτησε ο Τζόνι.

– Τότε τρελαίνεσαι, του απάντησε η Ρεβέκα. Σε πιάνουν τα νεύρα σου και είσαι θλιμμένος. Πολλές φορές γίνεσαι βίαιος. Ο εγκέφαλος είναι ένα πολύ παράξενο πράγμα, Τζόνι. Είναι πολύ επικίνδυνο να παρεμβαίνεις στη λειτουργία του.

– Ευχαριστώ, είπε ο Τζόνι και άρχισε να κρατά σημειώσεις γι' αυτά που του είχε πει η Ρεβέκα.

Εκείνη τη στιγμή ο Τζόε άφησε ένα επιφώνημα θαυμασμού.

– Μα για κοίτα εδώ! φώναξε. Τζόνι, έχεις καταπληκτικό εξοπλισμό!

– Μη, δεν πρέπει, φώναξε ο Τζόνι. Μη! και έτρεξε προς τον Τζόε, ο οποίος, όταν τράβηξε το χώρισμα, είδε ένα σωρό εντυπωσιακά μηχανήματα τοποθετημένα πάνω σε ένα τραπέζι.

Ήταν όμως πολύ αργά. Ο Τζόε είχε ήδη αρχίσει να επιθεωρεί τα μηχανήματα με ενθουσιασμό.

– Δεν πρέπει να μιλήσεις σε κανέναν γι' αυτό! είπε ο Τζόνι στον Τζόε.

Η Ρεβέκα τους πλησίασε. Κοίταξε το τραπέζι και τις οθόνες που υπήρχαν επάνω του. Μπροστά από τις οθόνες υπήρχαν ένα σωρό πληκτρολόγια. Όλα αυτά τα μηχανήματα θύμισαν στη Ρεβέκα μια μικρογραφία της αίθουσας ελέγχου του Χιούστον που είχε δει στην τηλεόραση, όταν μετέδιδε σ' όλο τον κόσμο τον περίπατο του Άρμστρονγκ Νάιτ στο διάστημα πριν από μερικούς μήνες.

Ο Τζόε κοίταξε τον Τζόνι καχύποπτα. Είχε καταλάβει πως κάτι τον είχε εκνευρίσει, αλλά δεν ήξερε τι. Κοίταξε τον Κινέζο βαθιά μέσα στα μάτια, ψάχνοντας μια απάντηση.

Τίποτα.

— Τι τα θες όλα αυτά τα μηχανήματα; τον ρώτησε η Ρεβέκα καθώς ο Τζόνι τοποθετούσε βιαστικά το χώρισμα στη θέση του.

Ο Τζόνι δε βρήκε το χρόνο ν' απαντήσει, γιατί ακούστηκε ένας δυνατός θόρυβος και το τζάμι από το παράθυρο του δωματίου του έσπασε, λες και κάποιος είχε πετάξει κάτι πάνω του.

Ύστερα κάτι πέρασε σφυρίζοντας από το σπασμένο τζάμι του παραθύρου κι έσκασε με θόρυβο στο χαλί του πατώματος, που έπιασε φωτιά στη στιγμή. Οι γλώσσες από τις φλόγες άρχισαν να γλείφουν τις κουρτίνες.

— Βγείτε έξω! φώναξε ο Τζόε κι έσπρωξε τον Τζόνι και τη Ρεβέκα προς την πόρτα.

Βγήκαν και οι τρεις έξω κι έτρεξαν στο διάδρομο. Ο Τζόε άρπαξε το μικρό πυροσβεστήρα που υπήρχε στο κεφαλόσκαλο και επέστρεψε στο δωμάτιο.

Η φωτιά δεν είχε εξαπλωθεί ακόμα σ' όλο το δωμάτιο κι έτσι ήταν εύκολο για τον Τζόε να σβήσει τις φλόγες. Αμέσως μόλις έσβησε τη φωτιά, αυτός και η Ρεβέκα στράφηκαν στον Τζόνι. Το πρόσωπό του ήταν λευκό σαν χαρτί.

— Με βρήκαν, ψιθύρισε ο Τζόνι.

— Σε βρήκαν; τον ρώτησε ο Τζόε. Ποιος σε βρήκε;

— Σε παρακαλώ, μη με ρωτάς, του είπε ο Τζόνι.

Η Ρεβέκα πλησίασε και σήκωσε από κάτω ένα τούβλο. Μ' αυτό είχαν σπάσει το τζάμι του παραθύρου. Γύρω από το τούβλο ήταν τυλιγμένο ένα κομμάτι χαρτί.

Η Ρεβέκα το ξετύλιξε. Ήταν ένα από τα φυλλάδια που διαφήμιζαν τη διαμαρτυρία των κατοίκων ενάντια στα πυρηνικά όπλα. Όμως από την πίσω πλευρά του φυλλαδίου κάποιος είχε γράψει κάτι κι αυτό τράβηξε αμέσως την προσοχή της Ρεβέκας. Το γύρισε και διάβασε:

ΚΡΑΤΗΣΤΕ ΤΟ ΙΝΣΤΙΤΟΥΤΟ ΑΜΟΛΥΝΤΟ
ΑΠΟΜΟΝΩΣΤΕ ΤΟΥΣ ΔΙΑΦΟΡΕΤΙΚΟΥΣ!

– Τι αρρωστημένα μυαλά! σχολίασε η Ρεβέκα και προχώρησε προς το ανοιχτό παράθυρο για να κοιτάξει έξω.

Κάποιος απομακρυνόταν τρέχοντας από το κτίριο όπου ήταν οι κοιτώνες των αγοριών και κατευθυνόταν προς το κεντρικό κτίριο του Ινστιτούτου.

Η Ρεβέκα δεν ανέφερε τίποτα γι' αυτό στον Τζόε και στον Τζόνι. Προσπάθησε να διακρίνει ποιος ήταν, όμως ήταν σκοτεινά και ο ένοχος ήταν ήδη αρκετά μακριά.

Δεν ήταν απόλυτα σίγουρη, αλλά της φάνηκε πως αυτός που απομακρυνόταν τρέχοντας, έμοιαζε πολύ με τον Μαρκ!

ΑΠΑΓΟΡΕΥΜΕΝΗ
ΖΩΝΗ

Στρατολόγηση

Ινστιτούτο Μπρέντμαουθ, γραφείο του στρατηγού
Τετάρτη, 13 Ιανουαρίου, ώρα 08.47

Ο Τζόε στριφογύρισε ανήσυχα στο μακρύ, άβολο καναπέ. Το περίμενε ότι θα 'νιωθε έτσι. Όλες τις φορές που είχε καθίσει σ' αυτόν τον καναπέ ήταν γιατί περίμενε να τον επιπλήξουν, είτε για κάποια εργασία που παρέδωσε καθυστερημένα είτε για κάποια διάλεξη που έχασε είτε γιατί έχασε κάποιο μάθημα ξεχασμένος μπροστά στον υπολογιστή του να σερφάρει στο Διαδίκτυο. Αυτή όμως ήταν η πρώτη φορά που είχε έρθει εδώ εθελοντικά και ήδη σκεφτόταν πως μάλλον ήταν λάθος του να έρθει.

Έριξε όλο στενοχώρια ένα βλέμμα στην πόρτα του γραφείου έξω από το οποίο καθόταν και περίμενε. Πάνω της υπήρχε μια πινακίδα:

Στρατηγός Α.Σ. Έξφορντ, διδάκτωρ Βιολογίας
Διευθυντής

Για τον Τζόε πάντα αυτές οι λέξεις σήμαιναν προβλήματα, και μάλιστα με κεφαλαίο Π.

Δίπλα στον καναπέ υπήρχε μια μεγάλη γλάστρα με ένα φοίνικα και ένα μικρό ενυδρείο. Υποτίθεται πως βρίσκονταν εκεί για να χαλαρώνουν όποιον περίμενε να μιλήσει στο στρατηγό Έξφορντ.

Στον Τζόε όμως δεν είχαν κανένα αποτέλεσμα, γιατί ο φοίνικας στη γλάστρα τον ηρεμούσε όσο και η θέα κάποιου τέρατος και το ενυδρείο θα μπορούσε να είναι γεμάτο με πιράνχας, τα σαρκοβόρα ψάρια — τόσο ανήσυχος ήταν. Κοίταξε τη Ρεβέκα, η οποία καθόταν δίπλα του.

— Είσαι σίγουρη πως είναι καλή ιδέα; τη ρώτησε.

Η Ρεβέκα φαινόταν σοκαρισμένη.

— Μα και βέβαια είναι καλή ιδέα, του απάντησε.

— Αλλά ο Τζόνι είπε πως δεν ήθελε να το κάνει θέμα, της θύμισε ο Τζόε κι έφερε ξανά στο μυαλό του τη συζήτηση που είχαν με τον Τζόνι μετά το σβήσιμο της φωτιάς στο δωμάτιό του.

— Μα τότε είναι τρελός, είπε η Ρεβέκα. Κάποιος πέταξε ένα τούβλο και μια μολότοφ μέσα στο δωμάτιό του χθες το βράδυ. Ήταν μια καθαρά ρατσιστική επίθεση. Πρέπει να μιλήσουμε στο στρατηγό Έξφορντ γι' αυτό.

— Ναι, βέβαια, είπε ο Τζόε, χωρίς όμως να είναι κι απόλυτα σίγουρος. Ίσως όμως να πρόκειται για μεμονωμένο περιστατικό. Και δεν μπορούμε να πούμε ότι ο Τζόνι δεν πήγαινε γυρεύοντας για προβλήματα.

Η Ρεβέκα δεν μπορούσε με τίποτα να πιστέψει αυτό που άκουσε.

— Τι είναι αυτά που λες; τον ρώτησε απότομα.

— Να, ότι δεν κάνει και καμιά προσπάθεια να αποκτήσει φιλίες με κανέναν, είπε ο Τζόε και αναρωτήθηκε γιατί το κεφάλι του τον πονούσε ξαφνικά τόσο πολύ τώρα τελευταία. Το μόνο που κάνει είναι να κλείνεται στο δωμάτιό του. Δε συμμετέχει σε καμιά ομαδική δραστηριότητα και δεν πηγαίνει σε πάρτι, τουλάχιστον απ' όσο ξέρω. Ξέρω ότι η Χριστίνα τον προσκάλεσε στο πάρτι της σήμερα το βράδυ, αλλά βάζω στοίχημα πως δε θα 'ρθει. Εάν κάποιοι του κολλάνε, έχει βάλει κι ο ίδιος το χεράκι του.

– Μήπως είχες βάλει κι εσύ λίγο το χεράκι σου όταν τα λευκά παιδιά στη Νέα Υόρκη σε αποκαλούσαν βρομιάρη νέγρο; τον ρώτησε ειρωνικά η Ρεβέκα.

Ο Τζόε συνοφρυώθηκε και κούνησε το κεφάλι του, γιατί μόνο τότε συνειδητοποίησε τι είχε πει.

– Συγγνώμη, είπε στη φίλη του σκεφτικός. Δεν ξέρω τι μ' έπιασε. Φυσικά και δε φταίει ο Τζόνι γι' αυτά που παθαίνει.

– Και βέβαια δε φταίει, συμφώνησε η Ρεβέκα και ίσιωσε το χαρτί που είχε ξετυλίξει από το τούβλο.

ΚΡΑΤΗΣΤΕ ΤΟ ΙΝΣΤΙΤΟΥΤΟ ΑΜΟΛΥΝΤΟ
ΑΠΟΜΟΝΩΣΤΕ ΤΟΥΣ ΔΙΑΦΟΡΕΤΙΚΟΥΣ!

Οι λέξεις αυτές την έκαναν να νιώσει μια ανατριχίλα στη ραχοκοκαλιά της.

– Ξέρεις τι μου θυμίζει αυτό; ρώτησε τον Τζόε.

– Όχι, της απάντησε ο Τζόε. Τι;

– Κάτι που η γριά γιαγιά μου –η μαμά του μπαμπά μου– μου είπε πως της συνέβη όταν ήταν έφηβη. Ζούσε στη Γερμανία τότε και είχε κερδίσει μια υποτροφία για να μελετήσει φυσική στο πανεπιστήμιο Χάμπολντ του Βερολίνου.

– Μα τότε η ιδιοφυΐα είναι κληρονομική στην οικογένειά σου, την πείραξε ο Τζόε.

— Δεν της επέτρεψαν όμως να πάει εκεί, συνέχισε η Ρεβέκα χωρίς να ανταποδώσει το σχόλιο του Τζόε. Βλέπεις ήταν Εβραία και για τους Ναζί, που ανέβηκαν στην εξουσία τότε, αυτό σήμαινε πως ήταν σκουπίδι και δεν της άξιζε να ζήσει. Ήταν όμως τυχερή. Ναι, πραγματικά τυχερή. Οι γονείς της είχαν λεφτά και η οικογένεια μετανάστευσε στις Ηνωμένες Πολιτείες. Τα κατάφεραν να ξεφύγουν την τελευταία στιγμή. Λίγο μετά την αναχώρησή τους, οι Ναζί άρχισαν να στέλνουν τους Εβραίους στους θαλάμους αερίων.

— Αναθεματισμένοι, είπε ο Τζόε. Θυμάμαι ένα άρθρο που έγραψε η Λιβ στον *Ερευνητή* πριν από κανα-δυό μήνες. Έκανε το αίμα μου να παγώσει. Οι Ναζί ήθελαν να κρατήσουν πρώτα τη Γερμανία και κατόπιν ολόκληρο τον κόσμο «αμόλυντο». Ήθελαν να ξεφορτωθούν όλους τους Εβραίους, τους μαύρους και τους ομοφυλόφιλους και οποιονδήποτε άλλο δε συμφωνούσε μαζί τους ή δεν ταίριαζε με τη διεστραμμένη ιδέα τους για έναν τέλειο κόσμο.

Η Ρεβέκα κοίταξε το χαρτί που κρατούσε.

— Ήθελαν να απομονώσουν τους διαφορετικούς, είπε. Και γι' αυτό πιστεύω πως πρέπει να ενημερώσουμε το στρατηγό Έξφορντ για την επίθεση κατά του Τζόνι χθες το βράδυ. Ήταν καθαρά ρατσιστική.

— Ποιος μπορεί να το 'κανε όμως; τη ρώτησε ο φίλος της.

— Δεν ξέρω, του απάντησε ψέματα η Ρεβέκα.

Ύστερα έφερε στο μυαλό της τη φιγούρα που είχε δει ν' απομακρύνεται τρέχοντας από τους κοιτώνες των αγοριών. Ήταν στ' αλήθεια άραγε ο Μαρκ, ο καλύτερός της φίλος, αυτός που είχε πάει μαζί της την περασμένη χρονιά στην αντιρατσιστική διαδήλωση στην Τραφάλγκαρ Σκουέαρ του Λονδίνου;

Η Ρεβέκα είχε μιλήσει στη Χριστίνα Χάακ το προηγούμενο βράδυ και αυτή τής είχε πει πως ο Μαρκ δεν τη βοήθησε καθόλου με τις προετοιμασίες για το σημερινό πάρτι, όπως είχαν υποθέσει. Άρα πού βρισκόταν όταν έγινε η βομβιστική επίθεση στο δωμάτιο του Τζόνι;

– Είδες τον Μαρκ σήμερα; ρώτησε η Ρεβέκα τον Τζόε κάνοντας τη φωνή της ν' ακούγεται όσο το δυνατόν πιο ξέγνοιαστη.

Ο Τζόε κούνησε το κεφάλι του αρνητικά.

– Τον πήρα τηλέφωνο, αφού φύγαμε από το δωμάτιο του Τζόνι, είπε στη Ρεβέκα. Φαίνεται πως δεν ήταν με τη Χριστίνα τελικά. Νομίζω πως ήταν ακόμα στο χωριό, στο σπίτι της Μόργκαν, ο τυχεράκιας.

– Α, ναι, έκανε η Ρεβέκα.

– Ζηλεύεις; τη ρώτησε ο Τζόε.

– Πότε θα μεγαλώσεις επιτέλους; του απάντησε η Ρεβέκα.

– Θα έμενε κόκαλο αν έβλεπε τον εξοπλισμό στο δωμάτιο του Τζόνι, της είπε ο Τζόε. Μήπως ξέρεις τι ήταν;

Η Ρεβέκα έφερε στο νου της τα μηχανήματα που είδαν στο δωμάτιο του Τζόνι. Έμοιαζαν πολύ με τα μηχανήματα που είχαν στο κέντρο ελέγχου του Χιούστον. Αν και η Ρεβέκα δεν έμενε στους κοιτώνες των κοριτσιών του Ινστιτούτου, γνώριζε πως κάθε δωμάτιο ήταν εξοπλισμένο με έναν υπολογιστή με πρόσβαση στο Διαδίκτυο. Παρ' όλ' αυτά ο εξοπλισμός στο δωμάτιο του Τζόνι ήταν ιδιαίτερα θεαματικός, ειδικά για κάποιον που δε φαινόταν να είναι και τόσο χαρισματικό άτομο στον τομέα των επιστημών και της τεχνολογίας.

– Όχι, πες μου εσύ, είπε η Ρεβέκα στον Τζόε.

— Ήταν εξοπλισμός ελέγχου και επικοινωνιών, της απάντησε εκείνος. Βάζω στοίχημα πως τα μισά από αυτά είχαν δορυφορικές συνδέσεις. Μου φαίνεται πως ο Τζόνι μπορούσε να έχει επικοινωνία με οποιοδήποτε μέρος του κόσμου μέσα σε δευτερόλεπτα. Ποιος ξέρει; Ίσως και με το διάστημα...

— Για ποιο λόγο τα χρειάζεται όλα αυτά; αναρωτήθηκε φωναχτά η Ρεβέκα.

Όμως, πριν ο Τζόε προλάβει ν' απαντήσει στην ερώτησή της, η πόρτα του γραφείου του στρατηγού Έξφορντ άνοιξε. Στο κατώφλι στεκόταν η Εύα και τους παρατηρούσε μέσα από τα μαύρα γυαλιά της.

— Ο στρατηγός θα σας δει τώρα, τους ανακοίνωσε ψυχρά.

(Στην πραγματικότητα, όπως το ήξεραν καλά τα δυο παιδιά, ο στρατηγός Έξφορντ ήταν έτοιμος να τους δει εδώ και πέντε λεπτά. Απλώς άρεσε στην Εύα να κρατά τους ανθρώπους σε αναμονή).

Η Ρεβέκα και ο Τζόε ακολούθησαν την Εύα στο γραφείο του στρατηγού. Η Εύα τους έκανε νόημα να καθίσουν στις δυο καρέκλες μπροστά από το γραφείο του στρατηγού και κατόπιν κάθισε κι εκείνη στο δικό της γραφείο, στην άκρη του δωματίου. Άρχισε να σκαλίζει κάποια έγγραφα, αλλά τόσο η Ρεβέκα όσο και ο Τζόε ήξεραν πως τ' αφτιά της ήταν τεντωμένα για να ακούσει κάθε λέξη από τη συζήτηση που θα είχαν με το στρατηγό.

— Παρακαλώ, καθίστε, δεσποινίς Στορμ και κύριε Ουίλιαμς, είπε ο στρατηγός Έξφορντ με τη συνηθισμένη, κοφτή φωνή του.

Παρά το γεγονός ότι ήταν καθηλωμένος σε αναπηρική καρέκλα εξαιτίας ενός περίεργου ατυχήματος, ο κοκαλιάρης εξηντάχρονος διευθυντής του Ινστιτούτου εξακολουθούσε να είναι ένας επιβλητικός και εντυπωσιακός άντρας, του οποίου τα διαπεραστικά μπλε μάτια έκαναν ακόμα και τους μαθητές με τη μεγαλύτερη αυτοπεποίθηση να τρέμουν.

Η Ρεβέκα και ο Τζόε κάθισαν. Ο στρατηγός τούς παρατηρούσε τώρα καθισμένος στην αναπηρική του καρέκλα από την άλλη μεριά του γραφείου του, αντικριστά από τους δυο φίλους.

– Λοιπόν, μις Στορμ, ζητήσατε να με δείτε, άρχισε να λέει ο στρατηγός και χαμογέλασε. Αν και δε συνηθίζεται, εγώ το βρίσκω δείγμα προόδου. Συνήθως εγώ ή η Εύα είμαστε αυτοί που ζητάμε να δούμε κάποιους μαθητές.

Ο ευχάριστος τρόπος του Έξφορντ δεν ξεγέλασε κανέναν από τους δυο τους ούτε για ένα λεπτό. Η Ρεβέκα του διηγήθηκε τι είχε συμβεί την προηγούμενη νύχτα.

Στη συνέχεια έβγαλε το τσαλακωμένο χαρτί από την τσέπη του τζιν της και το έδωσε στο στρατηγό.

Ο στρατηγός Έξφορντ δε φάνηκε να εντυπωσιάζεται ενώ διάβαζε το χαρτί. Μάλιστα, όταν τέλειωσε, το γύρισε κι απ' την άλλη μεριά και διάβασε τη διαφήμιση για τη διαμαρτυρία ενάντια στα πυρηνικά όπλα. Τέλος χαμογέλασε μ' εκείνο το ψεύτικο χαμόγελό του.

– Δεν υπάρχουν ρατσιστές εδώ στο Ινστιτούτο, δεσποινίς Στορμ, είπε στη Ρεβέκα. Η Εύα και εγώ δε θα το επιτρέπαμε. Εάν υπήρχαν, θα τους αποβάλλαμε αμέσως, ξέρετε.

– Αυτό να το πείτε στον Τζόνι, πετάχτηκε ο Τζόε.

– Στον Τζόνι; έκανε παραξενεμένος ο στρατηγός και το χαμόγελό του ξεθώριασε.

– Ναι, στον Λο Τενγκ Λι, είπε ο Τζόε. Αυτός ήταν ο στόχος που έβαλαν οι αλήτες χθες το βράδυ.

— Μα σας είχαμε απαγορεύσει ρητά να έχετε οποιεσδήποτε σχέσεις με τον Λο Τενγκ Λι, πετάχτηκε τότε η Εύα από το γραφείο της (από όπου υποτίθεται πως δεν άκουγε).

Η Ρεβέκα την κοίταξε με βλέμμα παγερό, ίδιο με το βλέμμα της Εύας.

— Εάν είχαμε κάνει αυτό που μας είπες, ο Τζόνι θα ήταν πιθανόν νεκρός αυτή τη στιγμή, της απάντησε αμέσως η Ρεβέκα. Ο Τζόε κατάφερε να σβήσει τη φωτιά στο δωμάτιό του.

Η Εύα ήταν έτοιμη να πει κάτι, αλλά ο στρατηγός Έξφορντ τη διέκοψε, ίσως για πρώτη φορά στα χρονικά.

— Η επίθεση είχε στόχο τον Λο Τενγκ Λι; ρώτησε τη Ρεβέκα και στα μάτια του υπήρχε μια έκφραση ανυπομονησίας και ανησυχίας μαζί.

— Ναι, είπε η Ρεβέκα και ένιωσε έκπληξη για την αντίδραση που προκάλεσε η απάντησή της τόσο στο στρατηγό Έξφορντ όσο και στην Εύα.

Το πρόσωπο του Έξφορντ έγινε μια μάσκα φόβου και απόγνωσης, ενώ το στόμα της Εύας άρχισε να τρεμουλιάζει νευρικά.

— Ο Λο Τενγκ Λι δεν πρέπει να πάθει τίποτα, είπε ο Έξφορντ στην Εύα λες και ξέχασε ότι υπήρχαν κι άλλοι στο γραφείο του εκτός από τους δυο τους.

— Πρέπει να τον προστατέψουμε, είπε η Εύα και άρχισε να σημειώνει κάτι στο μπλοκ που βρισκόταν πάνω στο γραφείο της. Για το καλό του βεβαίως.

— Τι εννοείτε; ρώτησε η Ρεβέκα, αλλά δεν πήρε καμία απάντηση.

Ο στρατηγός Έξφορντ απλώς σήκωσε τα μάτια του από το γραφείο του, κοίταξε τη Ρεβέκα και τον Τζόε και είπε:

— Μπορείτε να φύγετε τώρα, παιδιά.

— Δεν απαντήσατε στην ερώτηση της Ρεβέκας, επέμεινε ο Τζόε.

Ο στρατηγός Έξφορντ κοίταξε τον Τζόε παγερά, όμως δεν κατάφερε να τον αποθαρρύνει.

— Όπως υποστήριξε και η δεσποινίς Στορμ, υπάρχει πράγματι κάποιο ρατσιστικό στοιχείο στο Ινστιτούτο μας, είπε ο Έξφορντ και ήταν έτοιμος να προσθέσει κι άλλα, όμως η Ρεβέκα τον διέκοψε.

— Μα άλλα μας λέγατε πριν από δυο μόλις λεπτά, κύριε Έξφορντ. Είπατε πως τέτοια πράγματα είναι αδιανόητα για το Ινστιτούτο, του είπε.

— Τότε ας σκεφτούμε το αδιανόητο, της απάντησε ο Έξφορντ. Εάν πράγματι υπάρχει κάποιο ρατσιστικό στοιχείο στο Ινστιτούτο, τότε πρέπει να απομονωθεί.

— Μάλιστα, αυτό πιστεύω και εγώ, είπε η Ρεβέκα λίγο παραξενεμένη, γιατί στα λόγια του στρατηγού διέκρινε μια περίεργη βία. Αλλά γιατί εκδηλώθηκε τώρα; Θέλω να πω... στο Ινστιτούτο υπήρχαν πάντοτε παιδιά απ' όλες τις φυλές του κόσμου και ποτέ πριν δε συνέβη κάτι παρόμοιο.

— Το Ινστιτούτο πρέπει να κρατηθεί αμόλυντο, πετάχτηκε η Εύα χρησιμοποιώντας κάποιες από τις λέξεις που ήταν γραμμένες και στο ρατσιστικό μήνυμα που είχαν πετάξει στο παράθυρο του Τζόνι. Και πρέπει επίσης να δείχνει αμόλυντο. Δεν πρέπει να δώσουμε τροφή στη διαφωνία. Αυτά θα πρέπει να σβήσουν.

— Και δεν πρέπει να πάθει τίποτα ο Λο Τενγκ Λι, επανέλαβε ο στρατηγός Έξφορντ, ο οποίος κοίταξε για άλλη μια φορά το χαρτί με το ρατσιστικό μήνυμα και ύστερα στύλωσε τα μάτια του στον Τζόε και τη Ρεβέκα. Και αυτή η διαμαρτυρία ενάντια στα πυρηνικά όπλα δε θα πρέπει να συνεχιστεί. Έγινα κατανοητός;

– Καλύτερα να μιλήσετε με τον Γκριφ γι' αυτό, είπε η Ρεβέκα. Αυτός είναι ο οργανωτής. Δεν είμαστε εμείς οι υποκινητές της διαμαρτυρίας.

– Τότε σας καθιστώ υπεύθυνη, δεσποινίς Στορμ, της είπε ο Έξφορντ. Να τον πείσετε.

Ύστερα ο στρατηγός στράφηκε στην Εύα:

– Ποιο είναι το όνομα αυτού του αγοριού, Εύα; τη ρώτησε.

– Γκριφ Ρις-Τζέκινς, του απάντησε αμέσως η Εύα χωρίς καν να χρειαστεί να συμβουλευτεί το μαθητολόγιο ή κάποιο άλλο χαρτί. Λαμπρός μαθητής στη φυσική, αλλά με περίεργες πολιτικές αντιλήψεις. Για παράδειγμα, είναι ειρηνιστής, καθώς και μέλος της οργάνωσης «Φίλοι της Γης» και αρκετών άλλων ανατρεπτικών ομάδων. Δεν είναι δικός μας, πρόσθεσε στο τέλος χωρίς καν να παίρνει υπόψη της την παρουσία της Ρεβέκας και του Τζόε.

– Και πώς του επιτρέπουμε να σπουδάζει εδώ, στο Ινστιτούτο; τη ρώτησε ο Έξφορντ, που έδειχνε πια να αγνοεί τελείως την παρουσία των δύο παιδιών, όπως εξάλλου και η Εύα.

– Ο πατέρας του έχει κάνει σημαντικές δωρεές στο σχολείο, στρατηγέ, τον πληροφόρησε η Εύα.

– Μα βέβαια, είπε ο στρατηγός Έξφορντ και η Ρεβέκα με τον Τζόε κατάλαβαν τι εννοούσε.

Ο στρατηγός Έξφορντ ήταν πάντα έτοιμος να αγνοήσει οτιδήποτε αρκεί να έμπαιναν χρήματα στο Ινστιτούτο. Αυτό που τον ενδιέφερε πάνω απ' όλα, ήταν η διασφάλιση ότι το Ινστιτούτο που διεύθυνε θα συνέχιζε τη λειτουργία του και στο μέλλον.

Η αντίδραση αυτή του Έξφορντ έκανε τον Τζόε να θέσει την επόμενη ερώτηση.

– Πίστευα πως εσείς και η Εύα θα ήσαστε από τους

πρώτους που θα υποστήριζαν τη διαμαρτυρία του Γκριφ, είπε στον Έξφορντ.

— Και πώς καταλήξατε σ' αυτό το συμπέρασμα, κύριε Ουίλιαμς; τον ρώτησε ο Έξφορντ.

— Μα αυτές οι πυρηνικές κεφαλές θα περάσουν πολύ κοντά από το Ινστιτούτο, έτσι δεν είναι; του απάντησε ο Τζόε. Τι θα γίνει, ας πούμε, αν κάτι πάει στραβά; Τι θα γίνει, για παράδειγμα, αν εκτοξευθούν κατά λάθος; Δε θα υπάρχουν πλέον κεφαλές, αλλά δε θα υπάρχει και Ινστιτούτο.

— Για να μη μιλήσουμε για τις επιπτώσεις. Θα μπορούσε να αφήσει τον τόπο εδώ γύρω έρημο για χρόνια, ακόμα και για αιώνες, πρόσθεσε η Ρεβέκα και θυμήθηκε μια από τις σπάνιες διαλέξεις του στρατηγού Έξφορντ προς τους μαθητές του Ινστιτούτου, όπου τους είχε μιλήσει για τον Πόλεμο του Κόλπου και τη συμμετοχή του σ' αυτόν.

Όπως τους είχε πει, αν και στη σύγκρουση δεν είχαν χρησιμοποιηθεί πυρηνικά όπλα, κάποιοι μιλούσαν για βιολογικό πόλεμο και για την τεράστια καταστροφή που επέφερε. Ο Έξφορντ είχε καταδικάσει όλη αυτή την καταστροφή. Ήταν ασυνήθιστο γι' αυτόν να υποστηρίζει την (πραγματικά) μικρή πιθανότητα το Ινστιτούτο να ζήσει έναν ανάλογο εφιάλτη.

Για ένα δευτερόλεπτο η Ρεβέκα και ο Τζόε πίστεψαν πως είχαν καταφέρει να συγκινήσουν τον Έξφορντ. Υπήρχε μια έκφραση αβεβαιότητας στο πρόσωπό του και, όπως συνήθιζε σε τέτοιες περιστάσεις, στράφηκε στην Εύα για συμβουλή.

Η Εύα κούνησε το κεφάλι στο στρατηγό σχεδόν αδιόρατα. Ο Τζόε το 'πιασε και αναρωτήθηκε για άλλη μια φορά τι είδους έλεγχο ασκούσε η Εύα πάνω στον Έξφορντ.

Ο στρατηγός στράφηκε για άλλη μια φορά στη Ρεβέκα και τον Τζόε.

– Τα πυρηνικά δεν παρουσιάζουν κίνδυνο για το Ινστιτούτο, τους είπε. Και η διαδήλωση δε θα γίνει, δεσποινίς Στορμ.

– Μα..., άρχισε να λέει η Ρεβέκα, έτοιμη να διαμαρτυρηθεί.

– Είναι στο χέρι σας να τη ματαιώσετε, έτσι δεν είναι, δεσποινίς Στορμ; τη διέκοψε η Εύα, η οποία μολονότι έδειχνε σαν να ζητά ευγενικά κάτι, στην πραγματικότητα έδινε διαταγή.

Και η Ρεβέκα το ήξερε αυτό.

– Κοιτάξτε, ο Γκριφ οργανώνει τη διαμαρτυρία, όχι εγώ, της είπε η Ρεβέκα. Γιατί δεν τον ρωτάτε;

Η Εύα άνοιξε το συρτάρι της και τράβηξε έξω έναν κόκκινο χαρτονένιο φάκελο. Ύστερα τον έδωσε στον Έξφορντ και επέστρεψε στο γραφείο της. Ο Έξφορντ έβγαλε μέσα από το φάκελο μια εκτύπωση από υπολογιστή, έλεγξε κάποιους αριθμούς και κατόπιν χαμογέλασε στη Ρεβέκα – ένα χαμόγελο όλο χαιρεκακία.

– Βλέπω πως δεν έχετε εξοφλήσει ακόμα τα δίδακτρά σας γι' αυτό το εξάμηνο, δεσποινίς Στορμ, της είπε με τον πιο φυσικό τρόπο του κόσμου.

Η Ρεβέκα κοκκίνισε από ντροπή. Ήταν αλήθεια. Ένα μέρος από τα δίδακτρά της πληρωνόταν από κάποια υποτροφία, όμως τα υπόλοιπα τα πλήρωνε η ίδια η μητέρα της.

– Ναι, η μαμά θα τα στείλει σύντομα, δικαιολογήθηκε η Ρεβέκα. Μια από τις δουλειές της με το υπουργείο ακυρώθηκε την τελευταία στιγμή. Αντιμετωπίζουμε κάποια οικονομικά προβλήματα αυτή τη στιγμή.

Ύστερα έριξε μια ματιά στην Εύα. Δεν υπήρχε σοβαρός λόγος για να ακυρώσει το Υπουργείο Τεχνοκρατικού Σχεδιασμού και Εξέλιξης ξαφνικά και χωρίς εξηγήσεις ένα από τα ερευνητικά προγράμματα όπου δούλευε η Έμα Στορμ, η μητέρα της Ρεβέκας. Δεν μπορούσε να πει κανείς πως η κυβέρνηση είχε οικονομικό πρόβλημα αυτή την εποχή.

Η Ρεβέκα υποπτευόταν πως η Εύα είχε βάλει το χεράκι της σ' αυτή την ιστορία. Αλλά όπως ακριβώς δεν μπορούσε να αποδείξει τη σχέση της Εύας με το πρόγραμμα, έτσι δεν μπορούσε να βρει και αντικειμενικά στοιχεία για την παρέμβασή της στη δουλειά της μητέρας της. Η Εύα ήταν τόσο έξυπνη, που δεν άφηνε πίσω της ίχνη.

– Καταλαβαίνω τις δυσκολίες σας αυτές, είπε ο στρατηγός Έξφορντ στη Ρεβέκα. Όμως ο κανονισμός του Ινστιτούτου είναι τα δίδακτρα των μαθητών να εξοφλούνται σε τριμηνιαία βάση, την πρώτη ημέρα κάθε τριμήνου. Διαφορετικά... Αλλά νομίζω πως περιττεύει να σας αναφέρω τις επιπτώσεις, έτσι δεν είναι, δεσποινίς Στορμ;

– Τις γνωρίζω, κύριε, είπε η Ρεβέκα και κατέβασε τα μάτια. Θα δω τι μπορώ να κάνω.

– Δεν έχετε παρά να ματαιώσετε τη διαμαρτυρία, είπε ο Έξφορντ κι έσκασε ένα τελευταίο χαμόγελο, ολωσδιόλου ψεύτικο. Και τώρα μπορείτε να φύγετε, και οι δύο.

Η Ρεβέκα και ο Τζόε σηκώθηκαν από τις θέσεις τους κι ετοιμάστηκαν να φύγουν από το γραφείο του στρατηγού. Παρ' όλ' αυτά πρόσεξαν ότι ενώ δεν είχαν φύγει ακόμα, η Εύα πλησίασε το στρατηγό κι άρχισαν να συζητούν έντονα μεταξύ τους. Έδειχναν εκνευρισμένοι και ανήσυχοι.

Ο Τζόε άφησε ένα σφύριγμα αμέσως μόλις έκλεισε την πόρτα του γραφείου πίσω του.

– Τι έχεις να πεις τώρα, Ρεβέκα; τη ρώτησε.

— Δεν καταλαβαίνω, του απάντησε η Ρεβέκα. Μόλις αναφέραμε πως ο Τζόνι έπεσε θύμα ρατσιστικής επίθεσης, ο στρατηγός άλλαξε τελείως. Γιατί;

— Όπως σου είπα, δεν μπορείς ποτέ να εμπιστευτείς..., άρχισε να λέει ο Τζόε αλλά σταμάτησε αμέσως, γιατί συνειδητοποίησε ότι αυτό που θα 'λεγε θα θύμωνε τη Ρεβέκα. Ύστερα έπιασε το κεφάλι του και προσπάθησε να απαλύνει τον πονοκέφαλο που ένιωθε να γίνεται ολοένα και πιο δυνατός. Όπως σου είπα, κάτι δεν πάει καλά με τον Τζόνι, είπε στη Ρεβέκα.

— Και ακόμα δεν ξέρεις τι είναι αυτό; τον ρώτησε η Ρεβέκα.

— Όχι, της απάντησε ο Τζόε. Χθες, ακριβώς πριν από την επίθεση, προσπάθησα να μπω στις σκέψεις του Τζόνι, ξέρεις.

— Και γω που νόμιζα πως δε σου αρέσει να κατασκοπεύεις τις σκέψεις των άλλων, σχολίασε η Ρεβέκα καθώς άφηναν το παλιό κτίριο της γραμματείας και προχωρούσαν στο σκεπαστό διάδρομο με κατεύθυνση το κεντρικό κτίριο του Ινστιτούτου.

— Μα δεν το κάνω, της είπε ο Τζόε. Όμως από τη στιγμή που η Κολέτ είπε πως δεν τον εμπιστεύεται και όταν είδα όλο αυτόν τον εξοπλισμό υψηλής τεχνολογίας στο δωμάτιό του, άρχισα να αναρωτιέμαι ποιος πραγματικά είναι.

— Και; τον ρώτησε η Ρεβέκα. Τι είδες τελικά;

— Τίποτα, της απάντησε ο Τζόε. Απολύτως τίποτα, και έβαλε τα χέρια στις τσέπες του.

Πλησίαζαν τώρα στην τραπεζαρία των μαθητών.

— Ίσως να 'ταν απλώς μια άσχημη μέρα, σχολίασε ο Τζόε. Τέλος πάντων, εσύ τι πρόκειται να κάνεις με τη διαμαρτυρία;

— Δεν μπορώ να απαιτήσω από τον Γκριφ να τη σταματήσει, του απάντησε η Ρεβέκα καθώς έμπαιναν στην τραπεζαρία. Αν όμως δεν το κάνω, τότε ίσως να με διώξουν από το Ινστιτούτο. Όμως ούτε και αυτό μπορώ να το αντέξω.

– Είσαι στον ωκεανό χωρίς κουπιά, ε; τη ρώτησε ο Τζόε με συμπόνια.

– Αυτό ξαναπές το, είπε η Ρεβέκα θλιμμένα και σταμάτησε μπροστά από τον πίνακα ανακοινώσεων της τραπεζαρίας.

Πάνω στον πίνακα ήταν καρφιτσωμένα ένα σωρό φυλλάδια, με συνθήματα όπως «Σταματήστε τους μεταφορείς του θανάτου!», «Προστατεύστε το Ινστιτούτο», «Θέλετε το Μπρέντμαουθ να γίνει μια ακόμα Χιροσίμα;» κι άλλα παρόμοια. Φαίνεται πως ο Γκριφ είδε πως δεν αποδίδουν τα ήπια συνθήματα κι αποφάσισε να υιοθετήσει πιο σκληρά, σκέφτηκε προβληματισμένη η Ρεβέκα.

– Δεν καταλαβαίνω γιατί ο Έξφορντ και η Εύα θέλουν τόσο πολύ να σταματήσουν τη διαμαρτυρία, είπε ο Τζόε.

– Μα δε θα είναι η πρώτη φορά, του απάντησε η Ρεβέκα. Η Εύα θέλει να επικρατεί στο Ινστιτούτο τάξη και πειθαρχία. Επιτρέπει βεβαίως σε οργανώσεις όπως η Χριστιανική Εταιρεία ή η Εταιρεία Εβραϊκών Μελετών να δραστηριοποιούνται στο Ινστιτούτο, ίσως γιατί δε θεωρεί τη θρησκεία τίποτε άλλο παρά δεισιδαιμονία. Ό,τι όμως μπορεί στο μυαλό της να αποτελεί απειλή για την καλή λειτουργία του Ινστιτούτου... Να φανταστείς ότι το περασμένο εξάμηνο διέταξε τα παιδιά που ήταν μέλη της Διεθνούς Αμνηστίας να διαλύσουν την τοπική τους οργάνωση υποστηρίζοντας ότι τα ενδιαφέροντα των μαθητών δεν πρέπει να έχουν καμιά σχέση με πολιτικούς κρατουμένους στο εξωτερικό.

— Ίσως να φοβήθηκε πως θ' ανακαλύπταμε μερικές από τις παράνομες δραστηριότητες του προγράμματος, είπε ο Τζόε, όμως έκλεισε το στόμα του αμέσως, όταν είδε ένα ψηλό ξανθό κορίτσι να τους πλησιάζει και να κρατάει στα χέρια του μια αφίσα τυλιγμένη σε ρολό.

— Γεια σου, Χριστίνα, είπε η Ρεβέκα στην αριστούχο μαθήτρια της φυσικής.

— Καλησπέρα, είπε η Χριστίνα στα γερμανικά και έδωσε και στους δύο ένα χαϊδευτικό μπατσάκι στο μάγουλο.

Ο Τζόε κοίταξε την αφίσα που κρατούσε στα χέρια της η Χριστίνα.

— Ακόμα διαφημίζεις το βραδινό πάρτι σου; τη ρώτησε. Νόμιζα πως ολόκληρο το Ινστιτούτο το γνώριζε με την πολυλογία που έχεις!

Η Χριστίνα χασκογέλασε.

— Θα είναι όλοι στο πάρτι μου σήμερα! τους είπε με περηφάνια. Ο στρατηγός Έξφορντ μου επέτρεψε να χρησιμοποιήσω τη μεγάλη αίθουσα εκδηλώσεων.

— Θα πρέπει να έβαλες μεγάλο μέσον, της είπε η Ρεβέκα.

Η Χριστίνα κούνησε αρνητικά το κεφάλι της.

— Απλώς ο μπαμπάς προσφέρθηκε να κάνει μια δωρεά για το νέο κτίριο των επιστημών, αν μου έδιναν άδεια να κάνω το πάρτι στο Ινστιτούτο και όχι στο χωριό. Ανησυχεί μήπως μερικά από τα αγόρια του χωριού έρθουν στο πάρτι απρόσκλητα. Και ξέρετε τι παιδιά είναι αυτά..., είπε η Χριστίνα.

— Τα βλέπεις, Ρεβέκα; είπε ο Τζόε. Όλα καταλήγουν στο χρήμα.

— Λες και δεν το 'ξερα! του απάντησε η Ρεβέκα και υπενθύμισε στον εαυτό της να επικοινωνήσει με τη μητέρα της το βράδυ, για να δει τι θα 'κανε με τα δίδακτρα.

— Θα ’ρθετε και οι δυο, έτσι δεν είναι; τους ρώτησε η Χριστίνα. Και η φίλη σας, η Κολέτ, από το χωριό.

— Μα νόμιζα πως το πάρτι ήταν μόνο για μαθητές του Ινστιτούτου, της είπε η Ρεβέκα.

— Η Κολέτ, όμως, είναι φίλη και ξέρετε πως κάθε φίλος σας είναι και δικός μου φίλος! είπε η Χριστίνα.

— Σ’ ευχαριστώ, Χριστίνα, είσαι πραγματική φίλη, της είπε η Ρεβέκα και έδειξε την αφίσα που κρατούσε στα χέρια της. Κι αυτό τι είναι;

— Α, κάτι για ένα φίλο, της απάντησε η Χριστίνα.

Αλλά πριν προλάβει η κοπέλα να προσθέσει τίποτε άλλο, ο Τζόε άρχισε να μουγκρίζει και να πιάνει το στομάχι του.

— Έλα, Ρεβέκα! της είπε. Πεθαίνω της πείνας. Ακόμα δεν έχω φάει ούτε πρωινό!

— Εντάξει, του είπε η Ρεβέκα και κοίταξε το ρολόι της. Έχουμε ακόμα λίγη ώρα πριν από το πρώτο μάθημα. Θα σου κάνω και εγώ παρέα με ένα μπολ δημητριακά και πορτοκαλάδα.

— Εγώ θα προτιμούσα ένα παραδοσιακό αγγλικό πρωινό, είπε ο Τζόε.

— Μπλιαχ, έκανε η Ρεβέκα και πρόσθεσε ότι του χάριζε το μπέικον και τ’ αβγά κι ότι εκείνη θα έτρωγε μόνο δημητριακά και θα έπινε πορτοκαλάδα.

Αφού έφυγαν, η Χριστίνα ξετύλιξε την αφίσα και την καρφίτσωσε προσεκτικά στον πίνακα ανακοινώσεων. Η αφίσα ήταν τόσο μεγάλη, που μισοσκέπαζε δύο άλλες ανακοινώσεις. Η μία απ’ αυτές υπενθύμιζε στους μαθητές του Ινστιτούτου πως έπρεπε να εξοφλήσουν έγκαιρα τα δίδακτρά τους και η άλλη διαφήμιζε τα πλεονεκτήματα μιας εβδομάδας διακοπών (με κόστος 500 λίρες ανά άτομο) στο Κέντρο Μελετών του Ινστιτούτου κοντά στο Κάστλκρεϊγκ, στη βορειοανατολική

Σκοτία. Παρά το ότι η αφίσα της μισοσκέπαζε αυτές τις δυο ανακοινώσεις, η Χριστίνα πρόσεξε να μην καλύψει ούτε στο ελάχιστο τα φυλλάδια του Γκριφ για τη διαμαρτυρία.

Αφού τέλειωσε, έκανε ένα βήμα πίσω και κοίταξε την αφίσα. Ένιωθε χαρούμενη. Σκέφτηκε πως η Μόργκαν θα ήταν πραγματικά περήφανη γι' αυτή. Εκείνη τη στιγμή το μόνο που ενδιέφερε τη Χριστίνα ήταν πώς να ευχαριστήσει τη Μόργκαν Νάιτ. Α, και το σημερινό της πάρτι βεβαίως.

Και ορίστε τι έγραφε η αφίσα που είχε καρφιτσώσει η Χριστίνα στον πίνακα ανακοινώσεων:

Η Νέα Αυγή για μια νέα χιλιετία

Ξεχωρίστε από τα ερίφια
Ελάτε να μας συναντήσετε και να καταλάβετε την πραγματική σας αξία!

Τετάρτη, 13 Ιανουαρίου, ώρα 16.00,
στην τραπεζαρία των μαθητών
Θα δοθούν αναψυκτικά

Ινστιτούτο Μπρέντμαουθ, τραπεζαρία των μαθητών
Τετάρτη, 13 Ιανουαρίου, ώρα 16.11

Η τραπεζαρία των μαθητών ήταν μισογεμάτη όταν άρχισε η εκδήλωση της «Νέας Αυγής». Η Μόργκαν Νάιτ στεκόταν στο κέντρο κι επιθεωρούσε τα παιδιά που κάθονταν στις καρέκλες, οι οποίες είχαν τοποθετηθεί σε σχήμα κύκλου για την εκδήλωση.

Μερικά από τα πιο λαμπρά μυαλά του Ινστιτούτου είχαν έρθει στη συνάντηση, αν και η Μόργκαν δεν ήταν σίγουρη αν είχαν έρθει από πραγματικό ενδιαφέρον ή αν είχαν βρει την ευκαιρία να γλιτώσουν την τελευταία ώρα μαθημάτων και να φάνε τσάμπα.

Ό,τι απ' τα δύο κι αν ήταν, δεν ενδιέφερε τη Μόργκαν. Εκείνο που την ενδιέφερε, ήταν ότι στην εκδήλωση είχε μαζευτεί τελικά όλη η αφρόκρεμα του Ινστιτούτου, αυτοί που το πεπρωμένο τους θα τους έκανε σε μερικά χρόνια κυρίαρχους του κόσμου, των επιστημών, της τεχνολογίας και της πολιτικής. Ήταν εκεί σχεδόν όλοι όσοι έχαιραν μέσα στο Ινστιτούτο μεγάλης εκτίμησης από τους συμμαθητές τους. Με άλλα λόγια, οι κορυφές.

Ανάμεσά τους ο ωραίος Κάλβιν Τσαρλς, με τα ξανθά μαλλιά στο χρώμα της άμμου, ο οποίος έπαιρνε συνέχεια άριστα στις εξετάσεις της χημείας και ήταν σχεδόν τόσο καλός όσο και η Χριστίνα Χάακ, η οποία καθόταν ακριβώς δίπλα του. Παρών και ο Μαρκ Πράις, ο οποίος δεν είχε μάτια για καμιά άλλη εκτός από τη Μόργκαν. Παρών και ο οικολόγος Γκριφ Ρις-Τζέκινς, που το μυαλό του ταξίδευε συνέχεια στη διαμαρτυρία που οργάνωνε.

Η Μόργκαν δεν μπόρεσε να εντοπίσει τον Τζόε ή τη Λιβ Φάραρ, την εκδότρια του *Ερευνητή*, αλλά είδε τη Ρεβέκα. Στεκόταν στο πίσω μέρος της τραπεζαρίας, δίπλα στην πόρτα. Στο πρόσωπό της υπήρχε μια έκφραση ανησυχίας. Η ανησυχία έγινε μεγαλύτερη όταν η Μόργκαν της αποκάλυψε ότι ο πατέρας της ήταν ο πρώτος που μυήθηκε στα μυστικά της οργάνωσης «Νέα Αυγή», όταν επέστρεψε από την αποστολή του στον Άρη. Δίπλα στη Ρεβέκα στεκόταν ένα κορίτσι που η Μόργκαν δε γνώριζε. Ο Μαρκ της είπε πως ήταν η φίλη του, η Κολέτ. Θα τη σύστηνε στη Μόργκαν αργότερα, αν ήθελε. Όμως η Μόργκαν είπε όχι, γιατί η Κολέτ δεν ήταν μαθήτρια του Ινστιτούτου και άρα δεν την ενδιέφερε.

Δίπλα στην Κολέτ ήταν στρωμένο ένα μακρύ τραπέζι με μια μεγάλη ποικιλία από σάντουιτς και ορεκτικά που είχε ετοιμάσει η κυρία Ράντκλιφ, η οικονόμος της οικίας Φετς, η οποία στεκόταν πίσω από το τραπέζι. Η Μόργκαν χαμογέλασε στα κρυφά στη Ράντκλιφ και κατόπιν άρχισε την ομιλία της για τη «Νέα Αυγή».

– Η «Νέα Αυγή» μάς προσφέρει την ευκαιρία να ανακαλύψουμε τις αληθινές αλλά κρυφές μας δυνατότητες, είπε στους συγκεντρωμένους. Μας δίνει την ευκαιρία να φτιάξουμε έναν κόσμο έτσι όπως θα έπρεπε να είναι, με τον τρόπο που θέλουμε εμείς, τόσο για το καλό το δικό μας όσο και των άλλων.

– Και πώς το κάνει αυτό; τη διέκοψε ο Κάλβιν Τσαρλς ενώ μασουλούσε ένα σάντουιτς.

– Πόσες φορές έχετε έρθει αντιμέτωποι με άτομα που δεν είναι τόσο έξυπνα όσο εσείς; ρώτησε τους συγκεντρωμένους η Μόργκαν. Πόσο συχνά ένα σωρό άνθρωποι έχουν γελάσει μαζί σας ή σας έχουν κάνει τη ζωή δύσκολη, ακριβώς επειδή σας ζηλεύουν;

– Πολλές φορές, μουρμούρισε ο Μαρκ από την πρώτη σειρά των καθισμάτων και θυμήθηκε την κακή συμπεριφορά του αρχιφύλακα Άσμπι κάποτε στο χωριό Μπρέντμαουθ, ενώ το μόνο παράπτωμά του ήταν που πέρασε με το ποδήλατό του την ώρα που το φανάρι ήταν κίτρινο.

Όπως αποδείχτηκε αργότερα, ο Άσμπι μάλλον μισούσε τους μαθητές του Ινστιτούτου, όπως εξάλλου και αρκετοί κάτοικοι του χωριού Μπρέντμαουθ.

– Ακριβώς, συνέχισε η Μόργκαν. Όλοι αυτοί οι άνθρωποι δεν έχουν την απαραίτητη ευφυΐα για να καταλάβουν πως οι μαθητές του Ινστιτούτου είναι διαφορετικοί, ανώτεροι. Δε θα 'πρεπε να φτιάχνουν εκείνοι τους κανόνες, αλλά εσείς! Εμείς όλοι είμαστε ανώτεροι από τους υπόλοιπους. Είναι το πεπρωμένο μας να κυβερνήσουμε τους πιο αδύναμους του κόσμου και να τους δείξουμε τα λάθη τους.

– Και αν δε θέλουν να τους κυβερνήσουμε; φώναξε η Ρεβέκα από το βάθος της τραπεζαρίας. Τι κάνουμε τότε;

Η Μόργκαν έσφιξε τα χείλη της και κοίταξε προκλητικά τη Ρεβέκα.

– Τότε θα τους επιβάλουμε τη θέλησή μας, είπε στεγνά και μέσα στην τραπεζαρία ακούστηκαν μουρμουρητά επιδοκιμασίας από ορισμένους μαθητές. Οι σκοποί τους είναι αδύναμοι και οι σκέψεις τους ασταθείς. Πρέπει να το καταλάβουν αυτό.

– Ίσως και να μη θέλουν να το καταλάβουν, όπως λέει και η Ρεβέκα, ακούστηκε η φωνή του Γκριφ.

– Οι άνθρωποι κάποιες φορές πρέπει να κάνουν πράγματα που δε θέλουν, του απάντησε η Μόργκαν. Πάρε για παράδειγμα τις πυρηνικές κεφαλές που πρόκειται να περάσουν από το χωριό!

– Αυτό είναι διαφορετικό, είπε ο Γκριφ, ο οποίος ένιωσε ότι είχε ηττηθεί καταρχήν στα σημεία από τη Μόργκαν και, για να καλύψει τη δυσφορία του, έβαλε στο στόμα του μια φτερούγα κοτόπουλο ψημένη στα κάρβουνα.

– Είναι; τον ρώτησε η Μόργκαν πονηρά. Η κυβέρνηση θέλει να περάσουν αυτά τα όπλα από το χωριό. Το ίδιο και ο στρατηγός Έξφορντ και η Εύα, καθώς και οι περισσότεροι από το διδακτικό προσωπικό. Εσύ όμως λες πως κάνουν λάθος και γι' αυτό θα προσπαθήσεις να το σταματήσεις. Άρα θα επιβάλεις τη θέλησή σου –την ανώτερη θέλησή σου– σ' αυτούς. Θα τους κάνεις να κάνουν κάτι που δε θέλουν. Θα τους αποδείξεις ποιος είναι ο πραγματικός κυρίαρχος εδώ γύρω. Και αν αρνηθούν να υποκύψουν στη θέλησή μας, τότε θα πρέπει να τους αποβάλουμε, κατέληξε η Μόργκαν. Δεν είναι σαν και μας. Είναι διαφορετικοί! Κι αν δε συμβιβαστούν με τις επιθυμίες μας, τότε πρέπει να αποξενωθούν.

– Αυτό είναι φασισμός, φώναξε η Ρεβέκα από το βάθος της τραπεζαρίας.

– Όχι. Είναι η βάση μιας καλά οργανωμένης κοινωνίας, της απάντησε με ετοιμότητα η Μόργκαν.

– Αυτό είναι το πιστεύω της «Νέας Αυγής»; μίλησε η Κολέτ για πρώτη φορά, κι αυτή από το βάθος της τραπεζαρίας, όπου καθόταν δίπλα στη Ρεβέκα.

– Δεν είσαι μαθήτρια του Ινστιτούτου. Δεν μπορείς να καταλάβεις, της απάντησε η Μόργκαν απότομα. Προσφέρουμε σ' αυτούς που δεν είναι τόσο χαρισματικοί όσο εμείς, μια συνεχή και οργανωμένη ύπαρξη κάτω από την καθοδήγησή μας.

– Κι όσοι δε συμφωνούν, αποξενώνονται, υποθέτω, φώναξε πάλι η Ρεβέκα από το βάθος. Μα αυτό δεν είναι διαφορετικό από όσα έκανε ο Χίτλερ ή οποιοσδήποτε άλλος δικτάτορας ανά τους αιώνες.

– Είναι τα θεμέλια ενός τέλειου κόσμου, της απάντησε η Μόργκαν. Κοίταξε τους πολέμους στον κόσμο σήμερα. Κοίταξε τις διαφωνίες για τα σύνορα που απειλούν να εξελιχθούν σε μαζικές συρράξεις. Πριν από λίγους μόλις μήνες η Κίνα και το Ζου-Ζαν ήταν στα πρόθυρα πυρηνικού πολέμου. Με ανθρώπους σαν και μας να ελέγχουν, δε θα υπάρχει πόλεμος, δε θα υπάρχει πείνα...

Η Ρεβέκα στράφηκε στην Κολέτ.

– Έλα, δε θέλω ν' ακούσω κι άλλες ανοησίες σαν κι αυτές, της είπε και αρνήθηκε το σάντουιτς με κοτοσαλάτα που της πρόσφερε η Ράντκλιφ. Πρέπει να ετοιμαστούμε για το πάρτι της Χριστίνας.

– Ρεβέκα, γεια σε σένα και στη φίλη σου, φώναξε η Μόργκαν καθώς τα δυο κορίτσια έβγαιναν από την τραπεζαρία. Ίσως να μη συμφωνείς μαζί μας, αλλά η ώρα της «Νέας Αυγής» έχει έρθει.

– Ίσως, εκτός κι αν μπορέσω να το σταματήσω, μουρμούρισε η Ρεβέκα.

Καθώς τα δυο κορίτσια έβγαιναν από την τραπεζαρία, το μάτι της Ρεβέκας πήρε την Εύα σε μια γωνιά. Πότε στο καλό είχε τρυπώσει, αφού η Ρεβέκα ήταν σίγουρη ότι δεν ήταν από την αρχή της συγκέντρωσης εκεί;

Όμως εκείνο που ανησύχησε περισσότερο τη Ρεβέκα δεν ήταν το γεγονός ότι η Εύα παρευρισκόταν στη συγκέντρωση, όσο η έκφραση που είχε πάρει το πρόσωπό της· μια έκφραση την οποία η Ρεβέκα δεν είχε ξαναδεί ποτέ.

Θα 'λεγε κανείς ότι η Εύα έδειχνε φοβισμένη, για πρώτη φορά στα χρόνια που τη γνώριζε η Ρεβέκα.

ΑΠΑΓΟΡΕΥΜΕΝΗ ΖΩΝΗ

Ώρα για πάρτι

Ινστιτούτο Μπρέντμαουθ, κοιτώνες των κοριτσιών,
δωμάτιο Γ102
Τετάρτη, 13 Ιανουαρίου, ώρα 19.15

Η Λιβ Φάραρ σήκωσε το βλέμμα της από τον υπολογιστή της καθώς άνοιξε η πόρτα του δωματίου της και μπήκαν μέσα η Ρεβέκα με την Κολέτ. Η Λιβ Φάραρ ήταν στο έκτο έτος. Σπούδαζε ηλεκτρονικούς υπολογιστές και ήταν ιδιαίτερα δημοφιλής. Καθόταν μπροστά στον υπολογιστή της και σχεδίαζε τις σελίδες της επόμενης έκδοσης του *Ερευνητή*, ο οποίος έπρεπε να πάει για εκτύπωση στις αρχές της επόμενης εβδομάδας. Το γραφείο της ήταν γεμάτο χαρτιά και δισκέτες.

– Γεια σας κορίτσια, είπε.

Ύστερα έκλεισε με ένα κλικ στο ποντίκι του υπολογιστή της το αρχείο που επεξεργαζόταν όταν μπήκαν τα δυο κορίτσια και σηκώθηκε από το γραφείο για να συναντήσει τις δυο φίλες της. Είδε τις δυο πλαστικές τσάντες από το πιο μοντέρνο μαγαζί της πόλης που κρατούσαν η Ρεβέκα και η Κολέτ και το πρόσωπό της κατσούφιασε.

Η Ρεβέκα και η Κολέτ δεν πρόσεξαν την έκφραση στο πρόσωπο της Λιβ. Ύστερα η Ρεβέκα άφησε την πλαστική τσάντα πάνω στο κρεβάτι της Λιβ και κάθισε και η ίδια. Η Κολέτ πλησίασε το γραφείο για να δει τη δουλειά της Λιβ.

— Πολύ ευγενικό εκ μέρους σου, Λιβ, είπε η Ρεβέκα, που μας άφησες ν' αλλάξουμε εδώ. Θα μου την έδινε αν έπρεπε να έρθω από το χωριό μέχρι εδώ φορώντας τα ρούχα για το πάρτι. Από τότε που έφυγα από τους κοιτώνες του Ινστιτούτου και μετακόμισα στο σπίτι της μαμάς μου, είναι μεγάλο πρόβλημα να ταξιδεύω κάθε μέρα για να 'ρχομαι στο σχολείο το πρωί. Χίλια ευχαριστώ που συμφώνησες να μείνουμε εδώ το βράδυ μετά το πάρτι.

— Ε, ναι... βέβαια..., είπε η Λιβ, όμως ο τόνος της φωνής της ήταν διστακτικός.

— Τρέχει τίποτα, Λιβ; τη ρώτησε η Ρεβέκα. Θα μείνουμε εδώ το βράδυ, έτσι δεν είναι; Είμαι σίγουρη πως ακόμα και κάποιος όπως η Εύα δε θα ήθελε να γυρίσουμε με τα πόδια στο σπίτι μετά το πάρτι μέσα στην άγρια νύχτα.

— Εντάξει, μπορείτε να μείνετε εδώ το βράδυ, είπε η Λιβ και πέρασε τα χέρια της μέσα από τα μαλλιά της, έτσι όπως έκανε κάθε φορά που ένιωθε νευρικότητα για κάτι.

— Με τι ασχολείσαι, Λιβ; τη ρώτησε η Κολέτ και κούνησε προσεκτικά το ποντίκι του υπολογιστή.

— Με το επόμενο φύλλο του *Ερευνητή*, της απάντησε η Λιβ, ενώ μέσα της ένιωθε ευγνωμοσύνη που χάρη στην Κολέτ είχαν αλλάξει θέμα συζήτησης.

Ύστερα έσκυψε, έκανε διπλό κλικ πάνω στο ποντίκι σ' ένα από τα εικονίδια που υπήρχαν στην οθόνη του υπολογιστή, κι αμέσως εμφανίστηκε το επόμενο φύλλο της εφημερίδας.

– Έχω σχεδόν τελειώσει, είπε στα δυο κορίτσια. Το μόνο που χρειάζεται, είναι ένα άρθρο του Γκριφ σχετικό με τη διαμαρτυρία για τα πυρηνικά.

– Αυτό δε θ' αρέσει καθόλου στο στρατηγό, είπε η Ρεβέκα, η οποία ανησυχούσε ολοένα και πιο πολύ τι θα έκανε αν δεν κατόρθωνε να ματαιώσει τη διαμαρτυρία του Γκριφ.

– Ας πιει ξίδι, είπε η Λιβ σε χαρούμενο τόνο.

Όλοι γνώριζαν πως δεν ανεχόταν πιέσεις από κανέναν. Το άρθρο που είχε γράψει τον περασμένο μήνα στον *Ερευνητή* σχετικά με την εξόντωση των Εβραίων από τους Ναζί είχε δημιουργήσει κάποια δυσφορία. (Πολύ σκληρό, γιατί επέμενε να αναμοχλεύει το παρελθόν, της είχε πει κάποιος, αυτή όμως δεν άλλαξε γνώμη και το δημοσίευσε).

– Το άλλο άρθρο στο φύλλο που θα κυκλοφορήσει είναι η συνέντευξη που πήρε ο Μαρκ από την αγαπητή μου φίλη, τη Μόργκαν Νάιτ.

– Δε σ' αρέσει, νομίζω; είπε η Κολέτ, η οποία είχε προσέξει το σαρκαστικό τόνο στη φωνή της Λιβ.

– Πώς το ξέρεις; τη ρώτησε η Λιβ.

– Πες πως είμαι μάντισσα, της απάντησε η Κολέτ και μοιράστηκε ένα χαμόγελο με τη Ρεβέκα, η οποία ήξερε τις ιδιαίτερες ικανότητες της φίλης της.

– Έχεις δίκιο, είπε η Λιβ. Τη συνάντησα για πρώτη φορά σε ένα εκπαιδευτικό ταξίδι στην Αμερική, πριν από καναδυό χρόνια. Ήταν πραγματικά καλό κορίτσι, αν και λίγο άχαρο και ντροπαλό. Για κοίτα την τώρα...

– Καταλαβαίνω τι εννοείς, της είπε η Ρεβέκα. Άλλαξε, και μάλιστα πολύ!

— Ίσως όλη αυτή η αλλαγή να έχει κάποια σχέση με τις ανοησίες της «Νέας Αυγής», είπε η Λιβ καθώς διέτρεχε με το ποντίκι τις σελίδες του *Ερευνητή* στην οθόνη του υπολογιστή της.

— Ξέρεις κάτι γι' αυτό; τη ρώτησε η Ρεβέκα πονηρά.

— Ψιλοπράγματα, από δω κι από κει, που μάζεψα διαβάζοντας το διεθνή Τύπο, της απάντησε η Λιβ. Ίσως να γράψω ένα άρθρο γι' αυτό στο επόμενο φύλλο. Όλα ξεκίνησαν από την Άννα Ουόρντ, πριν από τρία περίπου χρόνια.

— Από ποια; τη ρώτησε η Ρεβέκα.

— Ξέρεις, από τη γυναίκα που κυριάρχησε στους τίτλους των εφημερίδων ως η πρώτη γυναίκα που πλησίασε τον Άρη σε απόσταση λίγων χιλιάδων χιλιομέτρων μέσα στο διαστημόπλοιο Ντέιμος Ι. Αυτή ξεκίνησε τη «Νέα Αυγή». Παραθρησκευτικές ανοησίες, αυτό είναι όλο. Η Αμερική είναι γεμάτη από τέτοιες οργανώσεις.

— Δε θα το 'λεγες, αν είχες έρθει στη συνάντηση σήμερα, της είπε η Κολέτ.

— Μου φαίνεται παράξενο όμως, είπε η Λιβ καθώς διέτρεχε τις σελίδες στην οθόνη, για να φτάσει σε μια κενή, εκεί όπου είχε προγραμματίσει να τοποθετήσει τη συνέντευξη του Μαρκ. Η Μόργκαν δεν είχε δείξει ποτέ ενδιαφέρον για τέτοιου είδους οργανώσεις πριν. Ούτε και ο μπαμπάς της, αν το καλοσκεφτείς...

— Τι συμβαίνει; τη ρώτησε η Κολέτ, καθώς παρατήρησε ότι η Λιβ κινούσε το ποντίκι με νευρικότητα.

— Το καταραμένο, κόλλησε ξανά! είπε η Λιβ τρίζοντας τα δόντια της.

Ύστερα πάτησε το κουμπί της επανεκκίνησης του υπολογιστή και η οθόνη μαύρισε.

— Συνέβη και πριν; τη ρώτησε η Κολέτ.

– Τρεις φορές σήμερα, της απάντησε η Λιβ. Και δύο φορές χθες.

– Μήπως έχει κανένα πρόβλημα το αρχείο; τη ρώτησε η Ρεβέκα.

– Όχι, της απάντησε η Λιβ. Και έκανα έλεγχο για ιό επίσης. Τίποτα. Αν δεν ακουγόταν παράξενο, θα έλεγα πως υπάρχει κάτι... κάποιο είδος εξωτερικής παρέμβασης.

Στο μυαλό της Ρεβέκας ήρθε αμέσως ο εντυπωσιακός ηλεκτρονικός εξοπλισμός που είχαν δει με τον Τζόε στο δωμάτιο του Τζόνι. Ο υπολογιστής της Λιβ ξαναξεκίνησε με το χαρακτηριστικό του ήχο και η Λιβ ξανάνοιξε το αρχείο. Όλα φαίνονταν να λειτουργούν τέλεια.

Η Κολέτ, η οποία ήξερε πολύ λίγα πράγματα για τους υπολογιστές, άλλαξε το θέμα της συζήτησης και, για να κρύψει την αμηχανία της που δεν μπορούσε να συμμετάσχει σε συζήτηση περί υπολογιστών, χασμουρήθηκε, τάχα ότι είχε κουραστεί από το θέμα.

– Ελάτε τώρα εσείς οι δυο, είπε. Ας ετοιμαστούμε για το πάρτι.

– Α, ήθελα να σας μιλήσω γι' αυτό, είπε η Λιβ.

– Κάτι τρέχει, έτσι δεν είναι; είπε η Κολέτ.

Η Λιβ κούνησε το κεφάλι της.

– Δεν μπορείς να 'ρθεις, είπε στην Κολέτ.

– Γιατί όχι; τη ρώτησε η Κολέτ.

– Η Χριστίνα είπε πως μόνο οι μαθητές του Ινστιτούτου μπορούν να έρθουν στο πάρτι της, της απάντησε η Λιβ. Λυπάμαι...

– Μα τι είναι αυτά που λες; διαμαρτυρήθηκε η Ρεβέκα. Μου είπε σήμερα το πρωί πως η Κολέτ μπορούσε να έρθει. Είπε επίσης πως, όποιος είναι δικός μου φίλος, είναι και δικός της.

Το πρόσωπο της Λιβ κοκκίνισε απότομα, σημάδι ότι ένιωθε ντροπή.

– Το πρόβλημα είναι πως ούτε εσύ μπορείς να έρθεις, Ρεβέκα, είπε αμέσως μετά.

– Κόφ' το, της πέταξε η Ρεβέκα. Είμαι μια από τις καλύτερες φίλες της Χριστίνας.

– Δε μένεις όμως στο Ινστιτούτο πια, της είπε η Λιβ. Υπάρχει μια αλλαγή στο πρόγραμμα. Το πάρτι είναι μόνο για μαθητές του Ινστιτούτου που μένουν στους κοιτώνες του.

– Βάζω στοίχημα πως η Μόργκαν Νάιτ θα έρθει και ας μη μένει στο Ινστιτούτο, είπε η Κολέτ.

– Κοίτα, πραγματικά λυπάμαι και για τις δυο σας, της είπε η Λιβ, αλλά αυτό μου είπε να σας πω.

Η Ρεβέκα έτριξε τα δόντια της και το πρόσωπό της σφίχτηκε.

– Μας απαγόρευσαν λοιπόν να έρθουμε στο πάρτι της Χριστίνας, ε; είπε.

– Φοβάμαι πως έτσι είναι, της απάντησε η Λιβ.

– Καλά, θα δούμε! είπε η Ρεβέκα και ο τόνος της φωνής της ήταν αποφασιστικός.

Ινστιτούτο Μπρέντμαουθ, δωμάτιο Β331
Τετάρτη, 13 Ιανουαρίου, ώρα 19.15

– Πού ήσουν λοιπόν χθες το βράδυ; ρώτησε ο Τζόε τον Μαρκ όταν τον συνάντησε, όπως είχαν κανονίσει, στους κοιτώνες των αγοριών.

Ο Τζόε συναντιόταν με τον Μαρκ την ίδια ώρα που η Ρεβέκα με την Κολέτ έμπαιναν στο δωμάτιο της Λιβ.

Ο Μαρκ σήκωσε το βλέμμα του από τον υπολογιστή του, όπου είχε μόλις αρχίσει να πληκτρολογεί τη συνέντευξη με τη Μόργκαν Νάιτ. Η αλήθεια είναι πως είχε ξεχάσει ότι έπρεπε να παραδώσει τη συνέντευξη μέσα σε μια ορισμένη προθεσμία κι αυτό είχε αρχίσει να τον αγχώνει. Ίσως τώρα στα γεράματα (!) να γινόταν αφηρημένος, σκέφτηκε.

– Τι εννοείς; ρώτησε ο Μαρκ τον Τζόε και στο πρόσωπό του υπήρχε μια έκφραση ανησυχίας, λες και ο Τζόε είχε αναφερθεί σε ένα θέμα που ο Μαρκ δεν ήθελε να συζητήσει.

Ο Τζόε έκανε μια γκριμάτσα.

– Μα όλοι ξέρουμε πως χθες το βράδυ δε βοήθησες τη Χριστίνα με το πάρτι της, του είπε και του έκλεισε το μάτι. Έμεινες παραπάνω με τη Μόργκαν Νάιτ, ε, πονηρούλη; Μαρκ, φίλε μου, είμαι πολύ περήφανος για σένα.

Ο Μαρκ τον αγριοκοίταξε.

– Για σε παρακαλώ, Τζόε! Τι σε νοιάζει εσένα πού ήμουν χθες το βράδυ; τον ρώτησε θυμωμένος και χτύπησε με δύναμη ένα από τα πλήκτρα στο πληκτρολόγιό του.

Ο υπολογιστής του φαινόταν να έχει κολλήσει ξανά. Ήταν η τρίτη φορά που συνέβαινε από τη στιγμή που είχε αρχίσει να γράφει το άρθρο.

Ο Τζόε τα έχασε από την αντίδραση του φίλου του. Σήκωσε τα χέρια ψηλά, σαν να έλεγε πως παραδίνεται.

– Ε, ψυχραιμία, φίλε, είπε. Δεν εννοούσα τίποτα με αυτό.

– Σταμάτα να χώνεις τη μύτη σου στις προσωπικές μου υποθέσεις, ακούς; του πέταξε άγρια ο Μαρκ και χτύπησε τη γροθιά του στο γραφείο του.

Ο υπολογιστής δεν εννοούσε να ξεκολλήσει. Πάλι τα είχε θαλασσώσει... Συνειδητοποίησε πως τώρα τελευταία ξεχνούσε όλο και περισσότερα πράγματα. Μικροπράγματα βεβαίως, αλλά αν τα βάλεις όλα μαζί... Ίσως να ήταν από το άγχος. Τώρα τελευταία δούλευε πολύ και προσπαθούσε να βελτιώσει και τους βαθμούς του και... και...

Πάτησε το κουμπί της επανεκκίνησης του υπολογιστή του, ακριβώς όπως έκανε την ίδια ώρα και η Λιβ. Η οθόνη μαύρισε και το άρθρο εξαφανίστηκε.

— Κοίτα, το μόνο που έκανα, ήταν να σε συγχαρώ, του είπε ο Τζόε πειραγμένος.

Το ξέσπασμα του Μαρκ είχε κάνει τον ήδη ενοχλητικό πονοκέφαλό του ακόμα χειρότερο.

— Ποιος σου δίνει το δικαίωμα να κρίνεις αυτά που κάνω; τον ρώτησε απότομα ο Μαρκ.

Ο Τζόε τα 'χασε ακόμη περισσότερο.

— Να κρίνω; Μα σίγουρα δεν έκανα κάτι τέτοιο, είπε στον Μαρκ ενώ ένιωθε τον πονοκέφαλό του να γίνεται αφόρητος.

— Για κοίτα τα μούτρα σου, συνέχισε ο Μαρκ στον ίδιο, απότομο τόνο. Έρχεσαι εδώ, στην Αγγλία, και αρχίζεις να συμπεριφέρεσαι λες και η χώρα σού ανήκει. Μα τι το ιδιαίτερο έχεις; Εντάξει, είσαι καλός στα μαθηματικά και κάνεις και κάποια κόλπα με το μυαλό σου για να εντυπωσιάζεις. Και λοιπόν;

— Τα κόλπα όμως αυτά σε έχουν βοηθήσει σε πολλές δύσκολες καταστάσεις, του απάντησε ο Τζόε, ο οποίος είχε αρχίσει να θυμώνει. Και όσο για τα μαθηματικά, η δόκτωρ Μολόι είπε πως ήμουν ένας από τους καλύτερους μαθητές που είχε ποτέ.

— Η δόκτωρ Μολόι! γέλασε σαρκαστικά ο Μαρκ. Ήταν μια ευαίσθητη καρδιά. Ίσως να σε περιμάζεψε από τους δρόμους της Νέας Υόρκης μόνο και μόνο γιατί σε λυπήθηκε!

Το σχόλιο του Μαρκ πείραξε πολύ τον Τζόε. Έσφιγγε και ξέσφιγγε τις γροθιές του, αλλά προσπαθούσε να συγκρατήσει τον εαυτό του και να μην ορμήσει στον Μαρκ.

– Με λυπήθηκε; Τι εννοείς; τον ρώτησε.

– Μα πιστεύεις πραγματικά πως ένα παιδί σαν και σένα αξίζει να βρίσκεται στο Ινστιτούτο; τον ρώτησε ο Μαρκ.

– Όσο αξίζει και σε σένα, φίλε μου, του απάντησε ο Τζόε.

Ήταν φανερό πως ο Μαρκ πήγαινε γυρεύοντας για καβγά, κι αν συνέχιζε στον ίδιο τόνο, σίγουρα θα το κατόρθωνε.

– Μη με συγκρίνεις με σένα, του είπε ο Μαρκ. Εγώ γεννήθηκα και μεγάλωσα σ' αυτή τη χώρα. Δεν είμαι σαν και σένα! Εσύ είσαι διαφορετικός. Θα πρέπει να γυρίσεις πίσω, στη Νέα Υόρκη, και να ζήσεις με τους υπόλοιπους άχρηστους νέγρους φίλους σου.

Αυτό πια παραήταν. Ο Τζόε πάλευε όλη του τη ζωή ενάντια στο ρατσισμό και δεν ήταν έτοιμος να τα παρατήσει τώρα, ακόμα κι αν ήταν για τον καλύτερό του φίλο. Ένιωσε τα μηλίγγια του έτοιμα να σπάσουν, όχι από τον πονοκέφαλο, αλλά από καθαρό, ανεξέλεγκτο μίσος. Τέντωσε το σώμα του κι ετοιμάστηκε να ορμήσει στον Μαρκ. Ο Μαρκ το κατάλαβε κι ετοιμάστηκε κι αυτός να ορμήσει στον Τζόε. Μάλιστα το σώμα του «έβραζε» από μανία και θυμό.

Ξαφνικά ο Τζόε σταμάτησε. Όχι, δε θα κατέληγε στη βία, είπε στον εαυτό του. Και τι θα 'βγαζε αν χτυπούσε αυτό το ασπρουλιάρικο κατακάθι που θεωρούσε φίλο του;

– Ξέρεις κάτι, Μαρκ; είπε με κάποια λύπη στη φωνή του. Σε θεωρούσα τον καλύτερό μου φίλο. Τώρα πια όχι. Είσαι για λύπηση. Είσαι ένας χαμένος. Γεια σου.

Και προσπαθώντας να διατηρήσει όση αξιοπρέπεια του είχε μείνει, γύρισε και βγήκε από το δωμάτιο του Μαρκ, χτυπώντας την πόρτα πίσω του.

Ο Τζόε στάθηκε έξω από το δωμάτιο για λίγα δευτερόλεπτα. Ανέπνεε βαθιά και προσπαθούσε να ελέγξει τα νεύρα του. Προσπαθούσε να σκεφτεί λογικά. Γιατί άραγε του είχε κάνει αυτή την ξαφνική επίθεση ο Μαρκ;

Σχεδόν σήκωσε το χέρι του για να χτυπήσει την πόρτα του Μαρκ και να του ζητήσει να μπει ξανά μέσα. Αντί γι' αυτό, όμως, τελικά έκανε κάτι άλλο· κάτι που κατά βάθος μισούσε. Προσπάθησε να εισχωρήσει με το μυαλό του μέσα στο μυαλό του φίλου του.

Ο Τζόε γύρισε τα μάτια του προς τα πάνω και συγκεντρώθηκε. Προσπάθησε να πετύχει κάποιο είδος επαφής με τις σκέψεις του φίλου του, για να μπορέσει έτσι να διαβάσει τη σκέψη του και να δει τι συνέβαινε. Μπορούσε να το κάνει πολύ εύκολα με την Κολέτ, γιατί διέθετε κι εκείνη αυτή την ικανότητα, όμως ήταν κάτι που δεν είχε δοκιμάσει ποτέ πριν με τον Μαρκ.

Στην πρώτη προσπάθεια τίποτα. Ο Τζόε συγκεντρώθηκε ακόμα περισσότερο. Ταυτόχρονα προσπαθούσε να αγνοήσει τον πονοκέφαλο που έκανε τις φλέβες στους κροτάφους του να χτυπούν σαν τρελές.

Και πάλι τίποτα. Ο Τζόε δεν τα κατάφερνε να πετύχει κάποια σύνδεση με το μυαλό του Μαρκ. Τα παράτησε κι άρχισε να περπατάει στο διάδρομο για να φύγει από τους κοιτώνες των αγοριών.

Εάν ο Τζόε είχε μπορέσει να διαβάσει τις σκέψεις του Μαρκ, δε θ' αναρωτιόταν γιατί ο Μαρκ καθόταν τώρα στο γραφείο του με τα χέρια στο κεφάλι του κι έκλαιγε σπαρακτικά. Είχε συνειδητοποιήσει πως είχε πει πολύ άσχημα πράγματα στον καλύτερό του φίλο, πράγματα που θα του άξιζε να μην του τα συγχωρήσει ποτέ. Ο Μαρκ δεν ήξερε τι του συνέβαινε τώρα τελευταία. Έχανε πολύ εύκολα τον αυτοέλεγχό του, ενώ είχε αρχίσει να ξεχνά ακόμα και σημαντικά πράγματα, όπως για παράδειγμα την προθεσμία για το άρθρο στον *Ερευνητή*. Επιπλέον δε θυμόταν πού βρισκόταν χθες το βράδυ. Το μόνο που θυμόταν, ήταν να κρατάει ένα τούβλο στα χέρια του και φλόγες φωτιάς να γλείφουν κάποιο παράθυρο.

Αίθουσα εκδηλώσεων του Ινστιτούτου
Τετάρτη, 13 Ιανουαρίου, ώρα 21.14

Μέχρι η Ρεβέκα και η Κολέτ να φτάσουν στην αίθουσα εκδηλώσεων, η οποία βρισκόταν σε χωριστό κτίριο απ' αυτό του Ινστιτούτου αλλά μέσα στο κτήμα του ιδρύματος, το πάρτι της Χριστίνας Χάακ είχε φτάσει στην κορύφωσή του. Ο ήχος της μουσικής ακουγόταν από πολύ μακριά. Τα πάρτι της Χριστίνας στο Ινστιτούτο – γιατί δεν ήταν το πρώτο που έκανε– είχαν αποκτήσει διαστάσεις θρύλου, τόσο για τη μοντέρνα και εκκωφαντική μουσική, όσο και για τα εκκεντρικά ντυσίματα των μαθητών. Απ' ό,τι έδειχναν τα πράγματα, κι αυτό το πάρτι θα 'μενε αξέχαστο.

– Νομίζεις τελικά πως είναι καλή ιδέα, Ρεβέκα; τη ρώτησε η Κολέτ διστακτικά καθώς πλησίαζαν το μεγάλο κτίριο όπου βρισκόταν η αίθουσα εκδηλώσεων του Ινστιτούτου.

– Και βέβαια είναι, της απάντησε η Ρεβέκα και κοίταξε νευρικά τους δυο μαθητές του Ινστιτούτου στην πόρτα που έκαναν χρέη θυρωρού κι έλεγχαν τις προσκλήσεις. Η Ρεβέκα τους γνώριζε. Ήταν στο έκτο έτος και περνούσαν τον ελεύθερο χρόνο τους παίζοντας ποδόσφαιρο. Εσύ κι εγώ πήραμε πρόσκληση για το πάρτι και θα πάμε είτε αρέσει στη Χριστίνα είτε όχι!

— Μα είναι δικό της το πάρτι, επέμεινε η Κολέτ. Έχει το δικαίωμα να προσκαλεί όποιον θέλει.

— Όμως πρέπει να κρατά τις υποσχέσεις της, είπε η Ρεβέκα πεισματάρικα καθώς πλησίαζαν στην πόρτα του κτιρίου.

Απ' όσο μπορούσε να δει η Ρεβέκα μέσα από τη μισάνοιχτη πόρτα, το πάρτι είχε ανάψει για τα καλά. Είδε φευγαλέα τον Γκριφ, τον Μαρκ και τον Κάλβιν Τσαρλς. Αν περίμενε λίγο, θα 'βλεπε και τον Τζόνι, να κουβεντιάζει με τη Μόργκαν, παρότι ο Τζόε είχε πει πως ο Τζόνι δε θα πήγαινε στο πάρτι. Βεβαίως δίπλα στη Μόργκαν δεν ήταν μόνο ο Τζόνι, αλλά κι ένα σωρό άλλα αγόρια, τα οποία την κοιτούσαν με θαυμασμό. Ακόμη, θα 'βλεπε ότι ήταν εκεί και η Λιβ Φάραρ, η οποία όμως κρατούσε μια διακριτική απόσταση από τη Μόργκαν.

Η Ρεβέκα προσπάθησε να χαμογελάσει στα δυο παιδιά που στέκονταν στην πόρτα, τον Άντριου και τον Κέβιν. Μπορεί να ήταν και οι δυο γεροδεμένοι, αλλά, απ' ό,τι θυμόταν, ήταν καλοσυνάτοι και καλόβολοι. Κάποτε μάλιστα ήταν ερωτευμένη με τον Κέβιν, πράγμα που είχε κάνει την κοπέλα του να νιώθει δυστυχισμένη.

— Γεια σας, παιδιά, τους είπε.

Μάλιστα ύψωσε τον τόνο της φωνής της για να μπορέσουν να την ακούσουν, γιατί η μουσική που ακουγόταν από μέσα ήταν τόσο εκκωφαντική, που θα μπορούσε να σου σπάσει ακόμα και τα τύμπανα των αφτιών.

— Γεια σου, Ρεβέκα, της είπε ο Κέβιν ενώ χαιρέτησε

και την Κολέτ με ένα κούνημα του κεφαλιού. Τι μπορώ να κάνω για σας;

– Θα μας αφήσεις να περάσουμε; τον ρώτησε η Ρεβέκα. Θέλουμε να πάμε στο πάρτι.

Ο Κέβιν κούνησε αρνητικά το κεφάλι του και αμέσως ο Άντριου έκανε ένα απειλητικό βήμα προς το μέρος τους.

– Συγγνώμη, Ρεβέκα, της είπε ο Κέβιν. Ξέρεις πως δεν μπορώ να το κάνω αυτό.

– Μα και βέβαια μπορείς, του απάντησε η Ρεβέκα έντονα και άρχισε να τους σπρώχνει για να περάσει ανάμεσά τους.

Ο Κέβιν τη σταμάτησε με το βαρύ χέρι του. Τα δάχτυλά του πίεζαν δυνατά τον ώμο της.

– Πάρε τα χέρια σου από πάνω μου, του είπε απότομα η Ρεβέκα.

Ο Κέβιν υπάκουσε αλλά δεν την άφηνε να περάσει.

– Ρεβέκα, νομίζω πως είναι καλύτερα να φύγουμε, της είπε η Κολέτ.

– Τρίχες! απάντησε η Ρεβέκα πεισματάρικα και χτύπησε το πόδι της κάτω. Ελάτε τώρα, παιδιά, η Χριστίνα μας προσκάλεσε στο πάρτι της, είπε ύστερα στον Κέβιν και στον Άντριου.

Ο Άντριου κούνησε αρνητικά το κεφάλι του.

– Ναι, αλλά μετά απέσυρε την πρόσκληση, το καταλαβαίνεις; της είπε. Δε θέλει άτομα σαν και σένα στο πάρτι της.

– Σαν και μένα; έκανε η Ρεβέκα.

– Ξέρεις τι εννοώ, της απάντησε ο Άντριου.

– Όχι, δεν ξέρω, του είπε η Ρεβέκα.

– Τρέχει τίποτα, παιδιά; ακούστηκε η φωνή της Χριστίνας πάνω από τους ώμους του Άντριου και του Κέβιν.

— Η Στορμ δε θέλει να φύγει, είπε ο Κέβιν στη Χριστίνα. Της είπα πως δε θέλουμε άτομα σαν κι αυτή στο πάρτι σου.

— Χριστίνα, αυτό δεν είναι πια αστείο, της είπε η Ρεβέκα θυμωμένα. Μας προσκάλεσες σήμερα το πρωί. Τι άλλαξε από τότε; Άσε μας να μπούμε, εντάξει;

— Όπως είπε και ο Άντριου, δε θέλουμε άτομα σαν και σένα στο πάρτι, της απάντησε η Χριστίνα και ο τόνος της φωνής της ήταν παγερός, τόσο, όσο και ο γεναριάτικος αέρας που φυσούσε εκείνη τη στιγμή.

— Για όνομα του Θεού, τι εννοείς «άτομα σαν και μένα»; τη ρώτησε η Ρεβέκα.

— Νόμιζα πως οι όμοιοί σου είχαν πάρει ένα καλό μάθημα τότε στο Βερολίνο, της είπε η Χριστίνα. Προφανώς έκανα λάθος.

— Τότε στο Βερολίνο; τη ρώτησε παραξενεμένη η Ρεβέκα. Μα δεν έχω πάει ποτέ στη ζωή μου στη Γερμανία. Βεβαίως η οικογένεια του πατέρα μου ήρθε από εκεί το σαράντα. Έπρεπε να φύγουν, όταν...

Και ξαφνικά σταμάτησε. Μόλις εκείνη τη στιγμή συνειδητοποίησε ότι απολογούνταν στη Χριστίνα για ένα γεγονός –το διωγμό των Εβραίων από τους Ναζί– το οποίο ήταν ντροπή για ολόκληρη την ανθρωπότητα. Νόμιζε πως δεν υπήρχαν πια άνθρωποι που επικροτούν αυτό το αίσχος, όμως φαίνεται πως έκανε λάθος. Ένιωσε το κεφάλι της να φουντώνει από θυμό.

— Μου λες πως δεν μπορώ να μπω εδώ μέσα γιατί είμαι Εβραία; ρώτησε αγανακτισμένη τη Χριστίνα.

— Δεν είπα αυτό, της απάντησε η Χριστίνα και κοίταξε τα δύο αγόρια. Είπα κάτι τέτοιο, παιδιά;

— Δε σ' ακούσαμε να λες κάτι τέτοιο, Χριστίνα, της απάντησε ο Κέβιν.

— Ούτε και εγώ σ' άκουσα, συμφώνησε ο Άντριου.

Η Ρεβέκα ένιωσε το θυμό ν' ανεβαίνει στο λαιμό της και να την πνίγει. Σήκωσε το χέρι της για να χτυπήσει τη Χριστίνα, όμως ο Κέβιν έπιασε τον καρπό της και τον έσφιξε.

– Κατάλαβέ το, Ρεβέκα, της είπε η Χριστίνα. Δε θέλουμε ανθρώπους σαν και σένα εδώ.

– Δεν είστε....δεν είστε τίποτε άλλο παρά βρομεροί Ναζί! της πέταξε κατάμουτρα η Ρεβέκα και πάλεψε για να ελευθερώσει τον καρπό της από το χέρι του Κέβιν. Και νιώθω έκπληξη... όχι, αηδία με σας τους δυο, πρόσθεσε ύστερα και κοίταξε κατάματα τον Άντριου και τον Κέβιν.

Πίσω από τον Άντριου και τον Κέβιν είχαν μαζευτεί τώρα κάμποσοι καλεσμένοι, που είχαν δει τη σκηνή μέσα από το κτίριο και είχαν βγει για να δουν τι συμβαίνει. Η Ρεβέκα κλότσησε τον Κέβιν στο καλάμι. Εκείνος τη χαστούκισε. Παρ' όλ' αυτά κανένας δεν έτρεξε για να τη βοηθήσει. Κάποιος μάλιστα ζητωκραύγασε. Ήταν ο Κάλβιν Τσαρλς.

– Έτσι μπράβο, φώναξε. Δίδαξέ την καλούς τρόπους, Κέβιν! Μάθε της να σέβεται.

Η Κολέτ έτρεξε να βοηθήσει τη Ρεβέκα και κατάφερε να την ελευθερώσει από τον Κέβιν. Όμως αυτή τη γράπωσε αμέσως ο Άντριου. Στα μάτια του υπήρχε ένα διαβολικό βλέμμα και η Κολέτ κατάλαβε πως ήταν ικανός για τα πάντα.

Πάλεψε για να ελευθερωθεί από το κράτημα του Άντριου. Έλπιζε, μάταια όμως, πως κάποιος θα τη βοηθούσε. Τα παιδιά που είχαν μαζευτεί ένα γύρω ήταν τώρα τόσο πολλά, που αν κάποιος είχε μείνει μέσα στην αίθουσα, δεν μπορούσε να δει έξω. Μάλιστα οι μαζεμένοι παρότρυναν με φωνές τον Κέβιν και τον Άντριου.

– Έτσι μπράβο! φώναξε κάποιος. Δώστε σ' αυτές τις

αγελάδες ένα μάθημα! Δώστε τους το μάθημα που τους αξίζει.

Από ένστικτο, η Κολέτ έκλεισε τα μάτια. Τζόε, άρχισε να ψιθυρίζει στον εαυτό της. Τζόε! Σε παρακαλώ, βοήθησέ μας! Όμως δεν κατάφερνε να συνδεθεί με το μυαλό του Τζόε.

Τελικά η βοήθεια τους ήρθε από εκεί που δεν το περίμεναν.

– Για πείτε μου, τι τρέχει εδώ; ακούστηκε μια βραχνή φωνή πίσω από τη Ρεβέκα και την Κολέτ.

Ήταν ένας γέρος άντρας ντυμένος μ' ένα άχαρο σακάκι, που περπατούσε προς το μέρος τους και στηριζόταν σ' ένα μπαστούνι.

– Σαν τι σου φαίνεται εσένα, παππού; τον ρώτησε αυθάδικα ο Κέβιν. Δίνουμε σ' αυτές τις δυο ένα μάθημα που δε θα ξεχάσουν ποτέ.

– Μόλις έβγαινα από τα εργαστήρια της χημείας, όταν άκουσα όλη αυτή τη φασαρία, είπε ο γέρος κύριος –ο οποίος ήταν ο καθηγητής Σκίνερ, ο καθηγητής της χημείας– και κοίταξε τη Ρεβέκα και την Κολέτ μέσα από τα χοντρά γυαλιά του. Έχετε κάποιο πρόβλημα, κορίτσια μου;

– Σας παρακαλώ, βοηθήστε μας, του είπε η Κολέτ, ενώ από τα μάτια της έτρεχαν δάκρυα, καθώς ο Άντριου της έσφιγγε όλο και πιο πολύ το χέρι, λες και το απολάμβανε.

Αν και είχε περάσει τα εξήντα, ο Τεντ Σκίνερ δεν ήταν δειλός. Σήκωσε το μπαστούνι του απειλητικά προς τη μεριά του Κέβιν και του Άντριου.

– Αφήστε τες ήσυχες, τους φώναξε με φωνή που έτρεμε, περισσότερο εξαιτίας της ηλικίας του παρά από φόβο. Διαφορετικά θα έχετε να κάνετε μαζί μου!

– Αλήθεια; έκανε ειρωνικά ο Κάλβιν, ο οποίος χτύπαγε τη γροθιά του στην παλάμη του άλλου χεριού του, λες και ετοιμαζόταν για καβγά. Ξέρεις, μας κατατρόμαξες τώρα!

Ο Κέβιν και ο Άντριου ελευθέρωσαν τη Ρεβέκα και την Κολέτ και τις έριξαν στο έδαφος. Ύστερα άρχισαν να προχωρούν προς τον καθηγητή Σκίνερ γλείφοντας τα χείλη τους.

Τον χτύπησαν, τον έριξαν στο έδαφος και άρχισαν να τον κλοτσούν στα πλευρά. Οι άλλοι στριμώχτηκαν γύρω τους. Κάποιος μάλιστα άρπαξε το μπαστούνι από το χέρι του καθηγητή και άρχισε να τον χτυπά μ' αυτό στο κεφάλι.

Η Ρεβέκα και η Κολέτ σηκώθηκαν όρθιες. Δεν μπορούσαν πια να δουν τον καθηγητή Σκίνερ καθώς ήταν περικυκλωμένος από το εξαγριωμένο πλήθος, μπορούσαν όμως ν' ακούσουν τις κραυγές του, γεμάτες αγωνία, την ώρα που τον κλοτσούσαν, τον γρονθοκοπούσαν και τον χτυπούσαν με όποιον τρόπο μπορεί να φανταστεί κανείς. Η Ρεβέκα δεν ήξερε τι ήταν πιο φριχτό: οι κραυγές του καθηγητή ή οι κραυγές και τα γέλια αυτών που τον χτυπούσαν με μανία.

Η Ρεβέκα και η Κολέτ κοίταξαν τη Μόργκαν Νάιτ. Στεκόταν στην πόρτα και την έφραζε με το σώμα της, έτσι ώστε όποιος ήταν μέσα στην αίθουσα να μην μπορεί να δει τι γίνεται έξω και να τρέξει σε βοήθεια, αν ήθελε. Η Μόργκαν χαμογελούσε σαν μανιακή. Το πρόσωπό της είχε πάρει μια αλλόκοτη έκφραση, καθώς παρακολουθούσε τους φίλους της να χτυπούν ανελέητα το γέρο καθηγητή.

– Πρέπει να φέρουμε βοήθεια, είπε η Ρεβέκα στην Κολέτ.

– Εμείς πρέπει να τον βοηθήσουμε, της είπε η Κολέτ.

– Δεν μπορούμε να το κάνουμε μόνες μας! της απάντησε η Ρεβέκα και άρχισε να τρέχει προς τους κοιτώνες των κοριτσιών, ενώ η Κολέτ την ακολουθούσε. Μπορούμε να πάρουμε τηλέφωνο την αστυνομία από εκεί.

Καθώς όμως η Ρεβέκα με την Κολέτ έτρεχαν για να βρουν τηλέφωνο, βαθιά μέσα τους ήξεραν πως, όποια βοήθεια και αν έβρισκαν τώρα για τον καθηγητή Σκίνερ, θα ήταν μάλλον αργά. Η Ρεβέκα μάλιστα, όταν το σκέφτηκε, ένιωσε έναν κόμπο ν' ανεβαίνει στο λαιμό της και πάλευε να συγκρατήσει τα δάκρυά της.

Η Μόργκαν Νάιτ τις είδε να φεύγουν και δεν έκανε καμιά προσπάθεια να τις ακολουθήσει. Ας έπαιρναν την αστυνομία τηλέφωνο. Κι αν ακόμα τα κατάφερναν –που η Μόργκαν ήταν σίγουρη ότι δε θα τα κατάφερναν– θα ήταν πλέον πολύ αργά.

Έτσι κι αλλιώς ήταν πολύ αργά για οποιαδήποτε αντίδραση εδώ κι εννέα μήνες.

Από τις 26 Μαρτίου για την ακρίβεια, δηλαδή από τότε που ο Άρμστρονγκ Νάιτ βρέθηκε για πρώτη φορά στο διάστημα σε απόσταση μερικών εκατομμυρίων χιλιομέτρων από τον πλανήτη Άρη.

Ινστιτούτο Μπρέντμαουθ, κοιτώνες των κοριτσιών, δωμάτιο Γ102
Τετάρτη, 13 Ιανουαρίου, ώρα 21.14

– Κάνε γρήγορα, Ρεβέκα, παρότρυνε η Κολέτ τη φίλη της καθώς η Ρεβέκα έψαχνε μέσα στις τσέπες του φουστανιού της για την ηλεκτρονική κάρτα με την οποία άνοιγε η πόρτα του κτιρίου με τους κοιτώνες των κοριτσιών.

Η αλήθεια είναι πως, όταν μετακόμισε στο σπίτι της μητέρας της, έπρεπε να είχε παραδώσει την κάρτα στη γραμματεία του Ινστιτούτου, τώρα όμως χαιρόταν που δεν το είχε κάνει. Τελικά βρήκε την κάρτα, την έβαλε γρήγορα μέσα στην ειδική σχισμή και η πόρτα άνοιξε μ' ένα χαρακτηριστικό κλικ.

Η Ρεβέκα έριξε μια γρήγορη ματιά πίσω, να δει αν τις ακολουθούσε κανείς, και μετά μπήκε με την Κολέτ μέσα στο κτίριο.

Έτρεξαν στους τηλεφωνικούς θαλάμους και σήκωσαν το ακουστικό της πρώτης συσκευής. Όπως και όλα τα άλλα, ήταν συνδεδεμένο με το τηλεφωνικό κέντρο του Ινστιτούτου και γι' αυτό θα έπρεπε να πάρουν πρώτα το 9 για να τους δώσουν εξωτερική γραμμή, πριν ρίξουν μέσα τα κέρματα (ο στρατηγός και η Εύα ήθελαν να γνωρίζουν με ποιους διατηρούσαν επαφή οι μαθητές).

Η Ρεβέκα συνοφρυώθηκε όταν έβαλε το ακουστικό στο αφτί της. Κανένας ήχος. Δοκίμασε όλα τα τηλέφωνα στη σειρά. Όλα νεκρά.

– Έχεις κινητό μαζί σου; ρώτησε την Κολέτ.

– Και βέβαια όχι, της απάντησε εκείνη. Τι να το 'κανα στο πάρτι της Χριστίνας;

Η Ρεβέκα σκέφτηκε για μια στιγμή. Τα περισσότερα κορίτσια ήταν στο πάρτι της Χριστίνας κι επομένως δεν είχε νόημα ν' αρχίσει να χτυπάει τις πόρτες των δωματίων, για να δει αν είχε μείνει κανένα κορίτσι κι αν είχε κινητό.

– Η Λιβ Φάραρ! φώναξε ξαφνικά μέσα σε μια αναλαμπή του μυαλού της η Ρεβέκα κι έβγαλε το κλειδί που της είχε δανείσει η Λιβ, για την περίπτωση που ήθελε να φύγει νωρίτερα από το πάρτι. Αυτή έχει κινητό! Πάμε γρήγορα!

Ανέβηκαν τρέχοντας τις σκάλες μέχρι τον τρίτο όροφο, γιατί για κάποιο λόγο το ασανσέρ δε λειτουργούσε, και όρμησαν μέσα στο δωμάτιο της Λιβ. Δεν μπήκαν καν στον κόπο ν' ανοίξουν το φως, γιατί το φως της σελήνης τούς αρκούσε έτσι όπως οι ακτίνες του έμπαιναν από το παράθυρο. Η Ρεβέκα έψαξε στα γρήγορα για το κινητό τηλέφωνο της Λιβ. Το βρήκε πάνω στο γραφείο της. Το πήρε στα χέρια της και πληκτρολόγησε τον αριθμό της αστυνομίας. Ύστερα το έβαλε στο αφτί της. Νεκρό κι αυτό. Στράφηκε προς την Κολέτ. Ακόμα και στο φως του φεγγαρόφωτου, η Κολέτ μπορούσε να δει πόσο ανήσυχη ήταν.

– Είναι νεκρό επίσης, είπε στην Κολέτ.

– Μα πώς; έκανε η Κολέτ.

Όμως δεν υπήρχε χρόνος για ν' αναρωτηθούν. Η Ρεβέκα ξαναπήγε στο γραφείο της Λιβ.

– Η Λιβ έχει ένα μόντεμ που χρησιμοποιεί για να στέλνει κείμενα στον τυπογράφο του *Ερευνητή* την τελευταία στιγμή, είπε η Ρεβέκα. Αν στέλναμε ένα e-mail...

Αλλά δεν ολοκλήρωσε τη σκέψη της, γιατί είχε μείνει άφωνη. Η οθόνη του υπολογιστή της Λιβ ήταν σπασμένη και το πληκτρολόγιο καλυμμένο μ' ένα υγρό σαν μπογιά που μύριζε.

Η Κολέτ έτρεξε γρήγορα προς την πόρτα κι άναψε το φως.

– Μα τρελάθηκε ολόκληρο το Ινστιτούτο; αναρωτήθηκε φωναχτά η Ρεβέκα κι αμέσως μετά άκουσε μια κραυγή της Κολέτ.

Γυρίζει και τι να δει... Την Κολέτ να της δείχνει με χέρι που έτρεμε κάτι στον τοίχο.

Κάποιος είχε μπει μέσα στο δωμάτιο της Λιβ και είχε γράψει με κόκκινη μπογιά στον τοίχο το ακόλουθο μήνυμα:

ΕΞΩ ΟΙ ΦΙΛΟΙ ΤΩΝ ΕΒΡΑΙΩΝ
ΚΡΑΤΗΣΤΕ ΤΟ ΙΝΣΤΙΤΟΥΤΟ ΑΜΟΛΥΝΤΟ
ΑΠΟΜΟΝΩΣΤΕ ΤΟΥΣ ΔΙΑΦΟΡΕΤΙΚΟΥΣ!

Η Ρεβέκα ανατρίχιασε. Θυμήθηκε τις ιστορίες που της έλεγε η γιαγιά της για τη ναζιστική Γερμανία: πως καταδίωκαν ακόμα και τους φίλους και υποστηρικτές των Εβραίων ακριβώς όπως και τους ίδιους τους Εβραίους. Κάποιος πρέπει να την είδε όταν επισκέφτηκε τη Λιβ νωρίτερα και να θυμήθηκε το άρθρο της Λιβ στον *Ερευνητή* πριν από λίγο καιρό, σχετικά με τα εγκλήματα των Ναζί εναντίον των Εβραίων.

Η κατάσταση στο Ινστιτούτο είχε ξεφύγει από κάθε έλεγχο.

ΑΠΑΓΟΡΕΥΜΕΝΗ ΖΩΝΗ

Το επόμενο πρωί

Φάιβγουεϊς
Πέμπτη, 14 Ιανουαρίου, ώρα 07.30

– Μα αυτό είναι αρρωστημένο, σχολίασε ο Μαρκ όταν έφτασε στο Φάιβγουεϊς, το σπίτι της Κολέτ, το επόμενο πρωί παρέα με τον Γκριφ.

Η Ρεβέκα του είχε τηλεφωνήσει αμέσως μόλις ξύπνησε, για να του πει τα τρομερά που έγιναν το προηγούμενο βράδυ, δηλαδή τη βάρβαρη επίθεση στον καθηγητή Σκίνερ και όσα είχαν συμβεί αργότερα στο δωμάτιο της Λιβ. Όμως ο Μαρκ τα ήξερε ήδη, από τη Λιβ. Πρωί πρωί, λοιπόν, ξεκίνησε για το Φάιβγουεϊς. Ο Γκριφ προσφέρθηκε να τον πάει μέχρι εκεί με το αυτοκίνητο που του είχε αγοράσει ο μπαμπάς του για τα γενέθλιά του, όταν έκλεισε τα δεκαεπτά τον προηγούμενο Σεπτέμβριο και αφού είχε ήδη πάρει το δίπλωμα οδήγησης.

– Είσαι σίγουρος πως δεν είδες τίποτα; ρώτησε η Ρεβέκα τον Μαρκ. Η κοπέλα έτρεμε ακόμη από τα γεγονότα της προηγούμενης νύχτας και δεν ήξερε πια ποιον να εμπιστευτεί.

Μέχρι τώρα πίστευε πως ο Κέβιν, ο Άντριου και ο Κάλβιν ήταν καλοί φίλοι της. Όμως το προηγούμενο βράδυ είχαν στραφεί εναντίον της και παραλίγο να σκοτώσουν στο ξύλο τον καημένο τον καθηγητή Σκίνερ. Άραγε μπορούσε να εμπιστευτεί τον Μαρκ;

– Μα και βέβαια όχι, της απάντησε θιγμένος ο Μαρκ. Πιστεύεις πως θα άφηνα να συμβεί κάτι τέτοιο σε κάποιον τόσο απροστάτευτο όπως ο γερο-Σκίνερ, ή πως δε θα 'ρχόμουν να σε σώσω;

– Όχι, του απάντησε η Ρεβέκα και για πρώτη φορά εδώ και ώρες ένιωσε κάποια ανακούφιση: ο Μαρκ σίγουρα δεν είχε δει τίποτα.

– Η πόρτα της αίθουσας ήταν κλειστή, συνέχισε ο Μαρκ. Η Λιβ μου το είπε. Έκανε πολλή ζέστη μέσα και δεν ερχόταν αέρας από πουθενά. Τελικά, Μπέκι, ήταν απίθανο πάρτι. Το καλύτερο που πήγα ποτέ. Μακάρι να ήσουν εκεί.

– Τι παράξενη σύμπτωση, ε; είπε η Κολέτ.

Η Ρεβέκα και ο Μαρκ γύρισαν προς το μέρος της.

– Τι εννοείς, Κολέτ; τη ρώτησε ο Μαρκ με ήρεμο τρόπο.

Μα καλά, σκέφτηκε η Κολέτ, είναι δυνατόν να μην πήρε χαμπάρι απ' όλη αυτή τη φασαρία, έστω κι αν γινόταν έξω από την αίθουσα εκδηλώσεων;

– Τίποτα, του απάντησε η Κολέτ και συνέχισε να κοιτάζει τον Μαρκ, μέχρι που αυτός ένιωσε αμηχανία.

– Για όνομα του Θεού, Μαρκ, παραλίγο να με σκοτώσουν εκεί πέρα! του είπε η Ρεβέκα, η οποία δεν μπορούσε πια να συγκρατήσει τα νεύρα της.

– Ήταν μια μικρή παρανόηση, αυτό είναι όλο, της είπε ο Μαρκ.

— Μαρκ, η Χριστίνα έκανε ρατσιστικά σχόλια εις βάρος μου, του θύμισε η Ρεβέκα.

— Τι ακριβώς είπε; τη ρώτησε ο Μαρκ. Για πες μου. Μήπως είπε ότι δε σε άφησε να 'ρθεις στο πάρτι επειδή είσαι Εβραία;

— Όχι ακριβώς..., παραδέχτηκε κομπιάζοντας η Ρεβέκα.

— Βλέπεις λοιπόν; της είπε ο Μαρκ και της χαμογέλασε, ενώ τη χτύπησε με το χέρι του καθησυχαστικά στο γόνατο.

Η Ρεβέκα τραβήχτηκε μακριά. Ήταν πια αρκετά μεγάλη για να της συμπεριφέρεται ο Μαρκ σαν σε μικρό παιδί.

— Η Χριστίνα δεν είναι ρατσίστρια, από όσο γνωρίζω, συνέχισε ο Μαρκ.

— Αλήθεια; τον ρώτησε η Κολέτ και συνέχισε να τον κοιτάζει διαπεραστικά μέσα στα μάτια. Εμάς δε μας φάνηκε έτσι χθες το βράδυ.

— Ο Τζόνι ήταν εκεί χθες το βράδυ και είναι Κινέζος, της είπε ο Μαρκ και ακούμπησε την πλάτη του στην καρέκλα σταυρώνοντας τα πόδια. Επίσης η Λουμαλί Ναντό, που είναι από την Κένυα, καθώς και η Ιβόν Τζιρβάλουρ...

— Ποια; έκαναν μ' ένα στόμα η Ρεβέκα και η Κολέτ, στις οποίες το τελευταίο όνομα που είχε πει ο Μαρκ δεν έλεγε τίποτα.

— Κατάγεται από τους Αβοριγίνες, τους ιθαγενείς κατοίκους της Αυστραλίας, και κέρδισε μια υποτροφία του Ινστιτούτου στα μαθηματικά, απάντησε ο Μαρκ

— Α, αυτή, θυμήθηκε η Ρεβέκα. Την έχω δει. Ποτέ δε σκέφτηκα να ρωτήσω το όνομά της. Όμως δε νομίζω ότι θα την έκανα ποτέ φίλη μου...

— Βλέπεις τώρα ποιος είναι ρατσιστής; τη ρώτησε ο

Μαρκ με έντονο τρόπο. Και για να μην αναφέρω τον Έιμπ Κοέν, που είναι πιο Εβραίος από οποιονδήποτε άλλον! Μπέκι, το χτεσινοβραδινό πάρτι ήταν σαν τα Ηνωμένα Έθνη σε μια καλή μέρα. Δεν μπορείς να πεις με τίποτα πως η Χριστίνα είναι ρατσίστρια.

– Κι όμως είναι, είπε η Κολέτ και συνέχισε να κρατά τα μάτια της στυλωμένα στον Μαρκ.

Εκείνος ένιωσε αμήχανα και κουνήθηκε πάνω στην καρέκλα του. Ύστερα έσκυψε μπροστά και άρχισε να στριφογυρνά τους αντίχειρές του.

– Μπέκι, κάνεις μεγάλο λάθος, της είπε και η φωνή του ακουγόταν ειλικρινής. Η Χριστίνα κατάφερε να πείσει τους ντόπιους αστυνομικούς να κάνουν τα στραβά μάτια για το αλκοόλ που σερβιριζόταν στο πάρτι. Βεβαίως μη φανταστείς σκληρά ποτά και τέτοια. Απλώς μπίρες και κρασί. Οι αστυνομικοί, για να δώσουν την άδειά τους, έθεσαν ως όρο να πάρουν μέρος στο πάρτι μόνο όσα παιδιά μένουν στους κοιτώνες του Ινστιτούτου. Γι' αυτό δεν επέτρεψαν σε σένα και την Κολέτ να μπείτε μέσα. Είναι ο μόνος λόγος.

Για μια στιγμή η Κολέτ φάνηκε να πιστεύει τον Μαρκ, μέχρι που θυμήθηκε ότι η Μόργκαν ήταν στο πάρτι παρόλο που δε μένει στους κοιτώνες του Ινστιτούτου. Το 'πε στον Μαρκ.

– Η Μόργκαν μπορεί να κάνει ό,τι θέλει, της απάντησε απότομα ο Μαρκ.

– Ώστε έτσι; του είπε η Κολέτ.

Ο Μαρκ έστρεψε τα μάτια του αλλού. Θα σταματούσε άραγε ποτέ η Κολέτ να τον κοιτάζει με αυτό το βλέμμα;

– Ναι, εκείνη μπορεί, της απάντησε. Εσύ δεν είσαι μαθήτρια του Ινστιτούτου. Δε θα μπορούσες να καταλάβεις τέτοια πράγματα. Είσαι διαφορετική...

Διαφορετική... Μια από τις λέξεις που είχαν γράψει πάνω στον τοίχο του δωματίου της Λιβ Φάραρ· η ίδια λέξη με αυτή που ήταν γραμμένη στο χαρτί που είχαν πετάξει με το τούβλο μέσα στο δωμάτιο του Τζόνι· η ίδια λέξη που είχε χρησιμοποιήσει η Μόργκαν Νάιτ στη συγκέντρωση. Η Ρεβέκα και η Κολέτ ένιωσαν και οι δυο τρεμούλα.

Ακριβώς τότε άνοιξε η πόρτα και μπήκε μέσα ο Γκριφ. Η Κολέτ χαμογέλασε όταν τον είδε. Ο Γκριφ είχε πάει να τηλεφωνήσει στο Επαρχιακό Νοσοκομείο Μπρέντμαουθ. Του είπαν ότι ο κύριος Σκίνερ ήταν σε κρίσιμη κατάσταση. Είχε κάποια κατάγματα και εξακολουθούσε να είναι αναίσθητος. Αυτή τη στιγμή τον είχαν στο οξυγόνο –φοβόνταν λόγω της ηλικίας του– αλλά οι γιατροί πίστευαν πως δε θα πέθαινε από τα τραύματά του.

– Η αστυνομία λέει πως μάλλον δεν υπάρχει περίπτωση να πιάσει το κάθαρμα που το έκανε, συνέχισε ο Γκριφ. Έγιναν πολλές ληστείες στην περιοχή τον τελευταίο καιρό.

– Μα σου τονίζω ότι δεν επρόκειτο για ληστεία, επέμεινε η Ρεβέκα.

– Αυτό το ισχυρίζεστε μόνο εσύ και η Κολέτ, ενώ η Χριστίνα, ο Άντριου, ο Κέβιν και ο Κάλβιν υποστηρίζουν άλλα, της είπε ήρεμα ο Μαρκ. Λένε ότι δεν είδαν τίποτα. Όταν έφτασε η αστυνομία, απλώς βρήκε τον Σκίνερ αναίσθητο, να αιμορραγεί στο έδαφος, έξω από την αίθουσα.

– Αλλά..., άρχισε να λέει η Ρεβέκα και αμέσως σταμάτησε.

Ήξερε πως δε θα 'βγαζε τίποτα αν συνέχιζε τη διαφωνία της με τον Μαρκ. Ή ο Μαρκ είχε πειστεί πραγματικά πως αυτή και η Κολέτ είχαν φανταστεί όλα όσα έγιναν χθες το βράδυ, ή έλεγε ψέματα και η Μόργκαν Νάιτ τον είχε κάτω από τον έλεγχό της με κάποιον τρόπο. Έτσι η Ρεβέκα αποφάσισε να μην ξαναμιλήσει, προς το παρόν.

Ο Μαρκ σηκώθηκε να φύγει.

– Αν είστε σίγουρες πως είστε καλά, τότε φεύγω, είπε στα δυο κορίτσια και κοίταξε τον Γκριφ. Μπορείς να με πας πίσω στο Ινστιτούτο, φίλε;

– Και βέβαια, απάντησε ο Γκριφ και κατόπιν πρόσθεσε: Υπό έναν όρο όμως.

– Ποιος είναι αυτός; τον ρώτησε ο Μαρκ.

– Να σταματήσουμε στο καινούριο φαστφουντάδικο που βρίσκεται στο δρόμο μας, του απάντησε ο Γκριφ. Αυτή τη στιγμή πεθαίνω για ένα τσίζμπεργκερ με πατάτες.

– Τρως κρέας; τον ρώτησε η Κολέτ. Νόμιζα πως είσαι χορτοφάγος, όπως η Ρεβέκα από δω.

Ο Γκριφ την κοίταξε αμήχανα.

– Ήμουν κάποτε..., της είπε. Ξαναγύρισα όμως στην κρεατοφαγία. Δε θα το πεις σε κανέναν, έτσι δεν είναι, Κολέτ; Δε θα 'ταν καθόλου καλό για τη φήμη που έχω στο Ινστιτούτο!

– Εντάξει, του είπε η Κολέτ. Σ' το υπόσχομαι.

– Ωραία, πετάχτηκε ο Μαρκ, τα συμφωνήσαμε. Μόνο που έχω μια καλύτερη ιδέα. Αντί να πληρώσουμε για ένα τσίζμπεργκερ, ας φάμε στο Ινστιτούτο. Το φαγητό εκεί είναι πολύ καλύτερο, τώρα που έφυγε η κυρία Τσάπμαν.

– Εντάξει, Μαρκ, συμφωνώ, είπε ο Γκριφ και τον χτύπησε φιλικά στην πλάτη, ενώ ύστερα στράφηκε προς τα κορίτσια. Θα 'ρθετε; τα ρώτησε.

– Όχι, είπε η Κολέτ. Φάγαμε και οι δυο στο σπίτι.

– Εκτός από αυτό, έχουμε ένα σωρό άλλα πράγματα να κάνουμε πριν αρχίσει το μάθημα, είπε η Ρεβέκα.

– Έχουμε; έκανε η Κολέτ.

– Ναι, της απάντησε η Ρεβέκα και κούνησε το χέρι της αποχαιρετώντας τα δυο αγόρια.

– Έλεγε ψέματα, είπε η Κολέτ στη Ρεβέκα αμέσως μόλις ο Μαρκ και ο Γκριφ έφυγαν.

– Ποιος; Ο Μαρκ; τη ρώτησε η Ρεβέκα. Μα τι έκανες; Διάβασες τις σκέψεις του, όπως με τον Τζόε;

– Δε χρειάστηκε, της απάντησε η Κολέτ. Το σώμα του τον πρόδωσε. Στριφογύρναγε τόσο πολύ στην καρέκλα του, που σίγουρα δεν έλεγε την αλήθεια.

– Καλά, αυτό θα το μάθουμε, της είπε η Ρεβέκα.

– Πώς; τη ρώτησε η Κολέτ.

– Το Ινστιτούτο καλύπτεται από κάμερες κλειστού κυκλώματος είκοσι τέσσερις ώρες το εικοσιτετράωρο, της απάντησε η Ρεβέκα. Ήταν μια από τις ιδέες της Εύας. Η επίθεση που δεχτήκαμε εμείς και ο καθηγητής Σκίνερ πρέπει να έχει καταγραφεί στο βίντεο. Έτσι θα αποδείξουμε ότι όσα λέμε, είναι αλήθεια.

– Φοβερή ιδέα, είπε η Κολέτ, ενώ μέσα της αναρωτιόταν γιατί η Ρεβέκα δε σηκωνόταν να φύγουν. Τι περιμένεις; τη ρώτησε.

– Τίποτα, της απάντησε η Ρεβέκα. Αλλά υπάρχει κάτι που πρέπει να κάνω πρώτα.

– Ας ξεκινήσουμε λοιπόν, είπε η Κολέτ ανυπόμονα.

– Όχι εσύ, της είπε η Ρεβέκα. Σ' αυτό μπορεί να με βοηθήσει μόνο ο Τζόε.

– Ο Τζόε; έκανε η Κολέτ. Μα πού είναι; Προσπάθησα να του τηλεφωνήσω χθες το βράδυ, όταν μας επιτέθηκαν, αλλά δεν τα κατάφερα. Αλλά άσε το τηλέφωνο. Όπως ξέρεις, μπορώ πάντα να καταλαβαίνω πού είναι ο Τζόε, έστω και αμυδρά. Όμως χθες το βράδυ δεν μπορούσα να επικοινωνήσω μαζί του. Αυτό δε μου έχει συμβεί άλλη φορά. Γιατί δεν ήρθε να δει τι κάνουμε; Πίστευα πως θα 'ρχόταν εδώ μαζί με τον Μαρκ και τον Γκριφ.

– Μήπως δεν έμαθε ακόμα τα νέα; είπε η Ρεβέκα.

– Λες ο Μαρκ να μην του είπε τίποτα; τη ρώτησε η Κολέτ.

– Τότε θα πρέπει να του τηλεφωνήσω στο Ινστιτούτο, είπε η Ρεβέκα. Εγώ και αυτός θα επισκεφτούμε τη Μόργκαν Νάιτ στην οικία Φετς κι έτσι θα μάθουμε τι ακριβώς συμβαίνει!

Οικία Φετς
Πέμπτη, 14 Ιανουαρίου, ώρα 09.45

Η Ρεβέκα χτύπησε ευγενικά την πόρτα της οικίας Φετς και, ενώ περίμενε, κοίταξε ένα γύρω.

Όπως είχε πει κι ο Μαρκ, η οικία Φετς ήταν παράξενο μέρος. Ήταν απομονωμένη, χωρίς άλλες κατοικίες γύρω της, κι αν ήθελε κανείς να πάει στο Ινστιτούτο, χρειαζόταν τουλάχιστον μισή ώρα. Γιατί άραγε είχε διαλέξει αυτό το σπίτι ο Άρμστρονγκ Νάιτ για να μένει η κόρη του; Το μόνο πράγμα που πίστευε η Ρεβέκα ότι μπορούσε να τραβήξει το ενδιαφέρον κάποιου όπως η Μόργκαν, ήταν το ραδιοτηλεσκόπιο του λόφου Φετς εκεί κοντά.

Τελικά η πόρτα μισάνοιξε και στο κατώφλι φάνηκε η Μόργκαν. Αρχικά έμεινε έκπληκτη που έβλεπε τη Ρεβέκα εκεί, αλλά ύστερα χαμογέλασε.

– Τι τιμή! είπε με φωνή που έσταζε σαρκασμό.

– Ακριβώς. Τι τιμή! της είπε και η Ρεβέκα και την έσπρωξε για να περάσει μέσα στο σπίτι.

— Ξέρεις πως παραβιάζεις ιδιωτικό χώρο; της είπε η Μόργκαν. Θα μπορούσα να τηλεφωνήσω στην αστυνομία. Είναι παράνομη πράξη.

— Το ίδιο και ο ρατσισμός και ο ξυλοδαρμός αβοήθητων γέρων, της απάντησε η Ρεβέκα.

— Ζει ακόμα ο Σκίνερ; τη ρώτησε η Μόργκαν και δεν μπορούσε να κρύψει την έκπληξη από το πρόσωπό της.

— Ώστε το παραδέχεσαι; τη ρώτησε η Ρεβέκα. Παραδέχεσαι ότι τα καθάρματά σου παραλίγο να τον σκοτώσουν χθες το βράδυ;

— Δεν παραδέχομαι τίποτα, της απάντησε η Μόργκαν. Το μόνο που άκουσα, είναι πως ο καημένος ο Σκίνερ έπεσε θύμα επίθεσης από μια συμμορία ληστών χθες το βράδυ μέσα στο χώρο του Ινστιτούτου. Ίσως να ήταν τίποτα μαύροι ή Εβραίοι. Ποτέ δεν μπορείς να τους εμπιστευτείς, ξέρεις.

Η Ρεβέκα φούντωσε από θυμό, αλλά έπεισε τον εαυτό της να μη χτυπήσει τη Μόργκαν. Οι ρατσιστικές ιδέες δεν αντιμετωπίζονται με βία, αν και πολλές φορές η Ρεβέκα θα ήθελε να χτυπήσει αυτούς που τις εκφράζουν. Αποφάσισε λοιπόν να κρατήσει την ψυχραιμία της όσο κι αν την προκαλούσε η Μόργκαν.

— Μου κάνει έκπληξη που δε φυλάνε το Ινστιτούτο καλύτερα, συνέχισε η Μόργκαν. Είμαστε οι καλύτεροι στον κόσμο και θα 'πρεπε να μας προστατεύουν από τον υπόλοιπο πληθυσμό.

Η Ρεβέκα της έριξε ένα βλέμμα όλο φωτιά.

— Το Ινστιτούτο προστατεύεται, της απάντησε. Έχει ένα σύστημα ασφαλείας τελευταίας τεχνολογίας. Οι πόρτες μπορούν να κλειδώσουν αυτόματα και το συρματόπλεγμα και τα κάγκελα που περιβάλλουν τους εξωτερικούς τοίχους μπορούν να τροφοδοτηθούν με ηλεκτρικό ρεύμα, αν το αποφασίσει ο στρατηγός ή η Εύα, ξέρεις.

– Το ξέρω, της είπε η Μόργκαν.

Η Ρεβέκα αναρωτήθηκε πώς στο καλό το ήξερε, αφού η Εύα είχε εγκαταστήσει το σύστημα αυτό μόλις πριν από τρεις μήνες. Η πρόφαση που ζητούσε η Εύα της δόθηκε όταν κάποιοι ντόπιοι χούλιγκαν σκαρφάλωσαν στους τοίχους του Ινστιτούτου, μπήκαν μέσα σ' ένα από τα εργαστήρια και προκάλεσαν έκρηξη, μ' αποτέλεσμα να παραλύσει το πόδι του στρατηγού Έξφορντ. Όμως η αστυνομία δεν κατάφερε να πιάσει εκείνους τους βάνδαλους.

– Αυτό το σύστημα υποτίθεται ότι είναι για να φυλάει το Ινστιτούτο από τους απ' έξω; τη ρώτησε η Μόργκαν.

– Μιλάς για μένα; τη ρώτησε η Ρεβέκα και μόλις και μετά βίας συγκράτησε το χέρι της να μη χτυπήσει τη Μόργκαν.

– Είπα κάτι τέτοιο; τη ρώτησε όλο γλύκες η Μόργκαν.

Η Ρεβέκα την αγνόησε.

– Αυτό που ίσως δε γνωρίζεις, είναι πως το Ινστιτούτο καλύπτεται από κάμερες κλειστού κυκλώματος. Οτιδήποτε συμβαίνει στο Ινστιτούτο, καταγράφεται σε βίντεο, είπε.

– Αυτό θα πρέπει να είναι πολύ χρήσιμο στην Εύα, παρατήρησε η Μόργκαν.

– Τι εννοείς; τη ρώτησε η Ρεβέκα.

– Μα καλά, δεν αναρωτήθηκες ποτέ ποια είναι; τη ρώτησε η Μόργκαν.

– Όχι, είπε ψέματα η Ρεβέκα, χωρίς όμως και να είναι σίγουρη για ποιο πράγμα μιλούσε η Μόργκαν.

Βεβαίως και είχε αναρωτηθεί ποια ήταν πραγματικά

η Εύα. Βεβαίως και είχε αναρωτηθεί ποια μυστικά κρύβονταν πίσω από τα μαύρα γυαλιά της.

— Πες μου, είπε η Ρεβέκα.

Η Μόργκαν όμως δεν της είπε κι έστρεψε το θέμα της συζήτησης αλλού.

— Νιώθω καλά που θα πιάσουν αυτούς τους ληστές, είπε. Τουλάχιστον ο κύριος Σκίνερ θα δικαιωθεί, αν τους πάνε στο δικαστήριο. Σε ποιο νοσοκομείο είπες πως τον πήγαν;

— Στο Επαρχιακό Νοσοκομείο Μπρέντμαουθ, της απάντησε η Ρεβέκα και μόλις τότε συνειδητοποίησε ότι το είχε ξαναπεί στη Μόργκαν, με το που έφτασε χθες το βράδυ το νοσοκομειακό για να πάρει τον καθηγητή Σκίνερ.

— Μα τότε πρέπει να του στείλω λίγα λουλούδια, είπε η Μόργκαν. Ο μπαμπάς πάντα μου έλεγε να είμαι ευγενική με ανθρώπους που δεν είναι τόσο τυχεροί όσο εγώ.

— Ναι, βάζω στοίχημα πως σου το έλεγε, είπε η Ρεβέκα σαρκαστικά. Για την ακρίβεια μάλλον σου έλεγε να μην αφήνεις σε χλωρό κλαρί τους ανθρώπους, όπως έκανες και με τον Μαρκ.

— Τον Μαρκ Πράις; Γιατί τόσο ενδιαφέρον; Είναι το αγόρι σου;

— Όχι, της απάντησε η Ρεβέκα.

— Και λοιπόν, γιατί νοιάζεσαι τόσο γι' αυτόν; τη ρώτησε η Μόργκαν.

— Είναι ο καλύτερός μου φίλος, της απάντησε η Ρεβέκα. Από τότε που ήρθες στο Ινστιτούτο έχει αλλάξει κάπως.

Και θυμήθηκε τις ρατσιστικές παρατηρήσεις του Μαρκ και την απροθυμία του να βοηθήσει τον Τζόε, ο οποίος είναι μαύρος, ή τον Κινέζο Τζόνι. Όχι, αυτός δεν ήταν ο Μαρκ που γνώριζε τα δύο τελευταία χρόνια.

— Μα τότε ίσως να είδε το φως, της είπε η Μόργκαν. Το φως της «Νέας Αυγής».

— Όχι, της είπε απότομα η Ρεβέκα. Σιχαίνομαι όλες αυτές τις οργανώσεις που σπέρνουν το μίσος ανάμεσα στους ανθρώπους.

— Ίσως ο Μαρκ να διαφωνεί, της είπε η Μόργκαν και πρόσθεσε, χαμογελώντας επίτηδες επιδεικτικά: Όπως λένε, το κρέας ενός ανθρώπου είναι το δηλητήριο κάποιου άλλου...

— Τι εννοείς; τη ρώτησε η Ρεβέκα.

— Ακόμα κι αν σου εξηγούσα, δε θα καταλάβαινες, γιατί είναι η ράτσα σου τέτοια, της απάντησε η Μόργκαν.

Ακριβώς τότε άνοιξε η πόρτα του σαλονιού και μπήκε μέσα η κυρία Ράντκλιφ. Ήταν η πρώτη φορά που η Ρεβέκα την έβλεπε από τόσο κοντά, εκτός βεβαίως από τη συνάντηση της «Νέας Αυγής», όταν σερβίριζε σάντουιτς και αναψυκτικά. Όπως και ο Μαρκ, έτσι κι η Ρεβέκα αναρωτήθηκε πού είχε ξαναδεί το πρόσωπό της.

— Μάλιστα, είπε η κυρία Ράντκλιφ. Σε τι μπορώ να βοηθήσω;

ΑΠΑΓΟΡΕΥΜΕΝΗ
ΖΩΝΗ

Η ανατολή της «Νέας Αυγής»

Οικία Φετς
Πέμπτη, 14 Ιανουαρίου, ώρα 09.55

Την ίδια ώρα που η Ρεβέκα βρισκόταν πρόσωπο με πρόσωπο με τη Μόργκαν Νάιτ και την κυρία Ράντκλιφ, ο Τζόε είχε πάει κρυφά στο πίσω μέρος της οικίας Φετς.

Η πόρτα ήταν κλειδωμένη, αλλά αυτό δεν ήταν πρόβλημα γι' αυτόν. Από τότε που ήταν μικρό παιδί έκανε διαρρήξεις.

Μπήκε στην κουζίνα, αφού πρώτα διέρρηξε την πόρτα της. Τίποτα παράξενο, σκέφτηκε, καθώς προχωρούσε προς μια άλλη πόρτα που, όπως μάντευε, οδηγούσε στο κελάρι της οικίας Φετς. Στριφογύρισε το χερούλι. Ήταν και αυτή κλειδωμένη. Κανένα πρόβλημα και εκεί, ή μάλλον έτσι σκέφτηκε. Έβγαλε ένα λυγισμένο κομμάτι σύρμα που κρατούσε πάντα στην εσωτερική τσέπη του μπουφάν του και το στριφογύρισε μέσα στην κλειδαριά.

Η πόρτα δεν άνοιξε. Προσπάθησε άλλη μια φορά. Η πόρτα δεν άνοιγε.

Έστρεψε το βλέμμα του προς τα πάνω και μόλις τότε είδε την ηλεκτρονική κλειδαριά που ήταν εγκατεστημένη στο επάνω μέρος της πόρτας. Αυτό σημαίνει πως η πόρτα άνοιγε μόνο αν κάποιος πληκτρολογούσε το σωστό κωδικό πάνω στο πληκτρολόγιο της κλειδαριάς.

Κανένα πρόβλημα, σκέφτηκε ο Τζόε. Αυτό ήταν ακόμη πιο εύκολο από τη διάρρηξη με σύρμα, αρκεί να συγκεντρωνόταν. Συνήθως, για να διαρρήξει τέτοιου είδους κλειδαριές, χρειαζόταν το μισό χρόνο απ' ό,τι για μια κοινή κλειδαριά!

Ύστερα προσπάθησε να συγκεντρώσει το μυαλό του μόνο στην ψυχρή αίσθηση του μετάλλου, γιατί αυτή θα του έδινε τον κωδικό για να ανοίξει την πόρτα.

Τίποτα, ακριβώς όπως είχε νιώσει όταν προσπάθησε να εισχωρήσει στο μυαλό του Τζόνι και αργότερα του Μαρκ.

Ο Τζόε άνοιξε τα μάτια του ανήσυχος. Μήπως έχανε τις ικανότητές του; Ή μήπως η συνύπαρξή του στο Ινστιτούτο με ανθρώπους από άλλες φυλές τον είχε επηρεάσει σε τέτοιο βαθμό, που να μην μπορεί πια να εξασκεί τις ικανότητές του; Στο μυαλό του ήρθαν η Εύα, ο στρατηγός Έξφορντ αλλά και διάφοροι συμμαθητές του, όπως ο Τζόνι με τα σχιστά μάτια και εκείνη η ανεκδιήγητη Ιβόν Τζιρβάλουρ, απευθείας, λέει, απόγονος των Αβοριγίνων της Αυστραλίας. Τι στο καλό ήθελε με όλους αυτούς;

Ο Τζόε ακούμπησε το χέρι του στο φρύδι του. Ο πονοκέφαλος είχε επιστρέψει. Παρ' όλ' αυτά συνέχισε την προσπάθειά του. Έπρεπε να μάθει σε τι ήταν ανακατεμένες η Μόργκαν και η Ράντκλιφ, ακόμα και αν η

Ρεβέκα, που του το είχε ζητήσει, ανήκε στη λευκή φυλή. Και γιατί θα 'πρεπε να βοηθήσει κάποια σαν τη Ρεβέκα Στορμ; σκέφτηκε για μια στιγμή. Αν έπρεπε να διαλέξει, θα υποστήριζε τη Μόργκαν Νάιτ!

Όχι! άκουσε μια φωνή μέσα στο κεφάλι του κάποια στιγμή. Πρέπει να τη βοηθήσεις, γιατί η Ρεβέκα είναι φίλη σου, φίλη σου...

Ο Τζόε παράτησε την προσπάθειά του με την ηλεκτρονική κλειδαριά κι άρχισε ν' ανεβαίνει την εσωτερική σκάλα του σπιτιού. Όταν έφτασε επάνω, βρέθηκε αντίκρυ σε δυο πόρτες. Ήταν και οι δυο ξεκλείδωτες. Άνοιξε τη μία από αυτές.

Μπήκε σ' ένα δωμάτιο, το οποίο προφανώς ήταν το δωμάτιο της Ράντκλιφ. Το μάντεψε από τα έπιπλα κι από τα παλιομοδίτικα ρούχα που ήταν ριγμένα στις καρέκλες. Προχώρησε προς τη βιβλιοθήκη για να ρίξει μια ματιά, ακριβώς όπως του 'χε πει να κάνει εκείνη η Εβραία – όχι, διόρθωσε τον εαυτό του και προσπάθησε ν' αντιπαλέψει όλες αυτές τις ρατσιστικές σκέψεις που τον κατέκλυζαν– ακριβώς όπως του 'χε πει να κάνει η Ρεβέκα, η φίλη του.

Στα ράφια της βιβλιοθήκης δεν υπήρχαν παρά συνηθισμένα βιβλία, όπως βιβλία μαγειρικής και μερικά ελαφρά μυθιστορήματα. Και ήταν φυσικό, αφού η Ράντκλιφ μαγείρευε για τη Μόργκαν κι ήταν εκείνη που είχε ετοιμάσει τα σάντουιτς για τη συνάντηση της «Νέας Αυγής». Όσο για τα ελαφρά μυθιστορήματα, ε, τα βρίσκει συνήθως κανείς σε βιβλιοθήκες γυναικών. Βεβαίως και η Ρεβέκα και η Κολέτ, δυο από τις καλύτερές μου φίλες, είναι κι αυτές γυναίκες αλλά δε διαβάζουν παραλογοτεχνία, σκέφτηκε ο Τζόε.

Τελικά δεν υπήρχε τίποτα το ασυνήθιστο στη βιβλιοθήκη της Ράντκλιφ.

Εκτός ίσως από ένα πράγμα· ένα σκονισμένο τόμο, τριμμένο και σκισμένο από τα χρόνια. Ο Τζόε τον κατέβασε από το ράφι και διάβασε τον τίτλο στη ράχη του: *Η ζωή στον Άρη.*

Η ζωή στον Άρη; μουρμούρισε ο Τζόε. Μα στον Άρη δεν υπάρχει ζωή. Αυτό το ξέρουν όλοι. Εντάξει, ίσως να υπήρξε κάποτε κάποια μορφή ζωής και ίσως ακόμα και τώρα η ξερή και έρημη επιφάνεια του Άρη να κρύβει από κάτω της μικροοργανισμούς, όπως βακτηρίδια. Όμως ευφυής ζωή δεν υπήρξε ποτέ.

Άνοιξε το βιβλίο και το φυλλομέτρησε. Ακριβώς όπως το είπε υποπτευθεί, ήταν γεμάτο από ανακρίβειες και ανοησίες. Κατόπιν κοίταξε την πρώτη σελίδα του τόμου, αυτή με τον τίτλο. Είχε μια αφιέρωση: *Στην Άννα, με την ελπίδα πως θα το απολαύσεις όσο κι εγώ. Άρμστρονγκ.*

Άρμστρονγκ. Ήταν σίγουρα ο πατέρας της Μόργκαν. Αλλά ποια ήταν η Άννα; Και γιατί η Ράντκλιφ είχε αυτό το βιβλίο στη βιβλιοθήκη της;

Έκλεισε το βιβλίο και το τοποθέτησε πάλι πάνω στο ράφι. Αφού έκρινε πως μάλλον δεν υπήρχε εκεί τίποτα άλλο που να τον ενδιαφέρει, βγήκε από το δωμάτιο και άνοιξε τη δεύτερη πόρτα, αυτή που, όπως σωστά είχε υποθέσει, ήταν η πόρτα του δωματίου της Μόργκαν.

Όμως ούτε και στη βιβλιοθήκη της Μόργκαν υπήρχε τίποτα το ενδιαφέρον. Βεβαίως είχε πολύ περισσότερα βιβλία απ' ό,τι η Ράντκλιφ. Ακόμη, υπήρχαν ένα σωρό φυλλάδια για τη «Νέα Αυγή», όχι όμως τίποτα καινούριο, αφού τα περισσότερα από αυτά τα είχε δει καρφιτσωμένα στον πίνακα ανακοινώσεων της τραπεζαρίας του Ινστιτούτου. Επιπλέον, ένα σωρό βιβλία χημείας και βιολογίας, αλλά τι πιο φυσιολογικό για ένα μαθητή σαν τη Μόργκαν, που θεωρούνταν ιδιοφυΐα στη χημεία και τη βιολογία.

Και τότε ο Τζόε είδε ανάμεσα στα βιβλία ένα με τον τίτλο *Ο ανθρώπινος εγκέφαλος*. Βαρετός τίτλος, σκέφτηκε, αλλά παρ' όλ' αυτά το κατέβασε από το ράφι και το άνοιξε. Έπεσε στη σελίδα με τα περιεχόμενα. Ένα κεφάλαιο με τον τίτλο *Σεροτονίνη κι άλλοι νευροδιαβιβαστές* ήταν υπογραμμισμένο από τη Μόργκαν. Ένα καμπανάκι χτύπησε μέσα στο μυαλό του Τζόε. Η Ρεβέκα δεν είχε εξηγήσει αυτή τη λέξη στον Τζόνι και δεν του είχε πει ότι αλλάζει τη διάθεση του ατόμου; Γιατί άραγε ενδιέφερε τόσο τη Μόργκαν Νάιτ;

Έριξε μια ματιά στο ρολόι του. Ήταν σχεδόν δέκα. Δεν του έμενε και πολύς χρόνος. Η Ρεβέκα δε θα μπορούσε να καθυστερήσει τη Μόργκαν και τη Ράντκλιφ στον κάτω όροφο για πάντα. Έπρεπε να φύγει πριν τον ανακαλύψουν. Καταράστηκε από μέσα του τον εαυτό του που δεν είχε καταφέρει να βρει τίποτα κι άρχισε να κατεβαίνει την εσωτερική σκάλα του σπιτιού για να φύγει από την πίσω μεριά, όπως είχε έρθει.

Οικία Φετς
Πέμπτη, 14 Ιανουαρίου, ώρα 10.00

— Νομίζω πως θα 'ταν καλύτερα να φύγεις τώρα, είπε η Ράντκλιφ στη Ρεβέκα.

Η Ρεβέκα την κοίταξε με έκπληξη.

— Εννοείς πως ούτε καν σε ενδιαφέρει που ο άνθρωπος τον οποίο φροντίζεις είναι πίσω από τον ξυλοδαρμό ενός γέρου ανθρώπου, που έγινε χθες το βράδυ; τη ρώτησε.

– Αυτή δεν είναι η πρακτική της «Νέας Αυγής», της απάντησε η Ράντκλιφ. Πιστεύουμε στην ειρηνική πειθώ όποιες κι αν είναι οι περιστάσεις.

– Ναι, βεβαίως, είπε η Ρεβέκα καθώς μελετούσε το πρόσωπο της Ράντκλιφ από πιο κοντά, γεγονός που ενόχλησε τη γυναίκα. Σε ξέρω ή έτσι μου φαίνεται; τη ρώτησε.

– Αμφιβάλλω, της απάντησε η Ράντκλιφ. Τώρα, ή θα μας φέρεις αποδεικτικά στοιχεία για τις αστήρικτες και υβριστικές κατηγορίες σου, ή δεν έχω άλλη επιλογή παρά να καλέσω την αστυνομία.

– Α, μα θα σας φέρω σίγουρα αποδείξεις, της είπε η Ρεβέκα με πεποίθηση και στράφηκε για να φύγει.

Η Μόργκαν τη συνόδευσε ως την πόρτα.

– Και αν δεν μπορείς να βρεις στοιχεία, τότε τι θα κάνεις, αγαπητή Ρεβέκα; τη ρώτησε. Θα πλαστογραφήσεις μερικά, όπως έκαναν οι δικοί σου παλιά στο Βερολίνο;

Η Ρεβέκα της έριξε ένα βλέμμα σαν μαχαιριά.

– Οι άλλοι θα στηρίξουν τους ισχυρισμούς μου, Μόργκαν, της είπε.

– Αυτοί που υποθετικά έδειραν το φτωχό γέρο; τη ρώτησε η Μόργκαν και ο τόνος της φωνής της ήταν σαρκαστικός. Πιστεύεις πως θα ανακατευτούν; Το πράγμα παρατράβηξε.

– Παρατράβηξε; Τι εννοείς; τη ρώτησε η Ρεβέκα.

– Θα το δεις σύντομα, πολύ σύντομα, της απάντησε αινιγματικά η Μόργκαν και της έκλεισε κατάμουτρα την πόρτα.

Όταν ο Τζόε είδε τη Ρεβέκα να βγαίνει από το σπίτι και τη Μόργκαν να κλείνει την πόρτα, βγήκε από το θάμνο πίσω από τον οποίο κρυβόταν και πλησίασε τη Ρεβέκα.

— Λοιπόν; τον ρώτησε εκείνη.

— Τίποτα, της απάντησε ο Τζόε. Μόνο ένα βιβλίο για τη ζωή στον Άρη και κάτι σχετικά με τη σεροτονίνη, ξέρεις... εκείνη την ουσία που εξηγούσες στον Τζόνι.

— Στον Τζόνι..., έκανε η Ρεβέκα αόριστα. Είναι και αυτός ανακατεμένος με κάποιον τρόπο.

— Ήταν και αυτός στο πάρτι της Χριστίνας χθες το βράδυ, της είπε ο Τζόε καθώς θυμήθηκε πως η Ρεβέκα του είπε ότι τον είχαν δει με την Κολέτ να συζητάει με τη Μόργκαν. Πάμε να τον δούμε; πρότεινε ο Τζόε.

— Όχι. Πρώτα θα δούμε τον Έξφορντ, του απάντησε η Ρεβέκα. Χρειαζόμαστε τις βιντεοταινίες του κλειστού κυκλώματος για να τις χρησιμοποιήσουμε ως αποδεικτικά στοιχεία εναντίον της Μόργκαν και της συμμορίας της.

Τότε η Ρεβέκα πρόσεξε την παράξενη έκφραση στο πρόσωπο του φίλου της.

— Τι συμβαίνει; τον ρώτησε.

— Υπήρχε μια πόρτα που οδηγούσε στο κελάρι, αλλά ήταν κλειδωμένη, της απάντησε αργά. Προσπάθησα να την ανοίξω...

— Λοιπόν; Και τι βρήκες; τον ρώτησε γεμάτη αγωνία η Ρεβέκα.

— Αφού σου λέω ότι δεν μπόρεσα να την ανοίξω, της είπε ο Τζόε.

— Μα καλά, εσύ, με τις ικανότητές σου δεν κατάφερες ν' ανοίξεις την κλειδαριά; τον ρώτησε έκπληκτη η Ρεβέκα.

— Προσπάθησα, της απάντησε ο Τζόε, που ο πονοκέφαλός του γινόταν χειρότερος όσο περνούσε η ώρα. Δεν μπορούσα. Και κάτι άλλο, Ρεβέκα...

— Τι; τον ρώτησε η Ρεβέκα.

— Όσο ήμουν εκεί και προσπαθούσα, σε μισούσα,

της εξομολογήθηκε. Σκεφτόμουν πως είσαι ένα κάθαρμα, όπως η Ιβόν, ο Τζόνι και όλοι οι άλλοι. Για μια στιγμή ήσουν μέσα στο μυαλό μου διαφορετική, ακριβώς όπως πιστεύει και η Μόργκαν ότι είσαι. Ρεβέκα, τι μου συμβαίνει; Τι συμβαίνει σε όλους μας;

Επαρχιακό Νοσοκομείο Μπρέντμαουθ
Πέμπτη, 14 Ιανουαρίου, ώρα 11.21

Ο καθηγητής Σκίνερ ξύπνησε ζαλισμένος και κοίταξε μέσα από το διαφανές χώρισμα του θαλάμου με το οξυγόνο. Αναστέναξε. Οι γιατροί είπαν πως θα γινόταν καλά. Έτσι θυμόταν ότι του είπαν. Είναι ένα πεισματάρικο γέρικο πουλί, είχε ακούσει το γιατρό να λέει στη νοσοκόμα του. Μερικά σπασμένα πλευρά και ένα τρύπημα στον πνεύμονα δε θα τον κρατούσαν μακριά από τους μαθητές του για πολύ καιρό.

Μπορεί οι μαθητές του να τον θεωρούσαν ένα γέρο που δεν μπορούσε να κινηθεί χωρίς τη βοήθεια του μπαστουνιού του, όμως στα νιάτα του είχε πολεμήσει σε κάμποσους πολέμους κι έτσι ήξερε από πρώτο χέρι πώς πολεμάει ένας άντρας μ' έναν άντρα. Άρα δεν υπήρχε περίπτωση ν' άφηνε αυτούς τους θρασύδειλους ρατσιστές πρώτον να επιτεθούν σε δυο ανυπεράσπιστα κορίτσια και, δεύτερον, να το σκάσουν ατιμώτηροι.

Συνοφρυώθηκε.

Ποτέ δεν είχε δει τέτοια βία στο Ινστιτούτο στο παρελθόν. Τον ανησυχούσε πόσο είχε αλλάξει ο κόσμος αυτή την εποχή. Δε φαινόταν να υπάρχει κανένας σεβασμός για το νόμο και την τάξη, κανένας σεβασμός για τους άλλους ανθρώπους. Όλα φαίνονταν να ξεκινούν και να καταλήγουν στο εγώ του ανθρώπου.

Κατάλαβε πως η πόρτα του δωματίου άνοιξε και είδε μια μορφή με λευκή ρόμπα να έρχεται προς το κρεβάτι του.

Μάλλον ήταν ο γιατρός του, ο οποίος ερχόταν για να του κάνει μια ακόμα ένεση με κάποιο παυσίπονο. Δεν τις ήθελε τις ενέσεις, αλλά ο γιατρός του, ένας νεαρός άντρας με φρέσκο πρόσωπο, που θα μπορούσε να είναι γιος του, επέμενε.

Κοιτώντας μέσα από το διαφανές χώρισμα, ο Σκίνερ κατάλαβε πως η μορφή με τη λευκή μπλούζα που τον πλησίαζε δεν ήταν ο γιατρός του, αλλά κάποιος άλλος γιατρός. Ίσως ο δικός μου να χρειαζόταν λίγη ξεκούραση, σκέφτηκε ο Σκίνερ, και να έστειλε στο πόδι του ένα συνάδελφό του.

Ένα χέρι τράβηξε το διαφανές χώρισμα. Ήταν γυναικείο.

Ο Σκίνερ σήκωσε τα μάτια του επάνω για να δει το πρόσωπο της νέας γιατρού. Είχε μαύρα μαλλιά δεμένα σφιχτά πίσω και στο πρόσωπό της υπήρχε ένα αλλόκοτο χαμόγελο.

— Όνειρα γλυκά, κύριε Σκίνερ, ακούστηκε η φωνή της Ράντκλιφ καθώς βύθιζε τη βελόνα στο μπράτσο του γέρου καθηγητή.

Μόνο όταν άρχισαν οι σπασμοί, ο Σκίνερ κατάλαβε πως η γιατρός δεν ήταν τελικά γιατρός.

Μόνο τότε συνειδητοποίησε πως η «Νέα Αυγή» μάλλον κέρδιζε το παιχνίδι.

Ινστιτούτο Μπρέντμαουθ, γραφείο του στρατηγού
Πέμπτη, 14 Ιανουαρίου, ώρα 12.00

Καθώς η Ρεβέκα με τον Τζόε διέσχιζαν το σκεπαστό διάδρομο για να πάνε στο γραφείο του στρατηγού Έξφορντ, όπου είχαν ραντεβού μαζί του, έβλεπαν συνέχεια μαθητές να μαζεύονται σε μικρές ομάδες, να συζητούν χαμηλόφωνα μεταξύ τους και να κοιτάζουν γύρω τους όλο καχυποψία. Γενικά σε όλο το Ινστιτούτο η ατμόσφαιρα ήταν τεταμένη.

Ο Τζόε και η Ρεβέκα είχαν αποφασίσει πως έπρεπε πια να κάνουν το στρατηγό Έξφορντ να δει την κατάσταση κατάματα και να κάνει κάτι. Γιατί δεν είχε κάνει τίποτα για τη ρατσιστική επίθεση εναντίον του Τζόνι, ούτε και όταν κάποιος –άγνωστο ποιος– είχε κατεβάσει από τον πίνακα ανακοινώσεων της τραπεζαρίας κάποια φυλλάδια που αναφέρονταν στην τελευταία συνάντηση μαθητών που κατάγονταν από την Καραϊβική με μαθητές-φίλους του κράτους Ζου-Ζαν, και είχε βάλει στη θέση τους ακόμα περισσότερα φυλλάδια για τη «Νέα Αυγή». Όμως τώρα ένα μέλος του προσωπικού του Ινστιτούτου είχε δεχτεί επίθεση κι ο στρατηγός έπρεπε να κάνει κάτι.

Όταν μπήκαν στο γραφείο του στρατηγού, ανακάλυψαν πως ο στρατηγός ήταν μόνος. Εύα πουθενά. Αυτό είναι θετικό, σκέφτηκε η Ρεβέκα καθώς ο στρατηγός τούς έδειξε δύο καρέκλες. Ο Έξφορντ ήταν πολύ πιο άμεσος και έδειχνε μεγαλύτερη κατανόηση όταν η Εύα δεν μπλεκόταν στα πόδια του. Η ματιά της ήταν σχεδόν υπνωτική, ακόμα και πίσω από τα μαύρα γυαλιά της.

Ο Έξφορντ συμβουλεύτηκε πρώτα κάποια χαρτιά

επάνω στο γραφείο του, προφανώς τις αναφορές της ημέρας που είχε προετοιμάσει η Εύα γι' αυτόν σχετικά με διάφορα θέματα του Ινστιτούτου. Ύστερα σήκωσε τα μάτια του από τα χαρτιά και κοίταξε τη Ρεβέκα.

– Γκριφ Ρις-Τζέκινς. Το θέμα της διαμαρτυρίας συνεχίζεται, δεσποινίς Στορμ, της είπε. Γιατί δεν κάνατε τίποτα για να τη σταματήσετε;

Γιατί ο Έξφορντ ήθελε τόσο πολύ να ματαιωθεί η διαμαρτυρία αυτή; Η Ρεβέκα θα ήθελε πολύ να το μάθει. Μήπως αυτός –ή το πιο πιθανόν η Εύα– είχαν κάποιο απώτερο κίνητρο; Και ποιο ήταν αυτό;

– Είχα άλλα πράγματα στο μυαλό μου, στρατηγέ, του απάντησε λίγο εκνευρισμένη. Παραλίγο να σκοτώσουν τον καθηγητή Σκίνερ χθες το βράδυ.

– Ντόπιοι χούλιγκανς, της είπε ο Έξφορντ. Ήδη είχα μια συζήτηση με τις τοπικές αρχές.

– Εμείς όμως ξέρουμε ποιος το έκανε, κύριε, πετάχτηκε ο Τζόε.

– Και πιστεύετε πως η Εύα και εγώ δε γνωρίζουμε; τον ρώτησε ο στρατηγός.

Αυτό εξέπληξε τον Τζόε και ζήτησε από το στρατηγό να συνεχίσει.

– Το Ινστιτούτο καλύπτεται είκοσι τέσσερις ώρες το εικοσιτετράωρο από τηλεόραση κλειστού κυκλώματος. Η Εύα συγκεντρώνει τις βιντεοταινίες αυτή τη στιγμή, συνέχισε ο στρατηγός.

Η Ρεβέκα και ο Τζόε ένιωσαν απογοήτευση. Θα έπρεπε να το είχαν καταλάβει πως η Εύα θα ήταν ένα βήμα μπροστά από αυτούς, όπως πάντα. Παρ' όλα αυτά η Ρεβέκα συνέχισε:

– Ήταν η Χριστίνα Χάακ, ο Κάλβιν Τσαρλς και ένα σωρό άλλοι, είπε. Είμαι σίγουρη πως η Μόργκαν Νάιτ βρίσκεται πίσω από όλα αυτά.

Ο στρατηγός Έξφορντ έδειξε έκπληκτος.

– Η δεσποινίς Νάιτ; είπε. Μα αυτό είναι αδύνατον. Στο μικρό χρονικό διάστημα που είναι γραμμένη εδώ, ο μπαμπάς της αποδείχτηκε ένας από τους μεγαλύτερους ευεργέτες του Ινστιτούτου. Επένδυσε χρήματα στο νέο εργαστήριο χημείας που σχεδιάζουμε να χτίσουμε και έδωσε μετρητά για τη βελτίωση της διατροφής των μαθητών.

– Ίσως να σας έδωσε όλα αυτά τα χρήματα για να σας κλείσει το στόμα, είπε ο Τζόε, ο οποίος ένιωσε το θυμό του να φουντώνει, ενώ μέσα του αναρωτιόταν πώς ήταν δυνατόν ο Έξφορντ να είναι τόσο ανόητος.

– Αυτό είναι μια πολύ σοβαρή κατηγορία, ξέρετε, κύριε Ουίλιαμς, του είπε ο Έξφορντ θυμωμένα.

– Ναι, αλλά μήπως και το να χτυπήσεις ένα γέρο δεν είναι σοβαρό; τον ρώτησε ο Τζόε.

– Ο καθηγητής Σκίνερ θα συνέλθει τελείως, του απάντησε ο Έξφορντ. Μίλησα με τους γιατρούς πριν από δύο ώρες.

– Τότε θα μπορέσει να σας πει ποιος πραγματικά το έκανε, του είπε η Ρεβέκα και στράφηκε, καθώς άκουσε την πόρτα του γραφείου του στρατηγού ν' ανοίγει. Κάποιος μπήκε μέσα.

Ήταν η Εύα. Χωρίς να δώσει σχεδόν καθόλου σημασία στον Τζόε και τη Ρεβέκα, πλησίασε το γραφείο του στρατηγού και πέταξε πάνω δύο βιντεοταινίες, με έναν τρόπο που δεν ταίριαζε καθόλου στην Εύα που ήξεραν τα δυο παιδιά κι ο στρατηγός.

– Εύα! έκανε ο Έξφορντ, ο οποίος έδειχνε ενοχλημένος από τον τρόπο της. Τι συμβαίνει;

– Οι ταινίες δεν κατέγραψαν τίποτα, του απάντησε εκείνη. Για τρεις ώρες χθες το βράδυ ολόκληρο το σύστημα ασφαλείας ήταν κλειστό.

Ο Τζόε κοίταξε καχύποπτα την Εύα.

— Πολύ βολικό, σχολίασε.

Η Εύα και ο Έξφορντ τον αγνόησαν.

— Έλεγξες τα συστήματα πριν φύγεις χθες το βράδυ; ρώτησε ο Έξφορντ την Εύα.

— Και βέβαια, του απάντησε εκείνη κοφτά. Τα συστήματα φαίνεται ότι έκλεισαν περίπου στις 19.15 χθες το βράδυ και δεν επανήλθαν παρά λίγο μετά τις 22.00. Σχεδόν τρεις ώρες!

Εφτά και τέταρτο, σκέφτηκε η Ρεβέκα, περίπου την ίδια ώρα που βρήκε την οθόνη του υπολογιστή της Λιβ σπασμένη. Ο Τζόε, από την πλευρά του, θυμήθηκε πως ο Μαρκ είχε προβλήματα με το δικό του υπολογιστή περίπου την ίδια ώρα.

— Τι το προκάλεσε; ρώτησε ο στρατηγός την Εύα.

— Ό,τι και αν το προκάλεσε, ήταν σίγουρα απροκάλυπτη επίθεση εναντίον του Ινστιτούτου, του απάντησε η Εύα.

— Αυτό δεν είναι δυνατόν, πετάχτηκε η Ρεβέκα. Τίποτα δε θα μπορούσε να είναι τόσο ακριβές.

Η Εύα την αγνόησε και πλησίασε το παράθυρο, το οποίο έβλεπε βορειοανατολικά. Από κει μπορούσε να δει τα φώτα του ραδιοτηλεσκοπίου του λόφου Φετς, μακριά. Φαινόταν έτοιμη να πει κάτι, όταν το τηλέφωνο στο γραφείο της χτύπησε. Πήγε και το σήκωσε και ύστερα από λίγα δευτερόλεπτα το βλέμμα της αγρίεψε.

— Όχι, δεν έχουμε καμιά δήλωση να κάνουμε, φώναξε θυμωμένα και κατέβασε το ακουστικό.

— Προβλήματα; τη ρώτησε ο Τζόε κάνοντας μια γκριμάτσα.

Όταν η Εύα αντιμετώπιζε προβλήματα, αυτό ήταν συνήθως πολύ καλό για τους μαθητές του Ινστιτούτου. Όμως η Εύα τον αγνόησε.

— Ήταν απ' την τοπική εφημερίδα, ενημέρωσε η Εύα τον Έξφορντ. Ήθελαν μια δήλωση σχετικά με την επίθεση κατά του καθηγητή Σκίνερ χθες το βράδυ.

Ο Έξφορντ αναψοκοκκίνισε.

— Μα είπα ξεκάθαρα στην αστυνομία να μη δώσει καμιά λεπτομέρεια στον Τύπο, της είπε.

— Κάποιος όμως έδωσε, του είπε εκείνη. Και αυτό που είναι το χειρότερο, είναι πως ο καθηγητής Σκίνερ πέθανε.

— Ω, όχι! φώναξε η Ρεβέκα, η οποία ένιωσε ξαφνικά απαίσια, γιατί δε θα μπορούσε ποτέ να ξεχάσει ότι ο Σκίνερ είχε χάσει τη ζωή του εξαιτίας της Κολέτ και της ίδιας.

— Ένας αδύναμος και αναποτελεσματικός καθηγητής, σχολίασε αδιάφορα η Εύα. Ίσως και να είναι καλύτερα που πέθανε.

— Χοντρόπετση αγελάδα! φώναξε έξαλλος πλέον από θυμό ο Τζόε.

Η Εύα τον αγνόησε για μια ακόμη φορά.

— Ξέρεις καλά τι σημαίνει αυτό, έτσι δεν είναι; είπε η Εύα στο στρατηγό Έξφορντ. Η προσοχή των μέσων μαζικής ενημέρωσης θα στραφεί τώρα στο Ινστιτούτο. Φαντάζομαι ότι συνειδητοποιείς τις επιπτώσεις όσο και εγώ, συμπλήρωσε.

— Ναι, της είπε ο Έξφορντ. Πρέπει να δράσουμε γρήγορα.

— Ακούστε με εσείς οι δυο. Κάποιος από το Ινστιτούτο πέθανε πριν από λίγο, φώναξε πάντα έξαλλος ο Τζόε, ο οποίος, παρόλο που δεν ήξερε καλά τον καθηγητή Σκίνερ, τον συμπαθούσε, όπως εξάλλου κι οι περισσότεροι μαθητές του Ινστιτούτου. Επιπλέον το γεγονός ότι είχε πεθάνει προσπαθώντας να σώσει τη Ρεβέκα και την Κολέτ, τον έκανε ήρωα στα μάτια του.

– Αυτός δεν έχει πια καμιά σημασία, του είπε αδιάφορα η Εύα.

Αυτό ήταν για τον Τζόε η σταγόνα που έκανε το ποτήρι να ξεχειλίσει. Όρμησε στην Εύα κι άρχισε να τη χτυπάει άγρια στα καλάμια των ποδιών της. Η Εύα πισωπάτησε, περισσότερο από έκπληξη παρά από πόνο, και κατόπιν βούτηξε τον Τζόε.

Η Ρεβέκα τινάχτηκε από την καρέκλα της και κατάφερε να τραβήξει τον Τζόε μακριά από την ξανθιά γυναίκα ακριβώς την κατάλληλη στιγμή. Ήξερε πόσο δυνατή ήταν η Εύα. Δε θα εκπλησσόταν καθόλου εάν η Εύα έσπαγε τους καρπούς του Τζόε μόνο με ένα σφίξιμο των δυνατών χεριών της.

– Φύγετε από εδώ! φώναξε ο στρατηγός Έξφορντ στη Ρεβέκα και στον Τζόε. Γρήγορα, έξω από το γραφείο μου αυτή τη στιγμή!

Η Ρεβέκα και ο Τζόε δεν ήθελαν δεύτερη κουβέντα. Η Ρεβέκα βούτηξε τον Τζόε από το χέρι και τον έσυρε έξω από το γραφείο. Πριν φύγουν, έριξαν μια τελευταία ματιά στην Εύα.

Περίμεναν πως θα έβραζε από θυμό. Αντίθετα, ήταν ήρεμη και στο πρόσωπό της, που ήταν συνήθως χλομό, υπήρχε τώρα μια διάχυτη λευκότητα.

Ο Τζόε είχε καταφέρει το απίστευτο. Είχε κάνει αυτό που κανένας στο Ινστιτούτο δεν είχε ποτέ το θάρρος να κάνει. Είχε επιτεθεί στην Εύα!

Τα πράγματα είχαν γίνει τώρα ακόμα πιο σοβαρά και η κατάσταση ήταν ανεξέλεγκτη.

ΑΠΑΓΟΡΕΥΜΕΝΗ ΖΩΝΗ

Η κατάληψη

Ινστιτούτο Μπρέντμαουθ,
γραφείο του στρατηγού Έξφορντ
Πέμπτη, 14 Ιανουαρίου, ώρα 19.13

– Τζόε, δεν είμαι σίγουρη γι' αυτό που κάνουμε, είπε η Κολέτ.

Μαζί με τον Τζόε και τον Γκριφ ήταν κρυμμένοι πίσω από το μακρύ καναπέ και τη γλάστρα με το φοίνικα που βρισκόταν στο διάδρομο έξω από το γραφείο του στρατηγού Έξφορντ.

– Θέλεις να μάθεις τι συμβαίνει εδώ μέσα; της ψιθύρισε ο Τζόε.

– Και βέβαια θέλω, του απάντησε η Κολέτ. Είχα συναντήσει τον Σκίνερ καναδυό φορές. Ήταν ένας γλυκός γεράκος.

– Είμαι σίγουρος πως και η Εύα είναι ανακατεμένη σ' αυτό, της είπε ο Τζόε. Αυτές οι βιντεοταινίες που δεν έγραψαν τίποτα...

– Και λοιπόν, τι κάνουμε; τον ρώτησε ο Γκριφ.

Ο Τζόε κοίταξε περίεργα τον Γκριφ. Υπήρχε κάτι επάνω του που δεν του φαινόταν φυσιολογικό. Αναρωτήθηκε τι ήταν. Ο Γκριφ βρισκόταν στο Φάιβγουεϊς όταν ο Τζόε πήγε εκεί. Όταν άκουσε τα σχέδια του Τζόε, επέμενε να πάει και αυτός μαζί τους. Ήθελε να μάθει γιατί ο Έξφορντ και η Εύα επέμεναν τόσο πολύ να ματαιωθεί η διαμαρτυρία που οργάνωνε. Ο Τζόε το βρήκε φυσιολογικό κι έτσι τον άφησε να έρθει μαζί.

– Ο Έξφορντ και η Εύα φεύγουν πάντα από το γραφείο κατά τις εφτά η ώρα, είπε ο Τζόε στον Γκριφ. Θα περιμένουμε μέχρι να φύγουν και ύστερα θα μπούμε κρυφά μέσα στο γραφείο.

– Ναι, αλλά δεν κλειδώνουν την πόρτα του γραφείου; τον ρώτησε ο Γκριφ.

– Η διάρρηξη κλειδαριών είναι μια από τις ειδικότητες του Τζόε, είπε η Κολέτ και χασκογέλασε.

– Ακριβώς σ' αυτό το σημείο παίζεις το ρόλο σου εσύ, Κολέτ, της είπε ο Τζόε.

– Δεν καταλαβαίνω, του είπε εκείνη.

– Προσπάθησα σήμερα το πρωί στης Μόργκαν με κάποια ηλεκτρονική κλειδαριά που οδηγούσε κάτω στο κελάρι της, αλλά τίποτα, της είπε ο Τζόε.

– Δεν μπόρεσες να βρεις τους αριθμούς; τον ρώτησε η Κολέτ και συνοφρυώθηκε, γιατί ήταν τόσο εύκολο για τον Τζόε να χρησιμοποιεί τις ιδιαίτερες ικανότητες που διέθετε, λες και άνοιγε τη βρύση του νεροχύτη, ας πούμε.

– Όχι, και γι' αυτό θα πρέπει να το κάνεις εσύ αντί για μένα, της απάντησε ο Τζόε.

– Έι, για ένα λεπτό, είπε ο Γκριφ. Δεν καταλαβαίνω. Τι είναι αυτά που λέτε;

– Άσ' το καλύτερα, Γκριφ. Θα πρέπει να μας εμπιστευτείς, του είπε ο Τζόε.

— Όχι, είπε ο Γκριφ αυστηρά. Εσείς θα πρέπει να εμπιστευτείτε εμένα. Εσύ και εγώ, Τζόε, ανήκουμε στο ίδιο είδος.

— Και εγώ; πετάχτηκε η Κολέτ.

— Εντάξει, της είπε κατσούφικα ο Γκριφ. Και εσύ επίσης, Κολέτ.

— Ο Τζόε έχει κάποιες ιδιαίτερες ικανότητες, είπε η Κολέτ. Το ίδιο και εγώ, αλλά όχι στον ίδιο βαθμό.

— Ιδιαίτερες ικανότητες; Τι είδους ιδιαίτερες ικανότητες; τη ρώτησε ο Γκριφ.

— Τηλεπάθεια, ψυχομετρία, αυτά τα πράγματα, του απάντησε η Κολέτ.

— Σστ! είπε ο Τζόε και στους δυο τους και τους έκανε νόημα να σκύψουν.

Εκείνη τη στιγμή η πόρτα του γραφείου του στρατηγού άνοιξε και η Εύα με το στρατηγό βγήκαν έξω. Ύστερα η Εύα πληκτρολόγησε έξι αριθμούς στο πληκτρολόγιο και ενεργοποίησε την ηλεκτρονική κλειδαριά της πόρτας.

— Είναι όλα οργανωμένα, Εύα; άκουσαν το στρατηγό Έξφορντ να ρωτά τη βοηθό του.

— Εάν έρθει εδώ ο Τύπος, δε θ' ανακαλύψει τίποτα, του είπε εκείνη κι ύστερα άπλωσε το χέρι της σ' ένα διακόπτη στον τοίχο και χαμήλωσε τα φώτα, βυθίζοντας το διάδρομο στο μισόφωτο. Το Ινστιτούτο είναι ασφαλές, συνέχισε η Εύα αλλά φάνηκε να διστάζει. Υπάρχει μόνο ένα πράγμα που με ανησυχεί.

— Και τι είναι αυτό; τη ρώτησε ο Έξφορντ.

— Η επίθεση που μου έκανε αυτό το κακομαθημένο, ο Ουίλιαμς, του απάντησε η Εύα. Επίσης, με ανησυχεί η ιστορία της Στορμ για την επίθεση κατά του Λο Τενγκ Λι.

— Τι υποπτεύεσαι; τη ρώτησε ο Έξφορντ.

Η Εύα σκέφτηκε για μια στιγμή.

– Δεν είμαι σίγουρη, του είπε. Θα ξέρω αργότερα. Τώρα έχω δουλειά...

– Πολύ καλά, Εύα, της είπε ο Έξφορντ κι άρχισε να προχωρεί με την αναπηρική του καρέκλα στο διάδρομο προς την έξοδο.

Η Εύα κοντοστάθηκε για μια στιγμή και ύστερα έφυγε προς την αντίθετη κατεύθυνση.

Ο Τζόε, η Κολέτ και ο Γκριφ περίμεναν για μισό λεπτό και κατόπιν βγήκαν από την κρυψώνα τους. Η Κολέτ πήγε κατευθείαν στην πόρτα και άρχισε να μελετά την ηλεκτρονική κλειδαριά.

– Βιάσου, Κολέτ, της έλεγε ο Τζόε καθώς έλεγχε με τα μάτια του πάνω-κάτω τον άδειο διάδρομο. Μπορεί να εμφανιστεί κανένας.

– Προσπαθώ! του απαντούσε εκείνη καθώς προσπαθούσε να ανιχνεύσει με το μυαλό της τους έξι αριθμούς που θα άνοιγαν την κλειδαριά.

– Πολύ αργά! τους είπε ο Γκριφ κάποια στιγμή.

Από το κάτω μέρος του διαδρόμου μπορούσαν να ακούσουν το χαρακτηριστικό ήχο της αναπηρικής καρέκλας του Έξφορντ. Προφανώς είχε ξεχάσει κάτι και επέστρεφε για να το πάρει.

– Εύα; ακούστηκε η φωνή του Έξφορντ στο διάδρομο. Εσύ είσαι;

Ο θόρυβος της αναπηρικής καρέκλας του Έξφορντ ακουγόταν τώρα πιο κοντά. Δεν υπήρχε χρόνος για να κρυφτούν. Ο Τζόε, η Κολέτ και ο Γκριφ έτρεξαν προς την κατεύθυνση που είχε πάρει η Εύα.

Ινστιτούτο Μπρέντμαουθ, κοιτώνες των αγοριών,
δωμάτιο A313
Πέμπτη, 14 Ιανουαρίου, ώρα 21.13

Ο Μαρκ και η Ρεβέκα προχωρούσαν με γρήγορο βήμα στο διάδρομο με κατεύθυνση το δωμάτιο του Τζόνι. Ήταν ανακατεμένος σ' όλα αυτά με κάποιον τρόπο και ο Μαρκ με τη Ρεβέκα έπρεπε επιτέλους να μάθουν.

Γιατί ενδιαφερόταν τόσο πολύ γι' αυτόν ο στρατηγός Έξφορντ –σε βαθμό μάλιστα που να ξαναπιάσει τα μαθήματα βιολογίας– όταν οι μόνοι βαθμοί που συνήθως έπαιρνε στις εργασίες του ήταν Δ και Ε; Και τι δουλειά είχε όλος αυτός ο ηλεκτρονικός εξοπλισμός στο δωμάτιό του;

Ο Τζόνι είχε αναφέρει κάτι για οικογενειακά προβλήματα. Τι είδους προβλήματα ήταν αυτά και γιατί έκανε παρέα με τη Μόργκαν Νάιτ στο πάρτι της Χριστίνας, όταν ήταν ξεκάθαρο –τουλάχιστον για τη Ρεβέκα– ότι η Μόργκαν και η Χριστίνα ήταν ρατσίστριες, και μάλιστα του χειρότερου είδους;

– Στην πραγματικότητα δεν έχεις απολύτως καμία απόδειξη, της είπε ο Μαρκ καθώς πλησίαζαν στο δωμάτιο του Τζόνι.

– Εννοείς πως δε με πιστεύεις τώρα; τον ρώτησε η Ρεβέκα.

Μα τι συμβαίνει με τον Μαρκ; αναρωτήθηκε η Ρεβέκα. Γιατί συμπεριφέρεται έτσι; Ήταν στ' αλήθεια αυτός που είχε πετάξει τη μολότοφ μέσα στο δωμάτιο του Τζόνι; Και γιατί δε μιλούσαν με τον Τζόε αυτή την εποχή; Τον είχε ρωτήσει γι' αυτό το τελευταίο πριν από λίγη ώρα, αφού έκλεισαν το τηλέφωνο στον Τζόε, ο οποίος αρνήθηκε να μιλήσει στον Μαρκ. Το μόνο που είχε κάνει ο Μαρκ ήταν να ανασηκώσει τους ώμους του και ν' αλλάξει θέμα.

– Όχι, δε με κατάλαβες, της είπε ο Μαρκ. Αυτό που σου είπε η Χριστίνα ήταν τρομερό. Εννοώ πως δεν μπορείς να κάνεις τίποτα για το γεγονός πως είσαι Εβραία.

Αυτό έκανε τη Ρεβέκα να σταματήσει και να γυρίσει απότομα προς το μέρος του.

– Τι είπες; τον ρώτησε.

– Συγγνώμη, της είπε ο Μαρκ αλλά ο τόνος της φωνής του έδειχνε ότι μάλλον δεν το εννοούσε. Δεν εννοούσα αυτό που άκουσες, αλλά είμαι σίγουρος πως η Μόργκαν δεν είναι τόσο κακιά όσο νομίζεις.

– Δεν ξέρεις ούτε τα μισά, φίλε! του είπε η Ρεβέκα και πλησίασε την πόρτα του δωματίου του Τζόνι.

Ήταν ανοιχτή. Παρ' όλ' αυτά η Ρεβέκα χτύπησε την πόρτα.

– Τζόνι; Είσαι μέσα; φώναξε.

Δεν πήρε απάντηση. Έσπρωξε προσεκτικά την πόρτα. Το δωμάτιο ήταν βυθισμένο στο σκοτάδι. Πάτησε το διακόπτη.

Ήταν σχεδόν σίγουρη πως θα έβλεπε κάποιο ρατσιστικό μήνυμα γραμμένο στον τοίχο, σαν και αυτό που είχε δει στο δωμάτιο της Λιβ Φάραρ. Ανακουφίστηκε όταν είδε πως οι τοίχοι ήταν καθαροί.

Όμως το δωμάτιο ήταν άδειο. Εκτός από το άστρωτο κρεβάτι και το άδειο γραφείο, δεν υπήρχε τίποτα που να μαρτυρά πως ο Τζόνι έμενε κάποτε εκεί. Το χώρισμα είχε εξαφανιστεί, όπως και όλος ο εξοπλισμός υψηλής τεχνολογίας. Στα ράφια της βιβλιοθήκης δεν υπήρχε ούτε ένα βιβλίο. Ο Μαρκ άνοιξε ένα από τα συρτάρια του γραφείου: άδειο.

– Έφυγε, είπε στη Ρεβέκα.

– Και ξέρουμε με ποιον, του είπε η Ρεβέκα.

– Ξέρουμε; τη ρώτησε ο Μαρκ.

– Μύρισε, του είπε η Ρεβέκα.

– Τι; τη ρώτησε ο Μαρκ.

– Δε μυρίζεις κάτι στον αέρα; τον ρώτησε η Ρεβέκα.

Ο Μαρκ κούνησε αρνητικά το κεφάλι του. Ήταν δύσκολο να μυρίσει οτιδήποτε, όταν το στομάχι του ήταν γεμάτο με μοσχάρι με πολλά μπαχαρικά από την τραπεζαρία του σχολείου, της είπε.

Η Ρεβέκα, παρ' όλα αυτά, αμέσως αναγνώρισε το δυνατό άρωμα που πλανιόταν στον αέρα. Η Εύα είχε περάσει από εκεί, και μάλιστα πριν από λίγο.

– Πρέπει να τη βρούμε, είπε αποφασιστικά στον Μαρκ.

– Πώς; Θα 'χει φύγει τώρα για βράδυ, της είπε ο Μαρκ.

– Θα δοκιμάσουμε πρώτα στο γραφείο, του απάντησε η Ρεβέκα και κατόπιν σταμάτησε.

Ένας μεγάλος θόρυβος ακουγόταν απ' έξω. Η Ρεβέκα πήγε στο παράθυρο, το άνοιξε και κοίταξε έξω.

Κάτω στην αυλή γινόταν ένας καβγάς. Δυο ομάδες μαθητών πάλευαν η μία με την άλλη. Γρονθοκοπούσαν η μία την άλλη και πέταγαν πέτρες. Μάλιστα ένας μαθητής είχε κόψει ένα κλαδί από ένα κοντινό δέντρο, του είχε βάλει φωτιά και το κουνούσε μανιασμένα.

Ο Μαρκ κοίταξε κι αυτός από το παράθυρο.

– Ουάου, η μάχη έχει ανάψει για τα καλά εκεί κάτω, είπε σχεδόν χαρούμενος και έκανε μια γκριμάτσα.

– Πρέπει να τους σταματήσουμε! του είπε έντρομη η Ρεβέκα, όταν είδε δυο αγόρια του έκτου έτους να έχουν βουτήξει ένα αγόρι το μισό από αυτούς, να το έχουν πετάξει στο έδαφος και να το κλοτσούν.

Ξαφνικά ο καβγάς σταμάτησε. Κάποιος είχε δει τη

Ρεβέκα και τον Μαρκ που τους κοιτούσαν από το ανοιχτό παράθυρο.

— Διαφορετικοί! φώναξε στους υπόλοιπους και τους έδειξε. Απομονώστε τους διαφορετικούς!

Ξεχνώντας αμέσως όλες τις διαφορές τους, οι δυο αντίπαλες ομάδες ενώθηκαν φωνάζοντας: Διαφορετικοί! Διαφορετικοί! Διαφορετικοί! Απομονώστε τους διαφορετικούς!

Και όρμησαν προς το κτίριο όπου βρίσκονταν οι κοιτώνες των αγοριών ουρλιάζοντας σαν άγριοι που διψούν για αίμα.

Ινστιτούτο Μπρέντμαουθ
Πέμπτη, 14 Ιανουαρίου, ώρα 21.30

Η Εύα κατηφόρισε με ευκινησία το σκοτεινό διάδρομο του κτιρίου της γραμματείας. Τα τακούνια της χτυπούσαν στο ξύλινο πάτωμα και το άρωμά της άφηνε μια έντονη μυρωδιά, που έμενε για πολύ ώρα στον αέρα. Έξω το φεγγάρι έλαμπε μέσα από τα μεγάλα, ψηλά παράθυρα στη μια πλευρά του διαδρόμου κι έριχνε ένα μυστηριώδες φως στον παλιό τοίχο από την απέναντι πλευρά, που ήταν ντυμένος με ξύλο. Τα κλαδιά των ήμερων ελάτων χτυπούσαν απαλά τα τζάμια των παραθύρων.

Η Εύα μπορούσε ν' ακούσει τις θυμωμένες κραυγές και το θόρυβο του καβγά από μακριά. Δεν ανησυχούσε για την ίδια. Ήταν παραπάνω από ικανή να υπερασπιστεί τον εαυτό της απέναντι σε οποιονδήποτε τρελάρα μαθητή. Στην πραγματικότητα, ένιωθε προσμονή για μια τέτοια σύγκρουση.

Αυτό που ένοιαζε την Εύα ήταν η ξαφνική κατάρρευση οποιασδήποτε έννοιας τάξης και πειθαρχίας στο Ινστιτούτο. Το Ινστιτούτο είχε προγραμματιστεί και σχεδιαστεί έτσι ώστε να λειτουργεί σαν καλολαδωμένη μηχανή παραγωγής των τεχνοκρατών του μέλλοντος, αντρών και γυναικών. Όσα συνέβαιναν τώρα τελευταία διασάλευαν τον άψογα οργανωμένο και χωρίς συναίσθημα κόσμο της Εύας.

Σταμάτησε για ένα λεπτό. Νόμιζε πως άκουσε βήματα πίσω της. Κατόπιν άκουσε ένα παράθυρο να σπάει, κάπου μακριά. Δεν μπορούσε να καταλάβει αν ήταν παράθυρο του κτιρίου της γραμματείας ή του κεντρικού κτιρίου, που βρισκόταν κοντά. Τάχυνε το βήμα της.

Πίσω της ο Τζόε, η Κολέτ και ο Γκριφ βγήκαν από τις κρυψώνες τους.

– Ουφ, νόμιζα πως αυτή τη φορά θα μας καταλάβαινε, ψιθύρισε ο Τζόε.

– Πού πηγαίνει; ρώτησε η Κολέτ τα δυο αγόρια.

– Δεν ξέρω, της είπε ο Γκριφ. Δεν έχω ξανάρθει από αυτή τη μεριά του Ινστιτούτου ποτέ.

– Σίγουρα έχεις έρθει, του είπε η Κολέτ.

Ο Γκριφ κούνησε το κεφάλι του.

– Οι μαθητές του Ινστιτούτου επισκέπτονται μόνο το γραφείο του Έξφορντ και κάποιες φορές την αίθουσα του προσωπικού, της είπε. Η πρόσβαση στο υπόλοιπο κτίριο απαγορεύεται. Κάποιος με τον οποίο ήμαστε μαζί στο ίδιο έτος –ο Τζεφ Γκριν– πιάστηκε να τριγυρνά εδώ γύρω πριν από δώδεκα μήνες. Του έδωσαν αποβολή γι' αυτό.

– Το ξέρω, του είπε η Κολέτ, η οποία είχε συναντήσει τον Τζεφ μια-δυο φορές, όταν ερχόταν στο χωριό τις Κυριακές για να δουλέψει στο κτήμα του μπαμπά της και να βγάλει έτσι κάποια λεφτά για να συμπληρώνει την υποτροφία του. Δεν πέθανε σ' ένα φοβερό ατύχημα καναδυό εβδομάδες αφότου έφυγε από το σχολείο;

– Ακριβώς, της απάντησε ο Γκριφ.

– Αν κρίνω από την κατάσταση που επικρατεί εδώ, πιστεύω πως έχει περάσει πολύς χρόνος από τότε που κάποιος επισκέφτηκε αυτή την πτέρυγα για τελευταία φορά, είπε ο Τζόε.

Ύστερα κοίταξε γύρω του το σκοτεινό διάδρομο. Παντού πίνακες κατασκονισμένοι. Όσο για τις κουρτίνες στα παράθυρα, ήταν όλες σκισμένες και κουρελιασμένες. Ο Τζόε δοκίμασε να ανοίξει μια από τις πολλές παλιές δρύινες πόρτες που υπήρχαν κατά μήκος του τοίχου. Ήταν κλειδωμένη.

– Έλα, ας την ακολουθήσουμε, του είπε ο Γκριφ και άρχισε να προχωράει στο διάδρομο.

Λίγα λεπτά αργότερα ο διάδρομος που ακολουθούσαν έστριβε απότομα αριστερά και κατόπιν κατέληγε σε αδιέξοδο. Η Εύα δε φαινόταν πουθενά τώρα. Στην άλλη άκρη του διαδρόμου υπήρχε ένα παλιό ρολόι τοίχου, πολύ μεγάλο, και το τικ-τακ του ήταν ο μόνος ήχος που άκουγαν.

– Μα τι δουλειά έχει εδώ; ρώτησε η Κολέτ τα δυο αγόρια την ώρα που άπλωνε το χέρι της για να αγγίξει το ρολόι.

Σε αντίθεση με όσα είχαν δει κατά μήκος του διαδρόμου, όπου όλα ήταν πνιγμένα στη σκόνη, το ρολόι δεν είχε ίχνος σκόνης επάνω του. Αυτή τη στιγμή οι δείκτες του έδειχναν δώδεκα τα μεσάνυχτα.

– Κοιτάξτε, ας φύγουμε από εδώ, είπε ο Γκριφ ξαφνικά.

– Γιατί να φύγουμε; τον ρώτησε καχύποπτα ο Τζόε. Πριν νοιαζόσουν πολύ να δεις πού πάει η Εύα.

— Κοίτα, είναι φανερό πως τη χάσαμε, του είπε ο Γκριφ. Θα πρέπει ή εμείς να στρίψαμε λάθος κάπου ή εκείνη να μπήκε μέσα σε μια από τις πόρτες εκεί κάτω.

— Δε νομίζω, του είπε η Κολέτ και κοίταξε για άλλη μια φορά το ρολόι: δώδεκα τα μεσάνυχτα ακριβώς.

Ο ήχος του καβγά ακουγόταν τώρα εντονότερος. Αυτό έκανε τον Γκριφ ν' αποφασίσει.

— Κοιτάξτε. Εσείς οι δυο μπορείτε να κάνετε ό,τι θέλετε, είπε. Εγώ όμως φεύγω από εδώ.

— Όχι, Γκριφ, μείνε, του είπε η Κολέτ.

Ο Γκριφ έριξε μια τελευταία ματιά στην Κολέτ και κατόπιν κοίταξε το ρολόι. Μουρμούρισε κάτι που κανένα από τα άλλα δύο παιδιά δεν κατάλαβε, κι άρχισε να τρέχει προς τα πίσω, προς την κατεύθυνση από την οποία είχαν έρθει.

Ο Τζόε τον παρακολούθησε με τα μάτια να απομακρύνεται τρέχοντας.

— Νομίζω πως έχει δίκιο, είπε στην Κολέτ. Ίσως να στρίψαμε λάθος κάπου. Θα 'πρεπε και μεις να γυρίσουμε πίσω, Κολέτ. Δε μ' αρέσει καθόλου η φασαρία που ακούω έξω, ξέρεις.

— Δεν μπορείς να καταλάβεις προς τα πού μπορεί να πήγε η Εύα; τον ρώτησε η Κολέτ.

— Όχι, της απάντησε ο Τζόε.

— Μα τότε έχεις χάσει τις ικανότητές σου, του είπε η Κολέτ.

— Μη μου το θυμίζεις, της είπε ο Τζόε κι έπιασε το κεφάλι του, καθώς ένας πονοκέφαλος είχε αρχίσει να τον βασανίζει και πάλι.

— Κοίταξε το ρολόι, του είπε η Κολέτ.

Ο Τζόε γύρισε και το κοίταξε.

— Λοιπόν; τη ρώτησε.

— Λέει μεσάνυχτα, του είπε η Κολέτ. Και στεκόμαστε εδώ για... για πόσο; Δυο-τρία λεπτά κι όμως δεν έχει κουνηθεί καθόλου.

— Άρα σταμάτησε, της είπε ο Τζόε.

— Αλλά τότε γιατί εξακολουθεί να κάνει τικ-τακ; τον ρώτησε η Κολέτ.

Κι ύστερα άπλωσε το χέρι της και άνοιξε την πόρτα του παλιού ρολογιού. Στη συνέχεια άγγιξε το καντράν. Είδε ότι μπορούσε να το μετακινήσει κι αυτό. Το μετακίνησε κι αντί από πίσω να βρει το μηχανισμό, όπως περίμενε, βρήκε μια μυστική είσοδο στον τοίχο.

Από την είσοδο έβγαινε ένα πρασινωπό φως ενώ ταυτόχρονα άκουγαν το βούισμα εκατοντάδων υπολογιστών και άλλων μηχανημάτων. Γύρισαν και κοίταξαν ο ένας τον άλλο μ' ένα βλέμμα που έλεγε πολλά. Ήξεραν και οι δυο επάνω σε τι είχαν πέσει, σχεδόν κατά λάθος.

— Το πρόγραμμα, είπε ο Τζόε.

Γραφείο του στρατηγού Έξφορντ
Πέμπτη, 14 Ιανουαρίου, ώρα 21.44

Ο Μαρκ και η Ρεβέκα μόλις που πρόλαβαν να φύγουν από το κτίριο όπου βρίσκονταν οι κοιτώνες των αγοριών. Αμέσως μόλις έφυγαν, οι τρελοί μαθητές όρμησαν μέσα στο κτίριο με στόματα που άφριζαν και μάτια που πετούσαν φλόγες, αποφασισμένοι να κάνουν τους διαφορετικούς κομμάτια. Ανάμεσά τους ήταν ο Κάλβιν Τσαρλς, όπως επίσης και ο Κέβιν, ο Άντριου και η Χριστίνα Χάακ. Η Μόργκαν Νάιτ δε φαινόταν πουθενά.

Ο Μαρκ και η Ρεβέκα διέσχισαν το χώρο του Ινστιτούτου. Ο Μαρκ κρατούσε τη Ρεβέκα σφιχτά –πολύ σφιχτά– από τον καρπό καθώς έτρεχαν προς το κεντρικό κτίριο του Ινστιτούτου. Ίσως εκεί να μπορούσαν να βρουν κάποιο είδος ασφάλειας.

Πού τέτοια τύχη όμως. Μια άλλη ομάδα τους περίμενε εκεί. Γύρισαν και άρχισαν να τρέχουν προς το κτίριο με τις διοικητικές υπηρεσίες, όταν μια δυνατή έκρηξη έσκισε τον αέρα κι έκανε τη Ρεβέκα να κοντοσταθεί. Το εργαστήριο της χημείας στο δεύτερο όροφο είχε πάρει φωτιά. Κάποιος του είχε βάλει φωτιά. Εάν δεν κατάφερναν να την ελέγξουν, ολόκληρο το κτίριο θα γινόταν στάχτη.

Μπήκαν μέσα από τις διπλές πόρτες του κτιρίου με τις διοικητικές υπηρεσίες και κοίταξαν με αγωνία ένα γύρω για να βρουν κάτι να αμπαρώσουν τις πόρτες. Στον τοίχο ήταν παραταγμένα κάποια ντουλάπια όπου έβαζαν μέσα τα πράγματά τους οι μαθητές. Τα έσπρωξαν πίσω από τις πόρτες. Βεβαίως δε θα μπορούσαν να κρατήσουν αυτούς που τους κυνηγούσαν για αρκετό χρόνο, όμως θα τους καθυστερούσαν λιγάκι. Ο Μαρκ και η Ρεβέκα άκουγαν ήδη τις θυμωμένες γροθιές τους πάνω στις πόρτες, οι οποίες σίγουρα κάποια στιγμή θα υποχωρούσαν.

– Πού πάμε τώρα; ρώτησε ο Μαρκ τη Ρεβέκα.

Ήταν λαχανιασμένος και προσπαθούσε να πάρει ανάσα. Στο πρόσωπό του μπορούσε να δει κανείς το φόβο, αλλά στα μάτια του υπήρχε μια περίεργη λάμψη.

– Στο γραφείο του στρατηγού Έξφορντ, του απάντησε η Ρεβέκα.

– Για ποιο λόγο; τη ρώτησε ο Μαρκ.

– Μπορούμε να τηλεφωνήσουμε από εκεί για βοήθεια, του απάντησε η Ρεβέκα.

– Μα αφού όλα τα τηλέφωνα είναι εκτός λειτουργίας, της είπε ο Μαρκ. Εσύ ο ίδιος μου το είπες.

– Ο Έξφορντ έχει το δικό του προσωπικό τηλέφωνο, το οποίο δε συνδέεται με κανένα από τα τηλεφωνικά κέντρα, του είπε η Ρεβέκα και άρχισε να τρέχει στο διάδρομο.

– Μα πώς θα μπούμε στο γραφείο του; τη ρώτησε ο Μαρκ.

Ο Τζόε και η Κολέτ, με τις ικανότητές τους, ίσως να είχαν καταφέρει να βρουν τον κωδικό και να είχαν μπει στο γραφείο. Όμως ο Μαρκ και η Ρεβέκα, που δε διέθεταν αυτές τις ικανότητες, τι πιθανότητες είχαν;

Τελικά έφτασαν τρέχοντας μπροστά από το γραφείο του Έξφορντ.

– Ω, όχι, είπε η Ρεβέκα με δυσφορία.

Η πόρτα του γραφείου του Έξφορντ ήταν ανοιχτή. Όταν μπήκαν μέσα, είδαν πως κάποιος τα είχε κάνει όλα άνω-κάτω. Ένα σωρό φάκελοι ήταν πεταμένοι στο πάτωμα και ο υπολογιστής της Εύας ήταν σπασμένος. Τα ντουλάπια ήταν όλα κομμάτια και τα καλώδια των τηλεφώνων ξεριζωμένα. Επίσης σε μια γωνιά βρισκόταν αναποδογυρισμένη η αναπηρική καρέκλα του Έξφορντ.

– Έπιασαν τον Έξφορντ, είπε ο Μαρκ και έκλεισε την πόρτα του γραφείου. Του άξιζε του γερο-ενοχλητικού. Ποτέ δεν τον συμπάθησα....

Όμως η Ρεβέκα δεν άκουσε την τελευταία παρατήρηση.

– Δεν καταλαβαίνω, είπε και κατόπιν πάγωσε.

Ο επίμονος θόρυβος στις πόρτες του κτιρίου με τις διοικητικές υπηρεσίες είχε σταματήσει. Αυτό μπορούσε να σημαίνει μόνο δύο πράγματα: ή αυτοί που τους κυνηγούσαν τα είχαν παρατήσει, ή τελικά είχαν καταφέρει να σπάσουν τις πόρτες.

Η Ρεβέκα άκουσε ποδοβολητό στο διάδρομο. Ένιωσε την καρδιά της να χτυπά δυνατά μέσα στο στήθος της. Άραγε μπορούσαν να τους ανακαλύψουν εδώ μέσα; Κι αν τους έβρισκαν, θα τους χτυπούσαν μέχρι θανάτου, όπως είχαν κάνει με τον καημένο τον καθηγητή Σκίνερ;

Ευτυχώς όμως ο ήχος σαν να έσβηνε σιγά σιγά. Προφανώς τα εξαγριωμένα παιδιά δεν κατευθύνονταν προς αυτό το γραφείο.

Ή μήπως όχι, γιατί η πόρτα του γραφείου έτριξε ανοίγοντας και η Ρεβέκα έσφιξε το μπράτσο του Μαρκ. Τίποτα δεν μπορούσε να τους σώσει τώρα. Η Ρεβέκα κοίταξε με απόγνωση το παράθυρο. Ήταν κλειδωμένο. Δεν είχαν από πού να φύγουν. Δεν είχαν πού να κρυφτούν. Αυτό ήταν το τέλος.

– Γκριφ; έκανε η Ρεβέκα κατάπληκτη και σχεδόν λιποθύμησε από ανακούφιση όταν είδε το χαμογελαστό πρόσωπο του νεαρού Ουαλού να μπαίνει μέσα στο γραφείο και να κλείνει πίσω του την πόρτα.

Στη συνέχεια χαλάρωσε το σφίξιμο του χεριού της στο μπράτσο του Μαρκ. Ένιωθε πιο ασφαλής τώρα. Παρ' όλ' αυτά ο Μαρκ άπλωσε το χέρι του, έπιασε το δικό της και της το έσφιξε.

Κάτι δεν πηγαίνει καλά, σκέφτηκε η Ρεβέκα. Ο Μαρκ την κρατούσε σφιχτά, τόσο σφιχτά που την πονούσε. Σήκωσε το βλέμμα της και συνάντησε τα μάτια του καλύτερού της φίλου.

Αυτό που αντίκρισε δεν ήταν τα ζεστά και χαμογελαστά μάτια του Μαρκ, αλλά τα μάτια ενός κτήνους!

Κατόπιν γύρισε τα μάτια της στον Γκριφ. Είδε ότι κρατούσε στα χέρια του ένα τσεκούρι, σαν αυτό που υπάρχει σε πολλούς πυροσβεστικούς θαλάμους και που χρησιμεύει για να μπορεί κανείς να ανοίξει δρόμο και να φύγει σε περίπτωση πυρκαγιάς. Προφανώς ο Γκριφ είχε σπάσει κάποιον πυροσβεστικό θάλαμο στο κτίριο και το είχε πάρει. Ο Γκριφ της χαμογέλασε.

— Δεν είσαι μια από μας, Ρεβέκα, της είπε και όρμησε προς το μέρος της υψώνοντας το πυροσβεστικό τσεκούρι ψηλά στον αέρα.

— Τι βλακείες είναι αυτές! του είπε η Ρεβέκα και πάλεψε να ξεφύγει από τα χέρια του Μαρκ, χωρίς όμως να τα καταφέρνει.

— Δεν είσαι μια από μας, Ρεβέκα, ξαναείπε ο Γκριφ καθώς την πλησίαζε όλο και πιο κοντά με το τσεκούρι υψωμένο στον αέρα, έτοιμος να της ανοίξει το κρανίο στα δύο.

— Ναι, είσαι διαφορετική, είπε κι ο Μαρκ, από το στόμα του οποίου έτρεχαν σάλια· ήταν σαν λυσσασμένος σκύλος.

— Και όλοι ξέρουμε τι τους κάνουμε τους διαφορετικούς, έτσι δεν είναι, Μαρκ, φίλε μου; είπε ο Γκριφ.

— Και βέβαια, του είπε ο Μαρκ. Τους απομονώνουμε, αυτό κάνουμε.

Ο Γκριφ σήκωσε το τσεκούρι πάνω από το κεφάλι της Ρεβέκας.

ΑΠΑΓΟΡΕΥΜΕΝΗ ΖΩΝΗ

Αναγκαστική διαπραγμάτευση

Το πρόγραμμα
Πέμπτη, 14 Ιανουαρίου, ώρα 22.01

– Είναι το πρόγραμμα, έτσι δεν είναι; ρώτησε η Κολέτ με το στόμα ανοιχτό τον Τζόε, καθώς κοίταγε ένα γύρω το κυκλικό δωμάτιο με τους εκατοντάδες υπολογιστές και τα μυριάδες φώτα που αναβόσβηναν και έδιναν στο δωμάτιο ένα πρασινωπό, απόκοσμο χρώμα. Το αναγνωρίζω από την τελευταία φορά που το είδα.

Η Κολέτ είχε βρεθεί και άλλη φορά εκεί ή τουλάχιστον έτσι νόμιζε. Πάντως έμοιαζε πάρα πολύ με το δωμάτιο στο οποίο είχαν κρατήσει αιχμάλωτο τον Τζόε όταν πρωτοήρθε στην Αγγλία για να πάει στο Ινστιτούτο, εκεί όπου τον είχαν συναντήσει και γνωρίσει για πρώτη φορά κι ο Μαρκ με τη Ρεβέκα. Όμως και τα τέσσερα παιδιά όλο αυτόν τον καιρό θεωρούσαν πως αυτό το δωμάτιο, το οποίο ανήκε σ' ένα παλιό αβαείο που υπήρχε κάποτε εκεί, είχε καταστραφεί από μια μυστηριώδη έκρηξη.

Τεράστιες οθόνες κρέμονταν από το ψηλό ταβάνι του δωματίου με εικόνες τόπων από όλο τον κόσμο, από τις πυραμίδες της Αιγύπτου μέχρι τα τροπικά δάση της Βραζιλίας. Γύρω γύρω στους τοίχους υπήρχαν διαφανείς σωλήνες μέσα στους οποίους πάλλονταν παράξενα, πολύχρωμα φώτα. Μια σειρά μικρότερων υπολογιστών έδειχνε εικόνες από το Ινστιτούτο.

– Κοίτα εδώ. Ξέρεις τι είναι αυτά; ρώτησε ο Τζόε την Κολέτ και της έδειξε κάποια όργανα υψηλής τεχνολογίας.

Η Κολέτ είπε πως όχι.

– Είναι ο εξοπλισμός που βρήκαμε εγώ και η Ρεβέκα στο δωμάτιο του Τζόνι, της είπε ο Τζόε.

– Ο Τζόνι δουλεύει για το πρόγραμμα; τον ρώτησε έκπληκτη η Κολέτ.

– Μάλλον. Γι' αυτό ο Έξφορντ ενδιαφερόταν τόσο πολύ, της απάντησε ο Τζόε.

Ύστερα κοίταξε τριγύρω μήπως έβλεπε την Εύα. Τίποτα. Στους τοίχους του δωματίου υπήρχαν δώδεκα μεταλλικές πόρτες σε ίσες αποστάσεις μεταξύ τους. Μια από αυτές ήταν ανοιχτή. Ο Τζόε διέσχισε το δωμάτιο και κοίταξε προσεκτικά μέσα από αυτή. Εάν έβλεπε την Εύα, ήταν έτοιμος να τρέξει.

– Απίστευτο! Έλα να δεις, φώναξε στην Κολέτ και άφησε ένα δυνατό σφύριγμα θαυμασμού.

– Σσστ! του είπε η Κολέτ. Η Εύα μπορεί να είναι οπουδήποτε εδώ γύρω.

– Τη βλέπεις; τη ρώτησε ο Τζόε.

Η Κολέτ συμφώνησε πως το δωμάτιο φαινόταν άδειο. Εάν η Εύα είχε πραγματικά έρθει εδώ, τότε μάλλον είχε φύγει κιόλας. Βεβαίως ήταν ειδική στο να εμφανίζεται ξαφνικά από το πουθενά, εκεί που κανείς δεν το περιμένει.

— Έλα εδώ να δεις! είπε ο Τζόε στην Κολέτ.

Η Κολέτ έκανε όπως της είπε ο Τζόε. Αυτό που είδε την τρομοκράτησε.

— Είναι τρομερό, είπε στον Τζόε.

— Τρομερό απλώς; έκανε ο Τζόε έκπληκτος. Είναι διαβολικό!

Πίσω από την πόρτα υπήρχε ένα μικρό δωμάτιο, όχι μεγαλύτερο από το χώρο ενός συνηθισμένου γραφείου. Ένας από τους τοίχους του ήταν γεμάτος με κάτι που έμοιαζε με πυρηνικά βλήματα. Σε μια άλλη γωνιά υπήρχαν κάτι μεγάλα δοχεία σφραγισμένα που είχαν επάνω τους το σήμα της νεκροκεφαλής και των οστών, που σημαίνει τοξικό.

Οι άλλοι τοίχοι ήταν εντελώς καλυμμένοι από κρεμασμένα όπλα κάθε είδους, από μικρά περίστροφα, μέχρι κυνηγετικές καραμπίνες και αυτόματα διαφόρων τύπων. Ακόμη, υπήρχαν παλιά μουσκέτα, ένας τύπος ισπανικού όπλου της παλιάς εποχής, καθώς και διάφορα μεσαιωνικά τόξα. Τέλος υπήρχαν κι ένα σωρό άλλα όπλα που ο Τζόε και η Κολέτ δεν είχαν ξαναδεί ποτέ στη ζωή τους.

— Είναι αρρωστημένο... διεστραμμένο, είπε η Κολέτ και προσπάθησε να κλείσει την πόρτα.

Ο Τζόε τη σταμάτησε.

— Είναι οπλοστάσιο, αυτό είναι! είπε ο Τζόε.

— Βρομάει θάνατο, του είπε η Κολέτ, η οποία μισούσε τους σκοτωμούς και τη βία κάθε είδους.

— Κι όμως, με μερικά απ' αυτά θα διασκεδάζαμε μια χαρά, της είπε ο Τζόε και στα μάτια του υπήρχε μια λάμψη ενθουσιασμού.

— Σκοτώνοντας ανθρώπους; τον ρώτησε η Κολέτ. Αυτό το θεωρείς διασκέδαση;

— Ναι, είπε ο Τζόε κι έκανε μια γκριμάτσα, αλλά αμέσως μετά σταμάτησε καθώς κατάλαβε τι είχε πει. Όχι... εννοώ... να... εννοώ... Ξαφνικά έβγαλε μια κραυγή κι έπιασε και με τα δυο του χέρια το κεφάλι του. Το κεφάλι μου πάει να σπάσει!

Η Κολέτ άπλωσε το χέρι της για να τον βοηθήσει.

— Είσαι εντάξει; τον ρώτησε.

— Και βέβαια δεν είμαι, της απάντησε ο Τζόε.

Ύστερα βγήκε παραπατώντας από το δωμάτιο όπου είχαν ανακαλύψει τα όπλα. Η Κολέτ τον ακολούθησε κι έκλεισε την πόρτα πίσω τους.

— Πρέπει να συμβουλευτείς ένα γιατρό, του είπε. Αυτοί οι ξαφνικοί πονοκέφαλοι που σε πιάνουν τώρα τελευταία...

— Νιώθω έτσι όπως ένιωσα την πρώτη φορά που ανακάλυψα ότι έχω κάποιες ιδιαίτερες ικανότητες, της είπε ο Τζόε. Όμως τώρα δεν μπορώ ούτε τις σκέψεις σου να διαβάσω. Τι μου συμβαίνει;

— Δεν ξέρω, του είπε η Κολέτ με ειλικρίνεια.

Ο Τζόε κοίταξε με τρόμο την κλειστή πόρτα του οπλοστασίου.

— Ένιωσα ενθουσιασμό εκεί μέσα, ξέρεις, είπε στην Κολέτ. Ήθελα να πάρω ένα από αυτά τα όπλα και να αρχίσω να χτυπάω ό,τι βρω μπροστά μου, όπως αυτό το ρατσιστικό γουρούνι τον Μαρκ, και τον Τζόνι, και... και...

— Τι τρέχει, Τζόε; τον ρώτησε η Κολέτ πραγματικά ανήσυχη.

— Ενεργεί όπως νιώθει, αυτό είναι όλο, ακούστηκε μια φωνή.

Η Κολέτ έστρεψε το βλέμμα της προς τα κει από όπου είχε ακουστεί η φωνή. Αντίκρισε τη Μόργκαν Νάιτ και πίσω της καμιά δεκαριά εξαγριωμένους μαθητές, οπλισμένους με σουγιάδες και σπασμένα μπουκάλια.

Η Κολέτ άρχισε να οπισθοχωρεί, μέχρι που ένιωσε στην πλάτη της το κρύο μέταλλο της πόρτας του οπλοστασίου.

— Τι εννοείς; ρώτησε τη Μόργκαν. Τι έχετε κάνει στον Τζόε;

— Αφήνει τα άγρια ένστικτά του να κυριαρχήσουν, της απάντησε η Μόργκαν απλά. Ακριβώς όπως και οι φίλοι μου από δω.

— Δεν καταλαβαίνω..., είπε η Κολέτ.

— Είναι φυσικό, αγαπητή μου, της είπε η Μόργκαν. Αφού είσαι διαφορετική. Και δε μας αρέσουν οι διαφορετικοί.

— Διαφορετικοί... διαφορετικοί... διαφορετικοί..., άρχισε να φωνάζει η ομάδα πίσω από τη Μόργκαν. Απομονώστε τους διαφορετικούς...

— Κάν' το, Τζόε, είπε η Μόργκαν στον Τζόε. Ξέρεις ότι το θέλεις. Δεν ξέρω γιατί το παλεύεις τόσο καιρό. Σκότωσέ τη! Σκότωσέ τη! Σκότωσε τη διαφορετική.

Ο Τζόε γύρισε και κοίταξε την Κολέτ παράξενα. Αυτό που είδε η Κολέτ στα μάτια του φίλου της την έκανε να παγώσει ολόκληρη. Το βλέμμα του ήταν γεμάτο μίσος.

Ο Τζόε, από την πλευρά του, την κοίταζε και μέσα του έλεγε: Είναι διαφορετική, διαφορετική... Πρέπει να πεθάνει!

Γραφείο του στρατηγού Έξφορντ
Πέμπτη, 14 Ιανουαρίου, ώρα 21.54

Μια ακτίνα λευκού φωτός εκτοξεύτηκε από το πουθενά και έριξε το τσεκούρι από τα χέρια του Γκριφ, ακριβώς τη στιγμή που ετοιμαζόταν να ανοίξει το κρανίο της Ρεβέκας.

Ο Γκριφ ούρλιαξε από πόνο και γύρισε το πρόσωπό του για να δει ποιος του είχε επιτεθεί. Εκείνη τη στιγμή μια άλλη ακτίνα φωτός τον χτύπησε στο στήθος. Έπεσε στο πάτωμα και δεν κινήθηκε.

Ο Μαρκ γρύλισε και όρμησε στον εχθρό. Μια τρίτη ακτίνα φωτός τον χτύπησε και έπεσε και αυτός στο πάτωμα.

— Τους σκότωσες, είπε η Ρεβέκα στο άτομο που στεκόταν στην πόρτα μ' ένα όπλο στα χέρια του και το οποίο η Ρεβέκα είχε αναγνωρίσει.

Ύστερα προετοίμασε τον εαυτό της, ότι αυτή τώρα πια θα δεχόταν την επόμενη βολή.

— Μη λες ανοησίες, μικρή, της είπε η Εύα ενώ έμπαινε μέσα στο γραφείο και έκλεινε την πόρτα πίσω της. Το μόνο που κάνει το όπλο πλάσματος είναι να αναισθητοποιεί.

— Να αναισθητοποιεί; τη ρώτησε η Ρεβέκα καθώς την έβλεπε να βάζει το όπλο με την παράξενη εμφάνιση μέσα στην τσέπη του σακακιού της.

— Φυσικά. Θα μείνουν αναίσθητοι για λίγο, της απάντησε η Εύα.

— Γιατί; τη ρώτησε η Ρεβέκα.

— Μη σκεφτείς πως δε θα τους σκότωνα, αν χρειαζόταν, της είπε η Εύα. Αυτή τη στιγμή εξυπηρετούν πολύ καλύτερα το σκοπό μου ζωντανοί παρά νεκροί. Ακριβώς όπως κι εσύ.

Η Ρεβέκα δεν καταλάβαινε για ποιο πράγμα μιλούσε η Εύα, καταλάβαινε όμως ότι θα πρέπει να ήταν κάτι τρομερό.

— Τι εννοείς; τη ρώτησε.

Για λίγο η Εύα δεν απάντησε. Αντίθετα, επιθεώρησε με τα μάτια την καταστροφή που είχε γίνει στο γραφείο. Στα μάτια της δεν υπήρχε κανένα συναίσθημα, ούτε θυμού ούτε στενοχώριας. Ύστερα πέρασε πάνω από τα αναίσθητα σώματα του Μαρκ και του Γκριφ, έσκυψε και επανέφερε την αναποδογυρισμένη αναπηρική καρέκλα του στρατηγού στη σωστή της θέση. Μετά κοίταξε τελικά τη Ρεβέκα.

— Χρειάζομαι τη βοήθειά σου, Στορμ, της είπε.

— Ποτέ δεν πρόκειται να βοηθήσω άτομα σαν και σένα, της είπε η Ρεβέκα. Καλύτερα να συναντηθούμε στην κόλαση.

— Εάν αυτό επιθυμείς, της είπε η Εύα και έβαλε το χέρι της μέσα στην τσέπη της για να πιάσει το όπλο.

— Τι θέλεις να κάνω; τη ρώτησε τότε η Ρεβέκα.

Η Εύα χαμογέλασε.

— Χαίρομαι που λογικεύτηκες, Στορμ, είπε.

— Ποτέ δε θα βοηθήσω εσένα και το στρατηγό Έξφορντ, της ξαναείπε η Ρεβέκα.

— Δε σου ζητάω να με βοηθήσεις, της είπε η Εύα.

Η Ρεβέκα ένιωσε έκπληξη που η Εύα δεν είχε αντιδράσει καθόλου στο άκουσμα του ονόματος του στρατηγού Έξφορντ. Άραγε δεν αναρωτιόταν καθόλου για την τύχη του;

— Ο στρατηγός είναι ασφαλής, είπε η Εύα.

— Νόμιζα πως του είχαν επιτεθεί, της είπε η Ρεβέκα κι έδειξε το διαλυμένο γραφείο.

— Έτσι έπρεπε να πιστεύουν κάποιοι σαν και σας, της είπε η Εύα με υπεροψία.

— Καλά, αλλά δε θα βοηθήσω ούτε το πρόγραμμα, της είπε η Ρεβέκα, ό,τι και αν είναι αυτό. Είσαι διαβολική.

Μολονότι θα περίμενε κανείς, φυσιολογικά, η Εύα να έχει δείξει έκπληξη που η Ρεβέκα γνώριζε για το πρόγραμμα, παρ' όλ' αυτά εκείνη παρέμεινε ατάραχη.

— Θα σώσεις όμως το Ινστιτούτο; τη ρώτησε η Εύα και κατόπιν πρόσθεσε, σχεδόν σαν να το σκέφτηκε την τελευταία στιγμή: Και ίσως και τον πλανήτη σου;

— Δεν καταλαβαίνω, της απάντησε η Ρεβέκα και μόλις εκείνη τη στιγμή συνειδητοποίησε ότι η Εύα είχε πει «πλανήτη σου» και όχι «πλανήτη μας».

— Δώσαμε στη Μόργκαν Νάιτ μια θέση στο Ινστιτούτο για δύο λόγους μόνο, συνέχισε η Εύα.

— Ο μπαμπάς της είναι εκατομμυριούχος και δώρισε κάμποσα εκατομμύρια στο σχολείο, τη διέκοψε η Ρεβέκα.

— Αυτός είναι ο ένας λόγος, ναι, παραδέχτηκε η Εύα.

— Και ο άλλος; τη ρώτησε η Ρεβέκα.

— Ο άλλος δε σε ενδιαφέρει αυτή τη στιγμή, της απάντησε κοφτά η Εύα.

Η Ρεβέκα προτίμησε να μην επιμείνει. Ήξερε πως η Εύα θα απαντούσε μόνο όταν και εάν ήταν έτοιμη.

— Νομίζαμε ότι μπορούσαμε να την ελέγξουμε, αλλά κατάφερε να μετατρέψει το μισό σχολείο σε ανεγκέφαλους αγρίους που υπακούουν στη θέλησή της και δεν κάνουν τίποτ' άλλο απ' το να καταστρέφουν, συνέχισε η Εύα.

Η Ρεβέκα κοίταξε τον Γκριφ, τον ειρηνιστή, ο οποίος πριν από λίγο ήταν έτοιμος να τη σκοτώσει με το τσεκούρι της πυρόσβεσης.

Ύστερα κοίταξε τον καλύτερό της φίλο, τον Μαρκ, που κι αυτός είχε γίνει ρατσιστής. Η Εύα κούνησε το κεφάλι της, σαν να διάβαζε τις σκέψεις της Ρεβέκας.

— Μίσος για τους διαφορετικούς, είπε η Εύα. Η πιο κοινή μορφή μίσους. Ήταν πολύ έξυπνο από μέρους της Νάιτ να χειραγωγήσει ένα τόσο βασικό αίσθημα σαν κι αυτό.

– Μα πώς; αναρωτήθηκε η Ρεβέκα.

– Αυτό θα το βρούμε εμείς, Στορμ, της είπε η Εύα και κατόπιν τη διέταξε να τη βοηθήσει να βάλουν τον αναίσθητο Μαρκ πάνω στην αναπηρική καρέκλα του στρατηγού Έξφορντ.

– Είπες πως θα μπορούσα να βοηθήσω να σώσω το Ινστιτούτο και τον κόσμο, της θύμισε η Ρεβέκα καθώς τοποθετούσαν τον Μαρκ πάνω στην καρέκλα.

– Το Ινστιτούτο ιδρύθηκε με μοναδικό στόχο να διαμορφώσει και να εκπαιδεύσει μεγάλα μυαλά που θα κυριαρχήσουν στον πλανήτη σας τα επόμενα χρόνια, της είπε η Εύα.

– Ναι, το ξέρω αυτό, της είπε η Ρεβέκα και μέσα της σκέφτηκε πως η Εύα είπε για μια ακόμη φορά «πλανήτη σας» κι όχι «πλανήτη μας».

– Και έχει πετύχει το στόχο του, συνέχισε η Εύα, αν και αυτό το γνώριζε καλά η Ρεβέκα.

Ήδη αρκετοί απόφοιτοι του Ινστιτούτου σταδιοδρομούσαν λαμπρά στον κόσμο των επιστημών. Ένας μάλιστα, μόνο δέκα χρόνια μεγαλύτερος από τη Ρεβέκα, είχε μόλις κερδίσει το βραβείο Νομπέλ. Αρκετοί άλλοι κατείχαν υψηλές θέσεις στο νέο Υπουργείο Τεχνοκρατικού Σχεδιασμού και Υλοποίησης της Μεγάλης Βρετανίας.

Μια εταιρεία με ηλεκτρονικούς υπολογιστές που έστησε ένας απόφοιτος του Ινστιτούτου θα καταλάμβανε όπου να 'ταν την πρώτη θέση ως κύριος προμηθευτής του Διαδικτύου νικώντας ένα σωρό άλλες εταιρείες-μεγαθήρια του χώρου. Το έγκυρο περιοδικό *Εκόνομιστ* είχε προβλέψει σ' ένα άρθρο του ότι μέσα στα επόμενα δέκα χρόνια όσοι είχαν φοιτήσει στο Ινστιτούτο θα ήταν αρχηγοί μεγάλων κρατών, όπως οι ΗΠΑ, η Ινδία, η Ιαπωνία.

— Αν όμως επιτρέψουμε στη Νάιτ να συνεχίσει το έργο της, τότε θα καταστρέψει αυτό το Ινστιτούτο που στήσαμε με τόσο σκληρούς αγώνες, συνέχισε η Εύα. Ήδη ένα από τα εργαστήρια της χημείας καίγεται αυτή τη στιγμή. Και αυτό είναι μόνο η αρχή.

— Δε φαίνεσαι ν' ανησυχείς και πολύ, της είπε η Ρεβέκα ενώ μέσα της αναρωτιόταν πού στο καλό θα πήγαιναν τον Μαρκ με την αναπηρική καρέκλα.

— Το συναίσθημα είναι χάσιμο χρόνου και ενέργειας, της είπε σε κοφτό τόνο η Εύα. Δεν μπορώ όμως να την αφήσω να συνεχίσει τη δράση της.

— Και αυτό που είπες πως θα σώσω τον κόσμο; τη ρώτησε πάλι η Ρεβέκα.

— Τα πυρηνικά όπλα θα περάσουν από το χωριό ακριβώς στις 4.30 αύριο το πρωί, με προορισμό το Πένγουιν Μαρ, τον τόπο ταφής τους, της είπε η Εύα.

— Α, μάλιστα. Και για ποιο λόγο εσύ κι ο στρατηγός θέλατε τόσο πολύ να ματαιώσετε την αυριανή διαμαρτυρία; τη ρώτησε η Ρεβέκα και κοίταξε για μια στιγμή τον αναίσθητο Γκριφ, τον οργανωτή της διαμαρτυρίας, που χωρίς αυτόν...

— Η διαμαρτυρία θα τραβούσε την προσοχή των μέσων μαζικής ενημέρωσης στο Ινστιτούτο, της απάντησε η Εύα τότε. Ο στρατηγός και εγώ δε θέλαμε κάτι τέτοιο.

Η Ρεβέκα αποφάσισε να μη ρωτήσει το λόγο που τους οδήγησε σ' αυτή την απόφαση.

— Δεν είναι σύμπτωση που η Νάιτ μόλυνε τους μαθητές αυτή ακριβώς τη στιγμή, συνέχισε η Εύα. Φαντάσου τι θα συνέβαινε, εάν κάποιος από όλους αυτούς τους παρανοϊκούς έβαζε στο χέρι ένα από αυτά τα όπλα.

— Η μισή χώρα θα καιγόταν, χωρίς ν' αναφέρουμε

το Ινστιτούτο και την ίδια τη Μόργκαν, είπε η Ρεβέκα.

— Η Νάιτ δεν ενδιαφέρεται για τη δική της επιβίωση, είπε η Εύα. Εδώ και έξι μήνες η Μόργκαν Νάιτ δεν είναι η Μόργκαν Νάιτ.

— Τι εννοείς; τη ρώτησε η Ρεβέκα.

Η Εύα δίστασε πριν απαντήσει.

Στη Ρεβέκα φάνηκε πως η γυναίκα διάλεγε τις λέξεις της πολύ προσεκτικά.

— Ας πούμε, προς το παρόν, πως έχει υποστεί κάτι το οποίο θα μπορούσε να ονομάσει κανείς αλλαγή προσωπικότητας, είπε τελικά.

— Η Λιβ μου είπε πως η Μόργκαν που ήξερε ήταν ένα ευγενικό κορίτσι, μάλλον ντροπαλό, είπε η Ρεβέκα. Κανείς δε θα μπορούσε ν' αλλάξει την προσωπικότητά του τόσο γρήγορα. Τι εννοείς λέγοντας πως η Μόργκαν δεν είναι η Μόργκαν;

Η Εύα προτίμησε να μην απαντήσει.

— Έχουμε κάποια επείγοντα πράγματα να συζητήσουμε, είπε απότομα στη Ρεβέκα αλλάζοντας τελείως το θέμα της συζήτησης. Τα όπλα έρχονται από το Ζου-Ζαν.

— Κάτι άκουσα γι' αυτή τη χώρα, είπε η Ρεβέκα και θυμήθηκε το δελτίο ειδήσεων που έβλεπε ο Τζόνι όταν τον επισκέφτηκε μαζί με τον Μαρκ.

— Αν κάποιος έκλεβε τα όπλα και τα πυροδοτούσε, τότε φυσιολογικά οι υποψίες θα έπεφταν στη Δημοκρατία της Κίνας, από την οποία αποσχίστηκε το Ζου-Ζαν πριν από δύο χρόνια, είπε η Εύα.

— Τώρα καταλαβαίνω, είπε η Ρεβέκα. Οι σύμμαχοι του Ζου-Ζαν –που μεταξύ τους είναι και η Μεγάλη Βρετανία και η Αμερική– θα κατηγορούσαν την Κίνα, η Κίνα θα κατηγορούσε όλους τους άλλους και πολύ σύντομα θα είχαμε έναν παγκόσμιο πυρηνικό πόλεμο. Τίποτα δε θα 'μενε ζωντανό επάνω στον πλανήτη μέσα σε λίγες μέρες.

– Έχεις δίκιο, εκτός από ένα σημείο, Στορμ, της είπε η Εύα. Κάτι θα έμενε ζωντανό στον πλανήτη Γη: ο εξωγήινος ιός που έχει καταλάβει το σώμα και το μυαλό της Μόργκαν Νάιτ και κάμποσων μαθητών στο Ινστιτούτο!

ΑΠΑΓΟΡΕΥΜΕΝΗ ΖΩΝΗ

Η μέρα της καταστροφής

Το πρόγραμμα
Πέμπτη, 14 Ιανουαρίου, ώρα 22.15

Η Μόργκαν Νάιτ είχε ανοίξει τη μεταλλική πόρτα του οπλοστασίου και είχε δώσει στον Τζόε ένα ρόπαλο με καρφιά, απ' αυτά που χρησιμοποιούσαν το Μεσαίωνα. Τώρα θα διασκέδαζαν όλοι μαζί καθώς ο Τζόε θ' άνοιγε μ' αυτό το πράγμα το κρανίο της Κολέτ. Όσο για τα άλλα όπλα του οπλοστασίου, η Μόργκαν είχε αποφασίσει να τα χρησιμοποιήσουν αργότερα, όταν θα έπεφταν πρώτα στα χέρια τους τα πυρηνικά όπλα που θα περνούσαν από το χωριό με κατεύθυνση το Πένγουιν Μαρ της Κορνουάλης.

Ήταν τυχερή που ο Γκριφ είχε προσέξει το μεγάλο ρολόι στον τοίχο, όπως είχε κάνει νωρίτερα και η Κολέτ. Όταν ο Γκριφ επέστρεψε για να της το αναφέρει, η Μόργκαν έτριψε τα χέρια της με ευχαρίστηση. Τα όπλα που είχε αποθηκεύσει στην οικία Φετς δεν ήταν τίποτα σε σύγκριση με τα όπλα που γνώριζε ότι είχε το πρόγραμμα – μόνο που τότε δε γνώριζε πού τα είχε.

– Σκότωσέ την, Τζόε, τον παρότρυνε η Μόργκαν με ένα χαμόγελο.

Ο Τζόε πλησίασε την Κολέτ κι άρχισε να σηκώνει και με τα δυο του χέρια το ρόπαλο με τα καρφιά πάνω από το κεφάλι της, έτοιμος να τη χτυπήσει.

– Απομόνωσέ την. Είναι διαφορετική. Απομόνωσέ την, ξανακούστηκε η φωνή της Μόργκαν.

– Διαφορετική, επανέλαβε ο Τζόε αργά. Απομόνωσέ την.

Οι λέξεις έβγαιναν από το στόμα του σαν μούγκρισμα. Είχε μετατραπεί σε αγριάνθρωπο, τον ίδιο αγριάνθρωπο που η Κολέτ είχε δει και στον Μαρκ και στον Γκριφ. Τι τους είχε επηρεάσει και πώς αυτή και η Ρεβέκα είχαν μείνει ανέπαφες;

Κοίταξε γύρω της για κάτι –οτιδήποτε– με το οποίο θα μπορούσε να υπερασπίσει τον εαυτό της. Δυστυχώς δεν υπήρχε τίποτα.

Ο Τζόε κατέβασε το ρόπαλο με μανία. Η Κολέτ έγειρε την τελευταία στιγμή και κατάφερε να γλιτώσει το χτύπημα παρά τρίχα. Το ρόπαλο του Τζόε έπεσε πάνω σε μια οθόνη υπολογιστή, η οποία εξερράγη βγάζοντας μια βροχή από σπίθες και φλόγες. Η οθόνη έδειχνε εκείνη τη στιγμή μια εικόνα του αναρρωτηρίου του Ινστιτούτου, αλλά οι άρρωστοι μαθητές που βρίσκονταν εκεί προφανώς δεν ενδιέφεραν τη Μόργκαν. Είπε στον Τζόε να συνεχίσει.

– Απομόνωσε τη διαφορετική! Απομόνωσε τη διαφορετική! Απομόνωσε τη διαφορετική! φώναζαν ρυθμικά οι εξαγριωμένοι μαθητές, τους οποίους καθοδηγούσε η Χριστίνα Χάακ.

Αυτό το σύνθημα ακουγόταν εδώ και αιώνες, αν και οι λέξεις ήταν διαφορετικές. Άλλοτε ήταν «Στείλτε τους Εβραίους στους θαλάμους αερίων», στο Β΄ Παγκόσμιο Πόλεμο, άλλοτε «Κάψτε τις μάγισσες», το Μεσαίωνα, κι άλλοτε «Κρεμάστε τους Νέγρους», το 18ο αιώνα στην Αμερική. Μπορεί οι λέξεις να ήταν διαφορετικές, όμως τα συναισθήματα μίσους και –πάνω από όλα– φόβου για το διαφορετικό ήταν πάντα τα ίδια όσοι αιώνες και αν είχαν περάσει.

Ο Τζόε επιτέθηκε για μια ακόμη φορά στην Κολέτ. Και πάλι όμως δεν κατάφερε να βρει το στόχο του, γιατί την τελευταία στιγμή κι ενώ η Κολέτ πισωπατούσε φοβισμένη, μπλέχτηκε το πόδι της σ' ένα καλώδιο κι έπεσε, μ' αποτέλεσμα να χτυπήσει το κεφάλι της σε ένα από τα μηχανήματα του Τζόνι.

– Τώρα, Τζόε! του φώναξε η Μόργκαν. Σκότωσε τη διαφορετική!

Η Κολέτ αγωνίστηκε να διατηρήσει τις αισθήσεις της. Δεν υπήρχε πουθενά κάτι που θα μπορούσε να χρησιμοποιήσει για να υπερασπίσει τον εαυτό της.

Αλλά όχι! Υπήρχε! Κοίταξε βαθιά μέσα στα μάτια τον Τζόε, βαθιά μέσα στις σκέψεις του, ακριβώς όπως είχε κάνει παλιότερα.

Μη, Τζόε, σκέφτηκε απαλά, προσπαθώντας ταυτόχρονα να μην του μεταδώσει κάτι από το δικό της φόβο ή την αγωνία. Ειρήνη, ειρήνη...

Για μια στιγμή φάνηκε να το πετυχαίνει, γιατί ο Τζόε σταμάτησε.

Κατόπιν η Κολέτ ούρλιαξε, καθώς κύματα καυτού πόνου τρυπούσαν τον εγκέφαλό της. Ήταν πονοκέφαλος, αλλά τόσο δυνατός, που η Κολέτ δεν είχε ξανανιώσει ποτέ πριν στη ζωή της. Ίσως να μοιραζόταν τον πονοκέφαλο του Τζόε. Την ίδια ώρα ο Τζόε πάλευε μέσα στο μυαλό του από τη μια με τη λογική του, που του 'λεγε να μη σκοτώσει την Κολέτ, κι από την άλλη μ' αυτό το διαβολικό πράγμα που τον είχε καταλάβει τον τελευταίο καιρό και τον είχε κάνει άλλο άνθρωπο, είτε αυτό ήταν ιός είτε πνεύμα είτε οτιδήποτε τέλος πάντων.

Γι' αυτό ο Τζόε ένιωθε τέτοιο τρομερό πονοκέφαλο μέρες τώρα. Γι' αυτό δεν μπορούσε να χρησιμοποιήσει τις ιδιαίτερες ικανότητές του. Τις είχε ξοδέψει στην προσπάθεια να αντισταθεί σ' αυτό το ξένο σώμα που είχε εισχωρήσει στο μυαλό του, ακριβώς όπως ένα υγιές σώμα χρησιμοποιεί όλες του τις δυνάμεις για να καταπολεμήσει μια μόλυνση.

Με τη βοήθεια όμως της Κολέτ, ίσως και να μπορούσε να νικήσει αυτό το πράγμα και να το αποβάλει μια για πάντα από το μυαλό του.

Η Κολέτ συγκεντρώθηκε· συγκεντρώθηκε έτσι όπως δεν είχε συγκεντρωθεί ποτέ πριν. Νόμιζε πως το μυαλό της θα γινόταν κομμάτια από στιγμή σε στιγμή.

Έξω το κακό! Μέσα το καλό! επαναλάμβανε ξανά και ξανά στον εαυτό της σε μια προσπάθεια να επικοινωνήσει με τη συνείδηση του Τζόε.

Έλα, Τζόε, πες το μαζί μου. Έξω το κακό! Μέσα το καλό! Έξω το κακό! Μέσα το καλό!

– Σκότωσέ τη! Απομόνωσε τη διαφορετική! ακούστηκε πάλι η φωνή της Μόργκαν.

Έξω το κακό! Μέσα το καλό! Έξω...

– Σκότωσε τη διαφορετική! ακούστηκε ξανά η φωνή της Μόργκαν, πιο δυνατή τώρα.

Έξω το κακό! Μέσα το καλό! Έξω το κακό! Μέσα το καλό!

– Απομόνωσέ την! Απομόνωσέ την! ούρλιαζε τώρα πια η Μόργκαν.

Έξω το κακό! Μέσα το καλό! Έξω το κακό! Μέσα το καλό!

Με μια τελευταία κραυγή θυμού, ο Τζόε πέταξε το ρόπαλο προς τη μεριά των υπολογιστών. Αμέσως μετά ένιωσε κάποια χέρια να τον τραβάνε βίαια από τους ώμους.

– Να τον σκοτώσουμε τώρα; ρώτησε τη Μόργκαν ο Κάλβιν Τσαρλς. Να τους απομονώσουμε και τους δύο;

– Ναι, είπε και η Χριστίνα Χάακ. Να τους απομονώσουμε και τους δύο!

– Όχι, γρύλισε η Μόργκαν. Πρώτα πρέπει να βρούμε τον Τζόνι, αν μπορούμε. Ως όμηρος είναι πιο πολύτιμος από αυτούς.

Τον Τζόνι; Η Κολέτ και ο Τζόε κοίταξαν ο ένας τον άλλο. Τι σχέση έχει ο Τζόνι με όλα αυτά;

– Και μετά..., συνέχισε η Μόργκαν.

– Ναι; τη ρώτησε η Χριστίνα, που τα μάτια της πετούσαν φλόγες από το μίσος και την έκσταση.

– Και μετά μπορείτε να απομονώσετε τους διαφορετικούς με όποιον τρόπο διαλέξετε! ήταν η απάντηση της Μόργκαν.

Αναρρωτήριο του Ινστιτούτου
Πέμπτη, 14 Ιανουαρίου, ώρα 23.12

Η Εύα πάντα κατάφερνε να την εκπλήσσει, παραδέχτηκε με δυσφορία η Ρεβέκα καθώς βοηθούσε τη γυναίκα να μεταφέρει τον αναίσθητο Μαρκ στο αναρρωτήριο του Ινστιτούτου. Η Ρεβέκα περίμενε πως θα έπρεπε να διασχίσουν όλο το κτίριο και ν' αλλάξουν κτίριο για να πάνε στο αναρρωτήριο. Κι αν σ' όλη αυτή τη διαδρομή έρχονταν αντιμέτωποι με τίποτα εξαγριωμένους μαθητές;

Η Εύα την αποκάλεσε απλώς ανόητο παιδί και κατόπιν πήγε σε μια γωνιά του γραφείου του Έξφορντ, παραμέρισε έναν πίνακα και πάτησε κάτι πάνω σ' ένα πληκτρολόγιο που υπήρχε εκεί. Αμέσως ένα κομμάτι του τοίχου άνοιξε αποκαλύπτοντας την είσοδο ενός κρυφού περάσματος.

Η Εύα γέλασε περιφρονητικά με την έκπληξη της Ρεβέκας. Για ποιον άλλο λόγο πίστευε πως ο Έξφορντ και αυτή είχαν διαλέξει να στεγάσουν τις διοικητικές υπηρεσίες του Ινστιτούτου στο πιο κατεστραμμένο κτίριο απ' όλα; Απλούστατα γιατί, όπως της είπε, ήταν γεμάτο από τέτοια κρυφά περάσματα. Η Ρεβέκα κούνησε το κεφάλι της. Με αυτόν τον τρόπο λοιπόν η Εύα εμφανιζόταν και εξαφανιζόταν φαινομενικά από το πουθενά!

Το τούνελ μέσα στο οποίο έσπρωχναν τώρα τον Μαρκ ήταν σκοτεινό και καταθλιπτικό και φωτιζόταν μόνο από το φακό που είχε πάρει η Εύα μαζί της. Ήταν ζεστό και ασφυκτικό και η Ρεβέκα θυμήθηκε τα τούνελ μέσα στα οποία περπατούσε με τον Μαρκ και την Κολέτ όταν εξερευνούσαν τα ερείπια του παλιού αβαείου. Κοίταξε με φόβο το ταβάνι, το οποίο στηριζόταν με σιδερένια δοκάρια. Άρα μάλλον δε θα έπεφτε στο κεφάλι τους. Αυτή η Εύα φαίνεται ότι έχει σκεφτεί τα πάντα, είπε από μέσα της η Ρεβέκα.

Στα μισά το τούνελ χωριζόταν σε τρία μικρότερα. Η Εύα διάλεξε το αριστερό και, αφού περπάτησαν λίγο ακόμα, πέρασαν από μια άλλη κρυφή πόρτα κατευθείαν στο αναρρωτήριο. Η ξαφνική και απρόσμενη εμφάνισή τους εξέπληξε τους μαθητές που βρίσκονταν εκεί, όλοι ντυμένοι με τα νυχτικά και τις πιτζάμες τους. Ήταν συνολικά περίπου τριάντα, αγόρια και κορίτσια, και όλα έδειχναν αδύναμα.

Ανάμεσα στα κορίτσια ήταν και η Λιβ Φάραρ, που την είχαν στείλει εκεί μετά το νευρικό κλονισμό που έπαθε όταν βρήκε το ρατσιστικό μήνυμα που είχαν γράψει στον τοίχο του δωματίου της. Την ώρα που η Εύα διέταζε ένα από τα αγόρια να σηκωθεί από το κρεβάτι του για να βάλουν τον Μαρκ, η Λιβ έδειξε στη Ρεβέκα την πόρτα του αναρρωτηρίου και της είπε ότι είναι κλειδωμένη.

– Τους είδαμε από το παράθυρο, είπε στη Ρεβέκα. Τους είδαμε να επιτίθενται σε ένα μαθητή. Σκεφτήκαμε πως θα έρθουν να μας πιάσουν.

– Και δεν ήρθαν; τη ρώτησε η Ρεβέκα.

– Όχι. Δεν ξέρω γιατί, της απάντησε η Λιβ.

– Ίσως να σκέφτηκαν πως δεν άξιζε τον κόπο να ασχοληθούν μαζί σας, της είπε η Ρεβέκα. Οι αδύναμοι και οι ασθενείς είναι πάντα οι τελευταίοι που θα προσπαθήσουν να το σκάσουν.

Ύστερα κοίταξε έξω από το παράθυρο, προς το κεντρικό κτίριο του Ινστιτούτου. Οι φλόγες το είχαν περιτριγυρίσει. Φαίνεται πως η φωτιά από το εργαστήριο της χημείας είχε επεκταθεί. Ακόμα και από αυτή την απόσταση, μπορούσε ν' ακούσει τις ζητωκραυγές και τις βρισιές των εξαγριωμένων μαθητών.

– Είναι κάποιος άλλος εδώ που έχει μολυνθεί; ρώτησε η Εύα τη Λιβ την ώρα που έδενε τα χέρια του Μαρκ στο κρεβάτι και έβγαζε μια σύριγγα και μια βελόνα από το διπλανό κομοδίνο.

Η Λιβ κοίταξε τη Ρεβέκα.

– Μπορώ να την εμπιστευτώ; τη ρώτησε.

Η Ρεβέκα κούνησε το κεφάλι αβέβαια.

– Προς το παρόν πιστεύω πως ναι, της απάντησε.

– Όχι, απάντησε η Λιβ στην Εύα.

– Και η νοσοκόμος Κλερ; ρώτησε η Εύα.

Μιλούσε για τη γυναίκα που ήταν υπεύθυνη του αναρρωτηρίου.

– Δεν ξέρουμε, της είπε η Λιβ. Πήγε στο Ινστιτούτο όταν άρχισαν οι φασαρίες.

– Κλειδώσατε λοιπόν τον εαυτό σας μέσα και αυτή είναι έξω, είπε η Εύα.

– Δεν το σκεφτήκαμε, είπε η Λιβ ένοχα.

Στην πραγματικότητα τόσο η ίδια όσο και τα άλλα παιδιά που βρίσκονταν στο αναρρωτήριο δεν είχαν σκεφτεί τίποτ' άλλο εκτός απ' το να προστατέψουν τους εαυτούς τους.

– Καλά κάνατε, είπε η Εύα και βύθισε τη βελόνα στο μπράτσο του Μαρκ πιέζοντάς την προς τα κάτω. Η επιβίωση των ικανοτέρων. Είναι μια αδύναμη γυναίκα που ο στρατηγός έπρεπε να είχε διώξει χρόνια πριν. Αν πεθάνει, θα φταίει μόνο αυτή.

Η Ρεβέκα πλησίασε την Εύα.

– Δε μου αρέσει η στάση σου, της είπε.

– Με απορρίπτεις και εσύ, Στορμ; τη ρώτησε η Εύα. Όπως και ο Τζόζεφ Ουίλιαμς; Μήπως έχεις προσβληθεί και συ;

– Όχι, της είπε η Ρεβέκα με βεβαιότητα και κοίταξε ερωτηματικά τη βελόνα που είχε χώσει η Εύα στο μπράτσο του Μαρκ.

– Σαν τι σου φαίνεται; τη ρώτησε κοφτά η Εύα. Παίρνω ένα δείγμα από το αίμα του. Πριν μπορέσουμε να καταπολεμήσουμε αυτό που έχει καταλάβει το μισό σχολείο, θα πρέπει να το απομονώσουμε και να το αναγνωρίσουμε.

– Πιστεύεις πως είναι κάτι βιολογικό; τη ρώτησε η Ρεβέκα.

– Ναι, της απάντησε η Εύα και της έδωσε τη σύριγγα με το αίμα του Μαρκ. Υπάρχει ένα μικρό εργαστήριο επάνω που χρησιμοποιεί η Κλερ για να κάνει εξετάσεις αίματος. Εξέτασε το αίμα.

– Ναι, αλλά για ποιο πράγμα; τη ρώτησε η Ρεβέκα.

– Για οτιδήποτε δε θα έπρεπε να έχει το αίμα! της είπε απότομα η Εύα. Και κάτι άλλο, Στορμ.

– Ναι; είπε η Ρεβέκα.

– Αν ήμουν στη θέση σου, θα έβαζα τα πόδια στην πλάτη. Η Νάιτ και οι όμοιοί της θα έχουν ανακαλύψει την αίθουσα ελέγχου μέχρι τώρα.

– Την αίθουσα ελέγχου; τη ρώτησε παραξενεμένη η Ρεβέκα.

– Μέσα στο κτίριο των διοικητικών υπηρεσιών, της εξήγησε η Εύα. Αυτό θα της δώσει πρόσβαση σε οποιοδήποτε τμήμα του Ινστιτούτου. Σύντομα κανείς δε θα μπορεί ούτε να μπει ούτε να βγει έξω από τα κτίρια. Σύντομα θα είμαστε όλοι πολιορκημένοι.

Το πρόγραμμα
Παρασκευή, 15 Ιανουαρίου, ώρα 00.22

Η Μόργκαν Νάιτ εξακολουθούσε να παρατηρεί με θαυμασμό τον εξοπλισμό που βρισκόταν μπροστά της και να λυγίζει τα δάχτυλά της σαν μαέστρος που προετοιμάζεται να διευθύνει μια μεγάλη ορχήστρα. Ο Τζόε και η Κολέτ, που ήταν δεμένοι μαζί σε μια γωνιά, την παρακολουθούσαν φοβισμένοι. Κατά διαστήματα ο Κάλβιν Τσαρλς ή η Χριστίνα Χάακ τους πλησίαζαν και τους έφτυναν. Ήταν διαφορετικοί· κατά συνέπεια, μόνο αυτό τους άξιζε.

– Έτσι λοιπόν τα καταφέρνει η Εύα να παρακολουθεί κάθε κομμάτι του Ινστιτούτου, είπε η Μόργκαν χαμηλόφωνα, σαν να μιλούσε στον εαυτό της. Κρυμμένα όργανα που παρακολουθούν κάθε γωνιά του καταραμένου σχολείου της.

— Δεν είναι δικό της το σχολείο, της είπε ο Κάλβιν, ο οποίος την είχε πλησιάσει και είχε ακούσει τα τελευταία λόγια της.

— Μα και βέβαια είναι, του είπε η Μόργκαν. Ξέρω την Εύα εδώ και χρόνια.

— Την ξέρεις; τη ρώτησε ο Κάλβιν και ακόμα και ο Τζόε και η Κολέτ τέντωσαν τ' αφτιά τους για να ακούσουν.

— Ήταν ανακατεμένη στην εκτόξευση του πρώτου Ντέιμος, είπε η Μόργκαν. Αυτό που έστειλε την Άννα Ουόρντ στο διάστημα.

— Το θυμάμαι, είπε ο Κάλβιν, ο οποίος πάντα παρακολουθούσε οτιδήποτε σχετικό με τις εκτοξεύσεις στο διάστημα. Κάτι πήγε στραβά με εκείνη την εκτόξευση, έτσι δεν είναι;

— Έπρεπε να τα παρατήσουν όσο ήταν ακόμη καιρός, του είπε η Μόργκαν. Θυμάμαι που μου έλεγε ο μπαμπάς γι' αυτό. Το διαστημόπλοιο συνάντησε κάποιο σύννεφο κοσμικής σκόνης.

— Κοσμικής σκόνης; τη ρώτησε ο Κάλβιν.

— Δεν έχει σημασία, είπε η Μόργκαν και γύρισε το βλέμμα της ξανά στον εξοπλισμό που βρισκόταν μπροστά της. Η Ράντκλιφ και εγώ μπορέσαμε να απομονώσουμε τα μηχανήματα επικοινωνιών του Ινστιτούτου για λίγο από την οικία Φετς. Κάναμε παρεμβολές με τα δικά μας μηχανήματα.

Ο Τζόε άνοιξε διάπλατα τα μάτια του. Τώρα κατάλαβε τι έκρυβαν στο κελάρι τους η Μόργκαν και η Ράντκλιφ.

Η Μόργκαν έπιασε το βλέμμα έκπληξης του Τζόε

έτσι όπως η οθόνη του υπολογιστή αντανακλούσε το πρόσωπό του.

– Την ενέργεια που χρειαζόμαστε για τις παρεμβολές την αντλήσαμε από το κοντινό ραδιοτηλεσκόπιο του λόφου Φετς, είπε ύστερα η Μόργκαν στον Κάλβιν. Στη συνέχεια τη στείλαμε μέσα από το ραδιοτηλεσκόπιο στο ίδιο το Ινστιτούτο.

– Πώς; θέλησε να μάθει ο Κάλβιν.

– Ο μπαμπάς μου είναι εκατομμυριούχος κι αυτό μου επιτρέπει ν' αγοράσω πολλά πράγματα, του απάντησε η Μόργκαν.

– Και πώς έβγαλε όλα αυτά τα χρήματα; πετάχτηκε η Κολέτ, η οποία ήξερε ότι ο μισθός ενός αστροναύτη δεν είναι δα και αστρονομικός.

– Μία από τις συναδέλφους του κληρονόμησε μια ολόκληρη περιουσία όταν πέθανε ο παππούς της, της είπε η Μόργκαν.

– Η Άννα Ουόρντ; τη ρώτησε ο Κάλβιν.

Η Μόργκαν κούνησε το κεφάλι της.

– Ή, όπως την ξέρετε μέχρι τώρα, η οικονόμος μου, η δεσποινίς Ράντκλιφ, είπε. Ο καθηγητής Χέντερσον ήταν παραπάνω από ευτυχής να αφήσει μία πρώην αστροναύτη να χρησιμοποιήσει το ραδιοτηλεσκόπιό του για να κοιτάξει τον ουρανό. Βεβαίως δεν ήξερε τι έκανε στην πραγματικότητα.

– Μία αστροναύτης; αναρωτήθηκε φωναχτά η Κολέτ, η οποία δεν πίστευε τ' αφτιά της.

Τι δουλειά είχε μια πρώην αστροναύτης να δουλεύει σαν οικονόμος σε ένα κοιμισμένο χωριό όπως το Μπρέντμαουθ;

– Και πώς είχε δημιουργηθεί η περιουσία; ρώτησε ο Κάλβιν τη Μόργκαν.

– Με τη μαζική εστίαση, του απάντησε η Μόργκαν

και άρχισε να γελά. Ύστερα γύρισε στους άλλους. Θέλετε να δείτε αίμα; τους ρώτησε.

– Ναι, είπαν όλοι με μια φωνή.

– Και ν' απομονώσετε τους διαφορετικούς; τους ρώτησε η Μόργκαν.

– Ναι! Ν' απομονώσουμε τους διαφορετικούς! Να απομονώσουμε τους διαφορετικούς! Ν' απομονώσουμε τους διαφορετικούς..., άρχισαν να φωνάζουν ρυθμικά όλοι μαζί.

– Τότε αρχίζουμε, είπε η Μόργκαν και άρχισε να γυρίζει τους διακόπτες πάνω στην κονσόλα ελέγχου.

Αυτοί οι διακόπτες ρύθμιζαν τα πάντα στο Ινστιτούτο. Τα φώτα στα διάφορα κτίρια του Ινστιτούτου έσβησαν ένα ένα. Τώρα το μόνο που φαινόταν ήταν οι ανταύγειες από τη φωτιά που είχε πιάσει στο εργαστήριο χημείας.

Οι τεράστιες σιδερένιες πόρτες της εισόδου του Ινστιτούτου κλείδωσαν. Το ηλεκτροφόρο σύρμα που διέτρεχε τα κάγκελα και τους τοίχους ενεργοποιήθηκε κι αυτό κι άρχισε να πετά σπίθες. Οι οθόνες όλων των υπολογιστών έσβησαν και τα τηλέφωνα νεκρώθηκαν.

Το Ινστιτούτο ήταν τώρα απομονωμένο από τον υπόλοιπο κόσμο, έτοιμο για τη «Νέα Αυγή».

Μόνο λίγες ώρες μακριά ένα καραβάνι από στρατιωτικά φορτηγά κατευθυνόταν προς το χωριό Μπρένταμουθ μεταφέροντας τις πυρηνικές κεφαλές.

Ο κόσμος ήταν τώρα λίγες ώρες μακριά από την καταστροφή του.

Αποκομμένοι

Αναρρωτήριο του Ινστιτούτου
Παρασκευή, 15 Ιανουαρίου, ώρα 03.00

Η Εύα έριξε το φακό της στο μικροσκόπιο μέσα από το οποίο η Ρεβέκα μελετούσε το δείγμα αίματος του Μαρκ.

Η Ρεβέκα την κοίταξε και κούνησε το κεφάλι της.

– Λυπάμαι Εύα, της είπε. Δεν υπάρχει τίποτα το ασυνήθιστο στο αίμα του Μαρκ.

– Μα πρέπει, επέμεινε η Εύα.

– Κοίταξέ το κι εσύ, να δεις από μόνη σου, της είπε η Ρεβέκα, η οποία ήξερε ότι με τα λόγια αυτά θα έφερνε σε δύσκολη θέση την Εύα κι έψαχνε εδώ και ώρα την ευκαιρία για να το κάνει.

– Δεν είμαι εξοικειωμένη με τον τύπο αίματός του, είπε η Εύα αόριστα, αποφεύγοντας να κοιτάξει.

– Εάν είχα ηλεκτρονικό μικροσκόπιο, τότε ίσως να μπορούσα να βρω κάτι, της είπε η Ρεβέκα. Αλλά με τούτο δω έκανα ό,τι καλύτερο μπορούσα.

— Θα πρέπει να υπάρχει κάτι το ασυνήθιστο, επανέλαβε η Εύα και έπιασε το μπράτσο της Ρεβέκας.

— Έι, τι κάνεις; αντέδρασε η Ρεβέκα.

— Εσύ δε μολύνθηκες! της είπε η Εύα. Αν συγκρίνουμε το δικό σου αίμα με το αίμα του Πράις, ίσως να βρούμε τη διαφορά.

— Άσ' την ήσυχη, είπε η Λιβ Φάραρ, η οποία όλη αυτή την ώρα στεκόταν δίπλα στη Ρεβέκα και την παρακολουθούσε που εξέταζε το δείγμα αίματος του Μαρκ. Ούτε κι εσύ μολύνθηκες. Γιατί δεν παίρνουμε ένα δείγμα από το δικό σου αίμα;

Η Εύα κούνησε αρνητικά το κεφάλι της.

— Γιατί όχι; τη ρώτησε η Ρεβέκα.

— Το αίμα μου δεν είναι όμοιο με το δικό σας, απάντησε η Εύα στα δυο κορίτσια επιλέγοντας πολύ προσεκτικά τις λέξεις.

Η Ρεβέκα ένιωσε να τρέμει. Με τον Μαρκ και τους άλλους αστειεύονταν συχνά πως η Εύα δεν έμοιαζε και πολύ με άνθρωπο.

Λες τελικά να είχαν δίκιο;

— Εάν λοιπόν αυτό που πρόσβαλε τον Πράις και τους άλλους δε φαίνεται στο αίμα, τότε πού αλλού θα μπορούσε να είναι; αναρωτήθηκε η Εύα, σχεδόν σαν να μιλούσε στον εαυτό της.

— Τι εννοείς; τη ρώτησε η Ρεβέκα και πρόσθεσε σαρκαστικά: Μήπως να 'παιρνα ένα δείγμα εγκεφαλονωτιαίου υγρού από τον Μαρκ;

— Μην είσαι τρελή, φώναξε η Λιβ. Ακόμα και αν το αναρρωτήριο ήταν εξοπλισμένο για κάτι τέτοιο, πώς θα τα κατάφερνες χωρίς ηλεκτρικό ρεύμα; Μπορεί ο Μαρκ να πέθαινε...

— Ε, η απώλεια δε θα 'ταν και τόσο μεγάλη, σχολίασε κυνικά η Εύα. Ο Πράις δεν ήταν ποτέ από τους καλύτερους μαθητές του Ινστιτούτου. Δεν ταιριάζει με το μεγάλο μας σχέδιο...

— Είσαι τόσο κακή..., άρχισε να της λέει η Ρεβέκα αλλά σταμάτησε, γιατί θυμήθηκε κάτι.

— Τι είναι, Στορμ; τη ρώτησε ανυπόμονα η Εύα. Θυμήθηκες κάτι;

— Σεροτονίνη! είπε η Ρεβέκα. Η χημική ουσία που προκαλεί αλλαγές της διάθεσης στον εγκέφαλο. Ο Τζόε είχε βρει ένα βιβλίο σχετικά με τους νευροδιαβιβαστές στο δωμάτιο της Μόργκαν Νάιτ, στην οικία Φετς.

— Αυτό ίσως να εξηγεί γιατί οι μαθητές έχουν γίνει τόσο επιθετικοί, είπε η Εύα. Ακουγόταν ενθουσιασμένη.

— Όχι όλοι οι μαθητές, της είπε η Λιβ. Τα παιδιά εδώ στο αναρρωτήριο δεν έχουν μολυνθεί.

— Αυτό δε μου προκαλεί έκπληξη, με την τροφή που σας δίνει η Κλερ, αστειεύτηκε η Ρεβέκα και θυμήθηκε τη μία και μοναδική φορά που είχε μείνει στο αναρρωτήριο και η Κλερ την τάιζε από το πρωί μέχρι το βράδυ μόνο σούπες με λαχανικά και χυμό από καρότα, κάτι πολύ βαρετό ακόμη και για μια χορτοφάγο όπως εκείνη. Αυτό είναι! φώναξε ενθουσιασμένη η Ρεβέκα. Ο Μαρκ, ο Γκριφ κι όλοι οι άλλοι μαθητές εδώ πέρα τρώνε κρέας!

— Εννοείς πως το κρέας που σερβίρουν στην τραπεζαρία του σχολείου είναι μολυσμένο; τη ρώτησε η Λιβ. Κάτι σαν τη νόσο των τρελών αγελάδων πριν από κάποια χρόνια;

— Μα ναι. Είναι λογικό, έτσι; είπε η Ρεβέκα.

— Εγώ εκείνο που ξέρω, είναι ότι η κυρία Τσάπμαν δεν έπρεπε ποτέ να φύγει από δω, είπε η Λιβ. Όμως η Κολέτ δεν είναι χορτοφάγος, έτσι δεν είναι;

— Όχι. Δεν είναι όμως και μαθήτρια του Ινστιτούτου, γι' αυτό και δεν τρώει εδώ πέρα, είπε η Ρεβέκα κι ύστερα γύρισε προς την Εύα. Η θεωρία μου στέκει, έτσι δεν είναι;

Η Εύα κούνησε το κεφάλι της.

– Αν στέκει, τότε μπορούμε εύκολα να διορθώσουμε τα πράγματα, είπε. Σταματάμε να δίνουμε κρέας και αυξάνουμε με φάρμακα τα επίπεδα της σεροτονίνης.

Η Ρεβέκα έκρινε πως τώρα ήταν η κατάλληλη στιγμή για να στριμώξει λιγάκι την Εύα. Έτσι, τη ρώτησε:

– Είπες πως είναι δύο οι λόγοι για τους οποίους η Μόργκαν Νάιτ γράφτηκε στο Ινστιτούτο. Ο ένας είναι πως ο πατέρας της δώρισε χρήματα στο Ινστιτούτο. Ποιος είναι ο άλλος;

Η Εύα δεν απάντησε αμέσως. Μέσα της σκεφτόταν αν έπρεπε να πει στη Ρεβέκα την αλήθεια. Τελικά αποφάσισε πως θα της την έλεγε, έτσι όπως είχαν εξελιχθεί τα πράγματα.

– Πριν από τρία χρόνια η αστροναύτης Άννα Ουόρντ συνάντησε ένα σύννεφο κοσμικής σκόνης κατά τη διάρκεια μιας αποστολής της στον Άρη, είπε η Εύα.

– Κοσμική σκόνη; Τι εννοείς; Και γιατί κανείς δεν άκουσε τίποτα γι' αυτό τότε; τη ρώτησε η Ρεβέκα. Ο μπαμπάς μου δούλευε τότε στο κέντρο ελέγχου... πριν πεθάνει.

– Α, ναι, ο Νάθαν Στορμ, είπε η Εύα.

– Τον γνώριζες; τη ρώτησε η Ρεβέκα.

– Όχι, είπε ψέματα η Εύα και χαμογέλασε, γιατί πώς να αποκάλυπτε στη Στορμ πως ο πατέρας της, τον οποίο θεωρούσε χαμένο από καιρό, ζούσε κι ήταν ο ελεγκτής του προγράμματος; Ίσως να της το 'λεγε κάποια στιγμή, αλλά όταν έκρινε πως θα της προξενούσε το μεγαλύτερο κακό.

– Γιατί λοιπόν δεν ακούσαμε τίποτα γι' αυτό τότε; επανέλαβε η Λιβ την ερώτηση της Ρεβέκας.

– Διότι είχε αποφασιστεί πως δεν ήταν μέσα στα ενδιαφέροντα της κοινής γνώμης, ήρθε κοφτή η απάντηση της Εύας.

– Ποιος το αποφάσισε αυτό; τη ρώτησε η Ρεβέκα και κατόπιν έδωσε τη δική της απάντηση: Εσύ, έτσι δεν είναι;

Η Εύα αρνήθηκε να απαντήσει στην ερώτηση.

– Όταν υπέβαλαν την Ουόρντ σε εξετάσεις, είδαν πως είχε προσβληθεί από κάποιο είδος άγνωστου ιού που τρεφόταν με τα κύματα της σκέψης του ανθρώπου, είπε. Δεν ήταν ιός κολλητικός, εκτός και αν κάποιος ερχόταν σε πολύ στενή επαφή μαζί της. Για παράδειγμα το πλήρωμα του δεύτερου Ντέιμος δεν προσβλήθηκε. Το πλήρωμα του τρίτου Ντέιμος, με κυβερνήτη τον Άρμστρονγκ Νάιτ, δε θα περνούσε κοντά από το σύννεφο, εάν η αποστολή τους δεν είχε καθυστερήσει είκοσι μέρες.

– Θυμάμαι που διάβασα κάτι γι' αυτό στον Τύπο και είδα επίσης κάτι σχετικό στο κανάλι CNN, είπε η Λιβ κι αμέσως μετά ορθάνοιξε τα μάτια της. Εύα, εσύ καθυστέρησες την αποστολή, έτσι δεν είναι;

– Αποφάσισα πως έπρεπε να το διακινδυνεύσω, της είπε η Εύα. Ο Άρμστρονγκ Νάιτ μολύνθηκε, και όταν επέστρεψε στη Γη, μόλυνε και την κόρη του, ακριβώς όπως είχε σχεδιαστεί.

– Ο δεύτερος λόγος για τον οποίο η Μόργκαν έγινε δεκτή στο Ινστιτούτο; επανήλθε η Ρεβέκα στην αρχική της ερώτηση, αποφασισμένη να μην αφήσει την Εύα να της ξεφύγει τώρα που την είχε στριμώξει για τα καλά.

– Η Μόργκαν έχει μεγάλες τηλεπαθητικές ικανότητες, της απάντησε η Εύα. Ο ίδιος ο ιός δεν είναι βλαβερός για τον άνθρωπο. Εάν όμως αρχίσει να τρέφεται με το νου κάποιου τηλεπαθητικού, όπως αυτή, τότε μπορεί να του δώσει τεράστια δύναμη, στην οποία λίγοι θα μπορούσαν ν' αντισταθούν, εάν, όπως λέει η θεωρία σου, Στορμ, τα επίπεδα σεροτονίνης στον εγκέφαλό τους είναι χαμηλά. Σ' αυτή την περίπτωση θα της έδινε τη δύναμη ενός Χίτλερ ή ενός Τζέκινς Χαν ή ενός Καίσαρα. Θεωρήσαμε πως η Μόργκαν θα μπορούσε τελικά να γίνει ένα πολύτιμο όπλο για το πρόγραμμα. Έτσι νομίζαμε...

– Και φτάσαμε εδώ που φτάσαμε, τη διέκοψε η Ρεβέκα.

– Εμείς..., άρχισε να λέει η Εύα αλλά φρόντισε να διορθώσει αμέσως τα λόγια της. Θέλω να πω... θεωρήθηκε πως η Μόργκαν και ο ιός θα μπορούσαν να συμβιώσουν με κάποιον τρόπο και να τρέφονται ο ένας από τον άλλον.

– Κάτι όμως πήγε στραβά στο σχέδιό σας, τη διέκοψε η Ρεβέκα.

Η Εύα κούνησε καταφατικά το κεφάλι της.

– Ο ιός την ελέγχει τώρα πλήρως και τρέφεται από τα κύματα της σκέψης της, είπε. Στο τέλος βεβαίως, όπως συμβαίνει με κάθε ιό που ελέγχει πλήρως έναν ανθρώπινο οργανισμό, θα την καταστρέψει.

– Αφού όμως πρώτα θα έχει εξαπλωθεί και θα έχει καταλάβει ένα σωρό ανθρώπους, με σκοπό μάλλον να εξαφανίσει τελικά ολόκληρο το ανθρώπινο γένος, είπε η Ρεβέκα.

– Ακριβώς, Στορμ. Ο ιός δε θέλει τίποτα άλλο παρά να καταστρέψει ολόκληρη την ανθρώπινη φυλή, μέχρι να παραμείνει το μόνο ζωντανό στοιχείο σ' αυτόν τον πλανήτη, είπε η Εύα.

– Είναι σαν να μιλάς για το τέλος του κόσμου, της είπε η Λιβ Φάραρ.

— Ακριβώς, είπε η Εύα.

Η Ρεβέκα σκέφτηκε για μια στιγμή.

— Και όλα αυτά συμβαίνουν γιατί ανακάλυψες πως η Μόργκαν έχει τηλεπαθητικές ικανότητες; τη ρώτησε.

— Ναι, της απάντησε η Εύα.

— Μα έχουμε κάποιον εδώ στο Ινστιτούτο που έχει ανάλογες ικανότητες με αυτές της Μόργκαν. Τον Τζόε! είπε η Ρεβέκα.

— Δε νομίζω ότι ο Τζόε μπορεί να μας βοηθήσει, είπε η Εύα. Έχει φάει κι αυτός μολυσμένο κρέας.

— Όχι, είπε η Ρεβέκα και θυμήθηκε τους πονοκεφάλους του Τζόε. Προσπαθεί να το παλέψει από τότε που μολύνθηκε. Θα μπορούσε να είναι η μοναδική μας ευκαιρία!

— Πότε είδες για τελευταία φορά τον Ουίλιαμς; τη ρώτησε η Εύα.

— Αυτός και η Κολέτ μου είπαν πως θα πήγαιναν να διαρρήξουν το γραφείο του στρατηγού Έξφορντ, της είπε η Ρεβέκα.

Η Εύα συγκρατήθηκε να μην αρχίσει να βρίζει θεούς και δαίμονες. Ύστερα θυμήθηκε τον ήχο από βήματα που την ακολουθούσαν όταν πήγαινε στην αίθουσα ελέγχου του προγράμματος.

— Μα τότε θα πρέπει να πήγε στο πρόγραμμα, είπε. Το ίδιο και η Μόργκαν Νάιτ. Έτσι εξηγείται γιατί δεν έχει ηλεκτρικό ολόκληρο το Ινστιτούτο.

— Πώς πάνε εκεί; τη ρώτησε η Ρεβέκα. Μήπως με το τούνελ που πήραμε προηγουμένως;

— Όχι, της απάντησε η Εύα. Το πέρασμα αυτό θα μας βγάλει μόνο στο γραφείο.

— Τότε πάμε, είπε η Ρεβέκα.

Όμως το αγκομαχητό που ακούστηκε από ένα κρεβάτι την έκανε να γυρίσει. Ο Μαρκ συνερχόταν.

— Αυτό σημαίνει πως και ο Ρις-Τζέκινς θα έχει αρχίσει να συνέρχεται από την επίδραση του φαρμάκου, είπε η Εύα. Σύντομα θα καταλάβει ποιο δρόμο πήραμε και θα οδηγήσει γρήγορα τους άλλους στο τούνελ.

— Τότε θα πρέπει να επιστρέψουμε κανονικά, όχι από το τούνελ, είπε αποφασιστικά η Ρεβέκα.

— Μην είσαι ανόητη, της είπε η Εύα. Θα μας σκοτώσουν μόλις βγούμε έξω από το αναρρωτήριο.

— Δεν υπάρχει άλλος τρόπος, επέμεινε η Ρεβέκα. Έτσι κι αλλιώς, αν όσα είπες είναι αλήθεια, τότε η Μόργκαν σύντομα θα τους οργανώσει για να στήσουν ενέδρα στο καραβάνι με τα πυρηνικά. Θα είναι πολύ απασχολημένοι για να μας προσέξουν.

— Είναι επικίνδυνο, επέμεινε η Εύα.

— Ναι, αλλά εγώ τουλάχιστον είμαι έτοιμη να προσπαθήσω, της είπε θυμωμένα η Ρεβέκα. Δεν ξέρω ποια είσαι στην πραγματικότητα, Εύα. Δεν ξέρω καλά καλά αν είσαι άνθρωπος ή όχι, και σου λέω με κάθε ειλικρίνεια πως δε με νοιάζει. Αυτό που πραγματικά με νοιάζει, είναι πως αυτός εδώ είναι ο πλανήτης μου και πως δε θέλω να τον δω να μετατρέπεται σε μια μάζα φωτιάς μόνο και μόνο επειδή έχασες τον έλεγχο κάποιου από τα πειράματά σου. Τώρα, ή θα έρθεις μαζί μου ή θα πάω μόνη μου!

Η Εύα κοίταξε έξω από το παράθυρο, τις φλόγες έτσι όπως ξεπετάγονταν από το εργαστήριο χημείας, και τις ομάδες των εξαγριωμένων μαθητών οι οποίες προσπαθούσαν να σβήσουν τη φωτιά.

Προφανώς η Μόργκαν θα τους είχε δώσει διαταγή, γιατί δεν ήθελε η φωτιά να τραβήξει την προσοχή του κόσμου στο Ινστιτούτο. Βεβαίως ανάλογα σκέφτονταν και ο Έξφορντ με την Εύα, αλλά αυτοί για διαφορετικούς λόγους.

Σε λίγες ώρες θα ξημέρωνε. Ίσως να ήταν η τελευταία ανατολή που θα έβλεπε η ανθρώπινη φυλή. Η Εύα γύρισε στη Ρεβέκα.

– Θα έρθω μαζί σου, Στορμ, της είπε.

Ινστιτούτο Μπρέντμαουθ
Παρασκευή, 15 Ιανουαρίου, ώρα 04.15

Ο ήλιος δεν είχε ανατείλει ακόμα όταν η Ρεβέκα και η Εύα βγήκαν προσεκτικά από το αναρρωτήριο του Ινστιτούτου. Στον αέρα πλανιόταν μια περίεργη σιωπή και το μόνο που άκουγε κανείς ήταν το κελάηδισμα κάποιων πουλιών που ξυπνούσαν νωρίς.

Μια-δυο φορές άκουσαν κάποιες κραυγές πόνου και συνειδητοποίησαν πως κάπου κάποιος είχε πέσει θύμα επίθεσης από τους εξαγριωμένους οπαδούς της Μόργκαν. Η φωτιά στο εργαστήριο χημείας είχε σβήσει αλλά όλος ο τόπος είχε γεμίσει αποκαΐδια και παντού μύριζε καμένο.

Καθώς διέσχιζαν τον ανοιχτό χώρο με κατεύθυνση το κεντρικό κτίριο του Ινστιτούτου, φροντίζοντας να κρύβονται κάθε τόσο πίσω από τα δέντρα, η Εύα σκέφτηκε πως η Στορμ είχε μάλλον δίκιο. Η Μόργκαν θα πρέπει να είχε οργανώσει τους δικούς της για την ενέδρα. Το καραβάνι με τα πυρηνικά θα περνούσε σε λίγη ώρα μπροστά από την είσοδο του κτήματος όπου βρισκόταν το Ινστιτούτο.

Κι ενώ τα σκεφτόταν αυτά, πως δηλαδή ήταν περίεργο που δεν είχαν συναντήσει κανέναν οπαδό της Μόργκαν μέχρι τώρα, ξαφνικά ακούστηκε ένας πυροβολισμός. Η Εύα έβγαλε μια φωνή και έπεσε στο έδαφος. Το αίμα άρχισε να τρέχει από το μανίκι του σακακιού που φορούσε.

Η Ρεβέκα έσκυψε για να τη βοηθήσει να σταθεί στα πόδια της. Η Εύα την έσπρωξε μακριά, όπως θα έκανε με μια μύγα.

– Δε χρειάζομαι βοήθεια από κάποιον σαν και σένα, της είπε κοφτά, καθώς προσπαθούσε να σταθεί στα πόδια της.

– Κοίτα! της είπε η Ρεβέκα και της έδειξε τη στέγη του κεντρικού κτιρίου του Ινστιτούτου.

Δυο αντρικές φιγούρες διαγράφονταν καθαρά στο φως της σελήνης. Ήταν ο Κέβιν και ο Άντριου και τις σημάδευαν με καραμπίνες.

Η Ρεβέκα βούτηξε την Εύα από το μπράτσο και την έσυρε πίσω από ένα δέντρο, καθώς οι δυο ελεύθεροι σκοπευτές άρχισαν να πυροβολούν ξανά. Το γρασίδι γύρω από τη Ρεβέκα και την Εύα γαζώθηκε από σφαίρες, το ίδιο κι ο κορμός του δέντρου.

Κάποια στιγμή οι πυροβολισμοί έπαψαν. Τότε η Ρεβέκα με την Εύα εκμεταλλεύτηκαν την ευκαιρία, βγήκαν πίσω από το δέντρο κι άρχισαν να τρέχουν προς το σκεπαστό διάδρομο που συνέδεε το κεντρικό κτίριο με το κτίριο των διοικητικών υπηρεσιών. Τελικά έφτασαν σώες στο σκεπαστό διάδρομο και συνέχισαν να τρέχουν κατά μήκος του.

Ελάχιστα μέτρα πριν από την είσοδο του κτιρίου με τις διοικητικές υπηρεσίες, είδαν μπροστά τους μια εκτυφλωτική λευκή λάμψη και ένιωσαν το τσιμέντο να λιώνει κάτω από τα πόδια τους.

Αντίκρυ τους στεκόταν ο Κάλβιν Τσαρλς και στα χέρια του κρατούσε ένα περίεργο όπλο, σαν αυτό με το οποίο είχε αναισθητοποιήσει προηγουμένως η Εύα τον Μαρκ και τον Γκριφ.

— Μην πλησιάζετε, διαφορετικοί, τους είπε με τραχιά και άγρια φωνή. Η Νέα Αυγή πρέπει να έρθει.

— Μη λες βλακείες, Κάλβιν, του είπε η Ρεβέκα.

— Ο κόσμος πρέπει να καθαριστεί με φωτιά, είπε εκείνος. Η Νέα Αυγή πρέπει να έρθει.

— Η Μόργκαν –ή ο ιός που την έχει καταλάβει– θέλει να μας σκοτώσει όλους! του είπε η Ρεβέκα.

Αλλά ο Κάλβιν δεν καταλάβαινε. Τότε η Εύα έβγαλε το δικό της όπλο από το σακάκι της και πυροβόλησε τον Κάλβιν. Αυτός έβγαλε μια κραυγή και έπεσε στο έδαφος, δίπλα από τις ανοιχτές πόρτες.

— Τι του έκανες; Τον αναισθητοποίησες όπως τους άλλους; τη ρώτησε η Ρεβέκα.

— Τον σκότωσα, ήταν η κοφτή απάντηση της Εύας καθώς έτρεχε προς τις πόρτες. Τώρα βιάσου.

Η Ρεβέκα στάθηκε τρομοκρατημένη, χωρίς να πιστεύει τα μάτια της, μπροστά από το σώμα του νεκρού Κάλβιν. Έμεινε όμως εκεί περισσότερο από όσο έπρεπε, γιατί ξαφνικά μια ομάδα από τρία παιδιά με επικεφαλής τη Χριστίνα Χάακ έκανε την εμφάνισή της από μια γωνία.

— Στορμ! Πίσω σου! της φώναξε η Εύα.

Η Εύα γύρισε πίσω και άρχισε να παλεύει με τους μαθητές. Τους χτυπούσε με τις γροθιές της και με το πίσω μέρος του περίεργου όπλου της. Τελικά, κάποια στιγμή, έσυρε τη Ρεβέκα μέχρι το χολ της εισόδου και έκλεισε τις πόρτες πίσω τους.

— Σ' ευχαριστώ, της είπε η Ρεβέκα καθώς προσπαθούσε να πάρει μια ανάσα.

— Μη μ' ευχαριστείς, της είπε η Εύα κι έβαλε το χέρι της στην τσέπη, απ' όπου έβγαλε ένα περίστροφο.

Το έδωσε στη Ρεβέκα. Η Ρεβέκα αρνήθηκε να το πάρει. Τότε η Εύα το ξανάβαλε μέσα στην τσέπη της κι άρχισε να προχωρεί προς το διάδρομο που οδηγούσε στο πρόγραμμα.

— Θα μπορούσαν να με είχαν σκοτώσει, της είπε η Ρεβέκα καθώς τάχυνε το βήμα της για να την προφταίνει. Γιατί με έσωσες;

— Με σένα νεκρή, πώς θα με πίστευε ο Τζόζεφ Ουίλιαμς; της είπε η Εύα. Και τώρα βιάσου! Δεν έχουμε πολύ χρόνο στη διάθεσή μας.

Το πρόγραμμα
Παρασκευή, 15 Ιανουαρίου, ώρα 04.22

Η Μόργκαν Νάιτ –ή μάλλον ο ιός που είχε καταλάβει τον εγκέφαλο της Μόργκαν Νάιτ– παρακολουθούσε με απροσμέτρητη ευχαρίστηση τις εικόνες που έδειχναν οι οθόνες των υπολογιστών μπροστά της στην αίθουσα ελέγχου. Καθεμία έδειχνε και ένα διαφορετικό τμήμα του Ινστιτούτου.

Στις κλειστές καγκελόπορτες του Ινστιτούτου, που είχαν τώρα ηλεκτρικό ρεύμα για να αποτρέπουν όποιον ήθελε να μπει μέσα, περίμενε μια μικρή ομάδα μαθητών οπλισμένων με όπλα του προγράμματος. Όταν το καραβάνι με τα πυρηνικά θα πλησίαζε σε απόσταση που να μπορούν να το δουν, τότε οι καγκελόπορτες θα άνοιγαν αυτόματα και τα παιδιά θα ορμούσαν έξω για να σταματήσουν την αυτοκινητοπομπή.

Επάνω στη στέγη του κτιρίου με τους κοιτώνες των αγοριών ο τολμηρός Γκριφ Ρις-Τζέκινς, ο οποίος είχε συνέλθει τελείως από το αναισθητικό της Εύας, καθόταν πίσω από ένα όπλο που έμοιαζε με μπαζούκας. Κατά καιρούς έστρεφε το βλέμμα του προς το αναρρωτήριο. Η Λιβ και οι άλλοι ήταν κλειδωμένοι εκεί. Μόλις τα πυρηνικά έπεφταν στα χέρια τους, εκείνος και οι φίλοι του θα μπορούσαν να διασκεδάσουν με τους άλλους, τους διαφορετικούς.

Σε μια άλλη στέγη η Χριστίνα Χάακ στεκόταν πίσω από ένα παρόμοιο όπλο. Άλλοι μαθητές του Ινστιτούτου ήταν κρυμμένοι μέσα στα δέντρα κατά μήκος του δρόμου απ' όπου θα περνούσε το καραβάνι.

Μια κάμερα κατέγραφε την προσέγγιση του καραβανιού στο Ινστιτούτο.

– Δε θα κερδίσετε, ξέρετε, είπε η Κολέτ στη Μόργκαν από εκεί που καθόταν στο πάτωμα δεμένη πλάτη με πλάτη με τον Τζόε.

– Έχουμε ήδη κερδίσει, της απάντησε η Μόργκαν και χαμογέλασε στο άτομο που έμπαινε εκείνη τη στιγμή στο δωμάτιο.

Η Κολέτ έριξε ένα θυμωμένο βλέμμα στη δεσποινίδα Ράντκλιφ, την οικονόμο της οικίας Φετς, ή μάλλον καλύτερα την Άννα Ουόρντ, αφού αυτό ήταν το πραγματικό της όνομα.

– Ο Τζόε κατάφερε να σε νικήσει, συνέχισε η Κολέτ. Κατάφερε να νικήσει τα επιθετικά συναισθήματα που έβαλες μέσα του.

– Πολλά λες, κοριτσάκι, είπε η Ράντκλιφ κι έβγαλε ένα περίστροφο από την τσέπη της.

Σημάδεψε τον Τζόε και την Κολέτ.

Ο Τζόε τρομοκρατήθηκε όταν είδε το περίστροφο αλλά κράτησε την ψυχραιμία του. Εδώ και λίγη ώρα ένιωθε να ανακτά τις δυνάμεις του. Μέσα του σκεφτόταν ότι το μόνο που τους χρειαζόταν ήταν χρόνος.

– Νάιτ, σταμάτησε την ενέδρα τώρα ή θα πεθάνεις, ακούστηκε μια κοφτή φωνή μέσα στην αίθουσα ελέγχου του προγράμματος.

Όλοι γύρισαν για να δουν ποιος είχε μιλήσει. Ήταν η Εύα, και δίπλα της στεκόταν η Ρεβέκα. Η Εύα κρατούσε στα χέρια της το όπλο πλάσματος και σημάδευε τη Μόργκαν. Η Μόργκαν δε φάνηκε να ανησυχεί. Επίσης δε φάνηκε ν' ανησυχεί ούτε κι όταν η Ρεβέκα πλησίασε τον Τζόε και την Κολέτ για να τους λύσει.

Η Ράντκλιφ παρακολουθούσε ατάραχη, χωρίς να κάνει καμία κίνηση.

– Και να με σκοτώσεις, δε θα βγάλεις τίποτα, είπε η Μόργκαν στην Εύα.

– Κι όμως, θα μου δώσει μεγάλη ευχαρίστηση, της απάντησε η Εύα.

– Πώς μπορείς να σκοτώσεις κάτι που βρίσκεται μέσα στο μυαλό μου; τη ρώτησε η Μόργκαν και κατόπιν στράφηκε προς τις οθόνες.

Το καραβάνι με τα πυρηνικά βρισκόταν μόλις ένα χιλιόμετρο μακριά από τις καγκελόπορτες του Ινστιτούτου. Όλα πήγαιναν σύμφωνα με το σχέδιο.

Η Εύα χαμήλωσε λίγο το όπλο. Ήξερε πως η Μόργκαν είχε δίκιο. Ακόμα και αν κατέστρεφε το σώμα της Μόργκαν, δεν μπορούσε να καταστρέψει τον ιό που είχε καταλάβει το μυαλό της. Άρα το πρώτο που έπρεπε να κάνουν ήταν να απομονώσουν τον ιό, να τον καταπολεμήσουν κι έτσι, σιγά σιγά, η Μόργκαν θα έπαυε να ελέγχει τους υπόλοιπους. Όμως με το καραβάνι μόλις ένα χιλιόμετρο μακριά από το Ινστιτούτο, πώς τα κάνεις όλα αυτά;

Η Εύα γύρισε και κοίταξε τον Τζόε και την Κολέτ. Η Ρεβέκα τους είχε λύσει εντωμεταξύ κι έτσι τώρα στέκονταν όρθιοι, στα πόδια τους. Η Εύα κούνησε συνθηματικά το κεφάλι της στη Ρεβέκα. Εάν έπρεπε να γίνει κάτι, έπρεπε να γίνει τώρα. Δεν υπήρχε ούτε λεπτό για χάσιμο. Η Ρεβέκα ψιθύρισε κάτι στον Τζόε.

Εκείνη τη στιγμή η Μόργκαν χτύπησε τα χέρια της θριαμβευτικά. Το καραβάνι είχε φτάσει τώρα στην τελευταία στροφή του δρόμου. Μέσα σε λίγα δευτερόλεπτα θα μπορούσαν να το δουν από το Ινστιτούτο· μέσα σε λίγα δευτερόλεπτα θα άρχιζε η αντίστροφη μέτρηση για τον πλανήτη Γη.

– Μόργκαν, δεν μπορείς να το κάνεις, της είπε ο Τζόε και άρχισε να περπατά αργά προς το μέρος της. Δεν μπορείς να σκοτώσεις ολόκληρο τον πλανήτη.

– Τι; Δεν μπορώ; Μα αυτό ακριβώς κάνω! του είπε εκείνη.

– Η Μόργκαν Νάιτ δε θα το έκανε, της είπε ο Τζόε και την κοίταζε σταθερά μέσα στα μάτια, ακίνητος.

Η Μόργκαν γύρισε από την άλλη πλευρά.

– Η Μόργκαν Νάιτ δεν είναι εδώ, είπε η Μόργκαν. Έχει απομονωθεί εδώ και πολύ καιρό.

– Κι όμως, είναι, συνέχισε ο Τζόε και προσπαθούσε σκληρά να διεισδύσει μέσα στο μυαλό της Μόργκαν για ν' απομονώσει τον ιό. Κάτι από το ντροπαλό πλάσμα που ήταν κάποτε η Μόργκαν Νάιτ είναι ακόμα εδώ. Δεν μπορείς να τη σβήσεις εντελώς.

Η Μόργκαν συνοφρυώθηκε για λίγο. Στο κεφάλι της ένιωθε ένα αχνό αλλά επίμονο και συνεχές χτύπημα.

– Εγώ το νίκησα, Μόργκαν, συνέχισε ο Τζόε και την κοιτούσε διεισδυτικά μέσα στα μάτια. Κι εσύ μπορείς να το νικήσεις. Πρέπει να πολεμήσεις. Απομόνωσέ το. Μην το αφήσεις να σου κλέψει την ψυχή.

– Δεν ξέρω για ποιο πράγμα μιλάς, του είπε η Μόργκαν ενώ μέσα της ήξερε πως έλεγε ψέματα, γιατί ήδη ένιωθε τα κύματα σκέψης του Τζόε να διαπερνούν το μυαλό της.

– Απομόνωσέ το Μόργκαν, απομόνωσέ το! της φώναξε ο Τζόε και άρχισε να επαναλαμβάνει αυτό που του είχε μάθει η Κολέτ: Έξω το κακό! Μέσα το καλό! Έξω το κακό! Μέσα το καλό!

– Ναι, είπε η Μόργκαν Νάιτ σιωπηλά. Έξω το κακό! Μέσα το καλό!... Όχι!

– Έξω το κακό! Μέσα το καλό! Έξω το κακό! Μέσα το καλό! συνέχισε ο Τζόε.

Στο δρόμο ο οδηγός του πρώτου φορτηγού και ο αστυνόμος που τον συνόδευε παρατήρησαν κάποια κίνηση μέσα στα δέντρα κοντά στο εντυπωσιακό ιδιωτικό σχολείο όπου σπούδαζαν ιδιοφυΐες. Ίσως και να ήταν της φαντασίας τους. Παρ' όλα αυτά, μείωσαν την ταχύτητά τους.

– Όχι! φώναξε η Μόργκαν. Απομονώστε τους διαφορετικούς! Απομονώστε τους διαφορετικούς!

– Έξω το κακό! Μέσα το καλό! συνέχιζε από την πλευρά του ο Τζόε. Έξω... Ναι, απομόνωσε τους διαφορετικούς!

Η Ρεβέκα κοίταξε με αγωνία πρώτα την οθόνη που έδειχνε το καραβάνι με τα πυρηνικά και κατόπιν την Εύα.

– Χάνει τη μάχη! φώναξε στην Εύα. Δεν είναι αρκετά δυνατός για να παλέψει τον ιό μόνος του!

Η Κολέτ προχώρησε μπροστά και άρπαξε τον Τζόε από το χέρι. Τον κρατούσε και τον κοίταζε βαθιά μέσα στα μάτια.

– Τζόε, προσπάθησε! τον παρακάλεσε. Μαζί μπορούμε να τα καταφέρουμε! Σύνδεσε το μυαλό σου με το δικό μου! Σε παρακαλώ, Τζόε, προσπάθησε...

Ο Τζόε κοίταξε παράξενα την Κολέτ, λες και δεν την αναγνώριζε.

– Απομόνωσε τους διαφορετικούς, είπε ο Τζόε και συνέχισε να το επαναλαμβάνει μονότονα: Απομόνωσε τους διαφορετικούς, απομόνωσε τους διαφορετικούς, απομόνωσε...

– Όχι! του φώναζε η Κολέτ. Έξω το κακό! Μέσα το καλό! Έξω το κακό! Μέσα το καλό!

– Απομόνωσε τους διαφορετικούς. Απομόνωσε... Έξω το κακό! Μέσα το καλό! Έξω το κακό! Μέσα το καλό!

– Ναι, αυτό είναι, Τζόε! Μπορείς να το κάνεις! του φώναξε η Κολέτ.

Γύρισαν και οι δυο μαζί, ο Τζόε και η Κολέτ, προς τη Μόργκαν.

– Έξω το κακό! Μέσα το καλό! Έξω το κακό! Μέσα το καλό! άρχισαν να λένε με μια φωνή.

Για μια στιγμή η Μόργκαν φάνηκε ν' αλλάζει, καθώς της ήταν πολύ δύσκολο ν' αντέξει τη συνδυασμένη επίθεση των κυμάτων της σκέψης του Τζόε και της Κολέτ. Τα γόνατά της άρχισαν να τρέμουν κι έπεσε στο πάτωμα.

Ύστερα βόγκηξε από πόνο και έφερε τα χέρια στο πρόσωπό της, καθώς ο δαιμονικός ιός αποβαλλόταν τελικά από το μυαλό της. Άρχισε να ουρλιάζει ασταμάτητα. Και μετά, ξαφνικά, σιωπή. Το πρόσωπό της ήταν ήρεμο και στα χείλη της άνθιζε ένα ντροπαλό χαμόγελο.

– Μπαμπά! φώναξε. Θέλω τον μπαμπά μου!

Στα διάφορα κτίρια του Ινστιτούτου και κοντά στις καγκελόπορτες οι εξαγριωμένοι μαθητές ένιωσαν ξαφνικά λυτρωμένοι. Κοιτούσαν μια ο ένας τον άλλο, κατάπληκτοι, και μια τα όπλα που κρατούσαν στα χέρια τους. Ύστερα άρχισαν να αναρωτιούνται τι στο καλό έκαναν ξημερώματα έξω από τα κρεβάτια τους.

Στο δρόμο το καραβάνι με τα πυρηνικά συνέχιζε ανενόχλητο το δρόμο του.

Στην αίθουσα ελέγχου του προγράμματος ακούστηκαν δυο πυροβολισμοί. Ο Τζόε, η Κολέτ και η Ρεβέκα είδαν με τρόμο τη Μόργκαν να πέφτει νεκρή στο πάτωμα. Το ίδιο και η Ράντκλιφ, λίγα μέτρα πιο μακριά.

Γύρισαν προς την Εύα, η οποία εκείνη τη στιγμή ξανάβαζε στην τσέπη της το περίστροφο που είχε προσφέρει στη Ρεβέκα κι εκείνη το 'χε αρνηθεί.

– Είδα τη Ράντκλιφ να σημαδεύει τη Μόργκαν, είπε η Εύα. Προσπάθησα να τη σταματήσω. Ήταν όμως πολύ αργά.

Η Ρεβέκα κοίταξε καχύποπτα την Εύα.

– Ναι, βάζω στοίχημα, είπε και προχώρησε προς το ακίνητο σώμα της Ράντκλιφ.

Σήκωσε από κάτω το περίστροφο της Ράντκλιφ. Ήταν κρύο και η κάννη του δε μύριζε καθόλου. Δεν είχε γελαστεί. Η Εύα τις σκότωσε και τις δυο για να μην αποκαλύψουν τα σχέδιά της.

Παρ' όλ' αυτά η Ρεβέκα δεν είχε αποδείξεις, γιατί με την Εύα δεν υπήρχαν ποτέ αποδείξεις.

Επίλογος

Η επώαση

Ινστιτούτο Μπρέντμαουθ,
γραφείο του στρατηγού Έξφορντ
Παρασκευή, 22 Ιανουαρίου, ώρα 16.15

– Αποτύχαμε, Εύα, είπε ο στρατηγός Έξφορντ. Παίξαμε το παιχνίδι και το χάσαμε· ένα παιχνίδι που παραλίγο να καταλήξει σε πυρηνικό ολοκαύτωμα. Χώρια ότι θέσαμε σε κίνδυνο το πρόγραμμα.

– Κι όμως, του είπε η Εύα και χαμογέλασε.

Κάθονταν και οι δυο αντικριστά μέσα στο γραφείο του στρατηγού με τα καινούρια έπιπλα. Πάνω στο γραφείο υπήρχε μια γυάλα που είχε μέσα ένα λευκωπό πράγμα με βαθιές αύλακες.

– Ο ελεγκτής του προγράμματος είναι ευχαριστημένος με το αποτέλεσμα, συνέχισε η Εύα.

– Αλήθεια; τη ρώτησε ο Έξφορντ.

Η Εύα εξακολουθούσε να χαμογελά.

— Φυσικά, του απάντησε και χτύπησε με τα δάχτυλά της τη γυάλα.

— Η Μόργκαν Νάιτ είναι νεκρή, είπε ο Έξφορντ. Δε θα μπορούμε πλέον να χρησιμοποιούμε τις ψυχικές της δυνάμεις με τον τρόπο που σχεδιάζαμε.

— Έτσι κι αλλιώς, μόλις ο ιός έγινε πολύ δυνατός, μας ήταν άχρηστη, είπε κυνικά η Εύα.

— Υπάρχει επίσης αναστάτωση ανάμεσα στους μαθητές του Ινστιτούτου, της θύμισε ο Έξφορντ.

— Μόλις όμως τα επίπεδα σεροτονίνης ρυθμιστούν, δε θα υπάρχει πια, του είπε η Εύα με αυτοπεποίθηση. Οι νέοι υπεύθυνοι της τραπεζαρίας που προσέλαβα θα το φροντίσουν. Μερικά ηρεμιστικά στο φαγητό των μαθητών και θα συμμορφώνονται απόλυτα με τα σχέδιά μας, ακριβώς όπως το μολυσμένο κρέας μείωσε την αντίστασή τους στη Μόργκαν Νάιτ.

Ο στρατηγός Έξφορντ έδειξε ιδιαίτερα ανήσυχος για μια στιγμή.

— Και θα τους κάνει να ξεχάσουν αυτά που έγιναν; ρώτησε την Εύα.

— Μα και βέβαια, του απάντησε η Εύα. Θα έχουν μερικούς εφιάλτες και αυτό είναι όλο.

Ο Έξφορντ κοίταξε τη γυάλα και κούνησε το κεφάλι του.

— Ξέρεις, ζήτησα να ξεθάψουν το σώμα της Μόργκαν Νάιτ, του είπε η Εύα.

— Και ο πατέρας της δεν έφερε αντιρρήσεις; τη ρώτησε ο Έξφορντ.

— Ο πατέρας έπαθε ένα ατύχημα, του απάντησε κοφτά η Εύα.

— Α, μάλιστα..., έκανε ο Έξφορντ.

— Όταν η Μόργκαν κόλλησε τον ιό, ο ιός ήταν απλώς παρών στον εγκέφαλό της, τίποτα παραπάνω, είπε η Εύα. Όταν όμως άρχισε να τρέφεται με τη σκέψη της, πολλαπλασιάστηκε κι έγινε επικίνδυνος, μέχρι που έλεγξε όλο το μυαλό της Μόργκαν. Ύστερα έδειξε στον Έξφορντ τη γυάλα. Εδώ μέσα βρίσκεται ένα τμήμα του εγκεφάλου της Μόργκαν με τον ιό. Θα απομονώσουμε τον ιό και θα τον καλλιεργήσουμε. Έτσι, τελικά, θα ελέγξουμε όλους τους μαθητές του Ινστιτούτου.

– Γι' αυτό ο ελεγκτής του προγράμματος είναι τόσο ευχαριστημένος μαζί μας. Αν καλλιεργήσουμε τον ιό, μπορούμε να επεκτείνουμε τη δύναμη του προγράμματος σ' ολόκληρο τον πλανήτη, είπε ο Έξφορντ κι έγειρε πίσω στην αναπηρική του καρέκλα.

Η αλήθεια είναι πως μερικές φορές η φιλοδοξία της βοηθού του τον φόβιζε. Αυτό συλλογιζόταν.

– Υπάρχουν πολλοί άνθρωποι που θ' αρνούνταν να υποταχτούν στον ιό, είπε στην Εύα.

– Και βέβαια, του απάντησε εκείνη.

Ύστερα η Εύα έβγαλε τα γυαλιά της. Ο στρατηγός την κοίταξε στα μάτια και ένιωσε να τρέμει. Θυμήθηκε την πρώτη φορά που την είχε συναντήσει, στην αίθουσα ελέγχου του Χιούστον κατά την εκτόξευση του Ντέιμος Ι. Κανείς δεν ήξερε από πού είχε έρθει, όλοι όμως είχαν συμφωνήσει πως ήταν ιδιοφυής ως επιστήμονας, αν και της άρεσε να επιβάλλεται στους άλλους. Από εκείνη την ημέρα η Εύα ασκούσε μια τρομερή δύναμη πάνω στο στρατηγό, ακριβώς όπως και στον Νάθαν Στορμ, ο οποίος ήταν επικεφαλής του Ντέιμος Ι τότε.

Οι δυο άντρες είχαν πει αστειευόμενοι τότε πως θα έκαναν ό,τι τους ζητούσε η Εύα. Βεβαίως κανείς από τους δυο δεν ήξερε τότε ότι το αστείο τους θα έβγαινε αληθινό.

Η Εύα είχε έρθει στο Ινστιτούτο ως προσωπική βοηθός του Έξφορντ, αν και ουσιαστικά αυτή το διεύθυνε. Επίσης διεύθυνε τον Νάθαν Στορμ, ο οποίος νόμιζε ότι αυτός έλεγχε το πρόγραμμα, ενώ στην πραγματικότητα η Εύα είχε τον έλεγχο κι εκεί.

Τελικά, αν το καλοσκεφτεί κανείς, ο πραγματικός κίνδυνος για τον πλανήτη Γη και το ανθρώπινο γένος δεν ήταν ο ιός, αλλά η Εύα, η οποία ήξερε πως για να κυριαρχήσει στον κόσμο έπρεπε πρώτα να ελέγξει όλους τους ισχυρούς αυτού του κόσμου και να τους κάνει υποχείριά της, δηλαδή να τους κάνει να υπακούνε απόλυτα στη θέλησή της.

Κι όταν πια θα το έχει πετύχει κι αυτό, δε χρειάζεται παρά να ειδοποιήσει τα πραγματικά αφεντικά της, κάπου εκεί έξω στο διάστημα, για να εισβάλουν και να καταλάβουν τον πλανήτη.

Οι μόνοι που θα μπορούσαν να αντισταθούν στα σχέδιά της είναι οι άνθρωποι που θέλουν να σκέφτονται ελεύθερα και δεν υποτάσσουν το πνεύμα τους, όπως ο Μαρκ Πράις, η Ρεβέκα Στορμ, ο Τζόζεφ Ουίλιαμς, η Κολέτ Ράσελ κι ένα σωρό άλλοι.

— Έτσι κι αλλιώς τι μας νοιάζουν εμάς τα ανθρωπάρια; είπε η Εύα στο στρατηγό. Εμείς είμαστε το πρόγραμμα κι είμαστε ανώτεροι από όλους.

— Δίκιο έχεις, της είπε ο στρατηγός. Οι άνθρωποι είναι κατώτεροι από εμάς...

Ινστιτούτο Μπρέντμαουθ, τραπεζαρία των μαθητών
Παρασκευή, 22 Ιανουαρίου, ώρα 16.17

Η Κολέτ μπήκε στην τραπεζαρία και προχώρησε προς τον Μαρκ, τη Ρεβέκα και τον Τζόε, οι οποίοι την περίμεναν. Είχαν τελειώσει τα μαθήματα της ημέρας και η Κολέτ είχε προτείνει να γιορτάσουν το ξεκίνημα του σαββατοκύριακου με το να επισκεφτούν ένα νέο εστιατόριο για χορτοφάγους στην πιο κοντινή πόλη.

Κανένας δεν είχε φέρει αντίρρηση, ούτε κι ο Μαρκ με τον Τζόε. Τώρα τελευταία αυτοί οι δυο είχαν χάσει την όρεξή τους για κρέας και δεν είχαν ακόμα δοκιμάσει τα νέα φαγητά της τραπεζαρίας. Παρόλο που η Εύα είχε προσλάβει νέους υπεύθυνους για την τραπεζαρία, ο Μαρκ κι ο Τζόε ήξεραν πολύ καλά πως είχε κάποιο σχέδιο στο μυαλό της.

Η Κολέτ χαιρέτησε τον Γκριφ μ' ένα χαμόγελο. Εκείνος προσπάθησε να της το ανταποδώσει, όμως η αλήθεια είναι πως εδώ και μια εβδομάδα ένιωθε δυστυχισμένος. Δεν μπορούσε να το πιστέψει πόσο ηλίθιος είχε φανεί που τον πήρε ο ύπνος την ώρα που περνούσε το καραβάνι με τα πυρηνικά. Ποια ήταν τώρα η αξιοπιστία του ως οικολόγου; ρωτούσε ξανά και ξανά τον εαυτό του.

– Κανείς δε θυμάται τίποτα, είπε η Ρεβέκα στον Μαρκ κι εκείνος κούνησε το κεφάλι του.

Η αλήθεια είναι πως δεν είχε συγκρατήσει από τα γεγονότα της προηγούμενης εβδομάδας τίποτα εκτός από κάτι θολές κι αόριστες αναμνήσεις, παρόλο που ο Τζόε με την Κολέτ συνδύασαν τις ιδιαίτερες ικανότητές τους για να τον βοηθήσουν να βρει τη μνήμη του.

– Κοιτάξτε, να ο Τζόνι, είπε η Κολέτ και σηκώθηκε για να τον χαιρετήσει.

Ενώ μέχρι πριν από λίγο καιρό όλοι νόμιζαν πως ήταν ένας απλός μαθητής του Ινστιτούτου, τώρα ήξεραν πως δεν ήταν.

– Γεια σας, υψηλότατε, του είπε η Κολέτ κι έκανε μια αστεία υπόκλιση.

– Σε παρακαλώ, μη μου το θυμίζεις, της είπε εκείνος. Ξέρεις, στη χώρα μου οι άνθρωποι δε λένε συνήθως ψέματα.

– Αν ήθελες, θα μπορούσαμε να είχαμε κρατήσει το μυστικό σου, πως είσαι δηλαδή γιος του βασιλιά του Ζου-Ζαν, του είπε ο Τζόε. Ξέρεις, ποτέ μέχρι τώρα δεν είχα συναντήσει πραγματικό βασιλιά!

– Ήταν καλύτερα να το γνωρίζει μόνο ο στρατηγός Έξφορντ, είπε ο Τζόνι.

– Και η Εύα, βάζω στοίχημα, ψιθύρισε η Ρεβέκα.

– Σε κρίναμε λάθος, Τζόνι, του είπε ο Μαρκ. Συγγνώμη.

– Με κρίνατε λάθος; τον ρώτησε ο Τζόνι. Για ποιο πράγμα;

Ο Μαρκ αναστέναξε. Φαινόταν πως και οι αναμνήσεις του Τζόνι από τα γεγονότα δεν ήταν ιδιαίτερα σπουδαίες.

– Δεν έχει σημασία, του είπε ο Μαρκ.

– Ο ίδιος ο στρατηγός Έξφορντ πρότεινε μέσα από τις επαφές του με το Υπουργείο Τεχνοκρατικού Σχεδιασμού να μείνω εδώ, στο Ινστιτούτο, συνέχισε ο Τζόνι. Ο πατέρας μου είχε δεχθεί απειλές ότι θα με απήγαγαν, εάν οι πυρηνικές κεφαλές, που θα περνούσαν μπροστά από το Ινστιτούτο, δεν επιστρέφονταν στην κινεζική κυβέρνηση, η οποία τις θεωρεί ακόμα ιδιοκτησία της.

– Και ήταν καλύτερα να σε κρύψουν ακριβώς εκεί από όπου θα περνούσαν οι κεφαλές; τον ρώτησε η Ρεβέκα. Γι' αυτό επέμενε τόσο ο Έξφορντ να μη γίνει η διαδήλωση του Γκριφ. Το Ινστιτούτο θα τραβούσε την προσοχή των μέσων μαζικής ενημέρωσης και του κόσμου. Λένε πως οι Κινέζοι είναι πανούργοι. Δε συγκρίνονται, όμως, με τον Έξφορντ και την Εύα.

— Τι ρόλο έπαιζαν όλα αυτά τα μηχανήματα υψηλής τεχνολογίας; ρώτησε ο Τζόε τον Τζόνι.

— Εξοπλισμός επικοινωνιών για να μπορώ να έρχομαι σε επαφή με τον πατέρα μου σε όποιο σημείο του κόσμου και αν βρισκόταν, μαζί με ένα βιβλίο με κωδικούς πρόσβασης, του απάντησε ο Τζόνι.

— Ακόμα δεν καταλαβαίνω ποιο ήταν το κέρδος του στρατηγού Έξφορντ, είπε η Κολέτ.

— Καινούρια εργαστήρια και ετήσιες εισφορές για τα επόμενα δέκα χρόνια, της είπε ο Τζόνι.

— Μα βέβαια, το Ινστιτούτο έρχεται πρώτο, σχολίασε ο Μαρκ.

— Πάντα, συμφώνησε η Ρεβέκα.

— Πρέπει να φύγω τώρα, είπε ο Τζόνι, ο οποίος είχε δει τη Χριστίνα Χάακ να μπαίνει στην τραπεζαρία. Η Χριστίνα θα με πάρει μαζί της στο χωριό σήμερα το βράδυ. Γίνεται μια αντιρατσιστική συναυλία.

— Καλά, καλά, είπε ο Τζόε όταν ο Τζόνι τους χαιρέτησε και έφυγε. Κι εμείς που σκεφτόμαστε πως ο Τζόνι μπορεί να ήταν με τους κακούς!

— Αυτό να σου γίνει μάθημα, πως δεν πρέπει να κρίνεις από την εμφάνιση, του είπε ο Μαρκ με νόημα.

— Ο Τζόνι ούτε καν θυμάται πού τον πήγε ο Έξφορντ όταν άρχισαν οι φασαρίες στο χώρο του Ινστιτούτου, είπε η Κολέτ.

— Προφανώς σε ένα από τα μυστικά περάσματα, μέχρι να ξεκαθαρίσει η Εύα την κατάσταση, είπε ο Τζόε.

Η Ρεβέκα αναστέναξε. Έδειχνε πάρα πολύ εκνευρισμένη.

— Είμαστε οι μόνοι που θυμούνται αυτό που συνέβη, είπε. Η Εύα κέρδισε ξανά.

— Και δεν έχουμε στοιχεία εναντίον της ή εναντίον του Έξφορντ, είπε ο Τζόε.

– Ο Κάλβιν Τσαρλς είναι νεκρός, είπε η Κολέτ. Αν ζούσε, θα μπορούσε να μας βοηθήσει.

– Ναι, σκοτώθηκε κατά τη διάρκεια της πυρκαγιάς που κατέστρεψε το εργαστήριο της χημείας, είπε με πίκρα ο Τζόε. Το σώμα του κάηκε σε τέτοιο βαθμό, που δεν μπορούσε να αναγνωριστεί. Ή τουλάχιστον αυτή είναι η εκδοχή της Εύας. Μάλιστα η ασφαλιστική εταιρεία ήδη πλήρωσε τους συγγενείς του, έτσι αποκλείεται να κάνουν παράξενες ερωτήσεις.

– Εξακολουθούμε όμως να γνωρίζουμε την είσοδο του προγράμματος, είπε η Κολέτ.

– Το κτίριο των διοικητικών υπηρεσιών το έχουν περιφράξει, είπε η Ρεβέκα. Πρόκειται να κατεδαφιστεί και να αντικατασταθεί με νέα εργαστήρια. Οι εργασίες άρχισαν ήδη. Βάζω στοίχημα ό,τι θέλετε πως, μόλις τελειώσουν τα συνεργεία που κάλεσε η Εύα, δε θα υπάρχει ούτε ένα αποδεικτικό στοιχείο για το πρόγραμμα.

– Έχεις δίκιο λοιπόν, Ρεβέκα, είπε η Κολέτ κακόκεφα. Η Εύα νίκησε για άλλη μια φορά.

– Προς το παρόν, είπε ο Μαρκ και σηκώθηκε για να φύγει. Μια μέρα όμως θα κάνει το στραβοπάτημα και τότε θα τα πούμε...

Σειρά: Πυξίδα

Απαγορευμένη Ζώνη

ΜΑΘΙΟΥ ΣΤΟΟΥΝ – **ΤΟ ΜΥΣΤΙΚΟ ΤΟΥ ΦΑΡΟΥ**
Μετάφραση: Δ.Π. Κωστελένος

ΜΑΘΙΟΥ ΣΤΟΟΥΝ – **ΤΟ ΑΠΟΛΙΘΩΜΕΝΟ ΔΙΑΣΤΗΜΟΠΛΟΙΟ**
Μετάφραση: Δ.Π. Κωστελένος

ΜΑΘΙΟΥ ΣΤΟΟΥΝ – **Η ΑΠΕΙΛΗ**
Μετάφραση: Δ.Π. Κωστελένος

ΜΑΘΙΟΥ ΣΤΟΟΥΝ – **ΤΟ ΤΣΙΡΚΟ ΤΩΝ ΕΞΩΓΗΙΝΩΝ**
Μετάφραση: Αντωνέλλα Μουτσοπούλου

ΜΑΘΙΟΥ ΣΤΟΟΥΝ – **ΤΟ ΦΑΝΤΑΣΜΑ ΤΟΥ ΕΚΔΙΚΗΤΗ**
Μετάφραση: Γιώτα Ποταμιάνου

ΜΑΘΙΟΥ ΣΤΟΟΥΝ – **Ο ΕΣΩΤΕΡΙΚΟΣ ΕΧΘΡΟΣ**
Μετάφραση: Αντωνέλλα Μουτσοπούλου

Στο χωριό Μπρέντμαουθ, χαμένο κάπου στην καταπράσινη και μυστηριακή εξοχή της Αγγλίας, βρίσκεται το Ινστιτούτο. Είναι μια σχολή που διευθύνει ο στρατηγός Έξφορντ και προετοιμάζει νέα παιδιά, προικισμένα με μια εξαιρετική ιδιοφυΐα, για να γίνουν κάποια μέρα σπουδαίοι επιστήμονες.

Όμως ακόμη και ο Μαρκ, η Ρεβέκα, ο Τζόε και η Κολέτ αδυνατούν να εξηγήσουν κάποια παράξενα γεγονότα.

Μήπως πρόκειται για κάτι πέρα από τα όρια του φυσικού; Μήπως την απάντηση θα τη βρουν αποκλειστικά και μόνο στην ΑΠΑΓΟΡΕΥΜΕΝΗ ΖΩΝΗ...

Άουλβιλ

ΦΙΛ ΜΠΛΑΚ – **ΟΙ ΦΡΟΥΡΟΙ**
Μετάφραση: Οδυσσέας Κυριακού

Ένας μυστηριώδης άγνωστος που χαράζει κύκλους στο χώμα, έξω από μια εγκαταλειμμένη καλύβα στα περίχωρα της Στοιχειωμένης Πόλης, της Άουλβιλ... Ένα απίστευτο μυστικό που μπορεί να επηρεάσει ολόκληρο το γαλαξία· και μια παρέα πέντε γενναίων παιδιών που δε διστάζουν να πουν «ναι» στη μεγαλύτερη πρόκληση που δέχτηκαν ποτέ στη ζωή τους, λαμβάνοντας ως αντάλλαγμα πολλές και υπερφυσικές δυνάμεις. Όμως...

...Όμως θα καταφέρουν, έστω και έτσι, να αντιμετωπίσουν με επιτυχία τις ορδές των Κο-Ματ, των ερπετόμορφων πλασμάτων που θέλουν να σκλαβώσουν τη Γη;

ΦΙΛ ΜΠΛΑΚ – **ΣΠΙΤΙ ΣΤΟ ΛΟΦΟ**
Μετάφραση: Οδυσσέας Κυριακού

Φαντάσματα... Η Άουλβιλ, η Στοιχειωμένη Πόλη, κρύβει πολλά μυστήρια στους σκοτεινούς της δρόμους και στα παλιά, ακατοίκητα σπίτια της... Αυτή τη φορά όμως, κάτι έχει αλλάξει. Οι δυνάμεις που συγκρούονται στο ΣΠΙΤΙ ΤΟΥ ΛΟΦΟΥ είναι πιο επικίνδυνες από ένα ή δύο «απλά» φαντάσματα. Αυτή τη φορά, στη σύγκρουση θα εμπλακούν και άλλες, άγνωστες οντότητες και το αποτέλεσμά της θα κρίνει τα πάντα.

Θα μπορέσουν να αντεπεξέλθουν στα νέα τους καθήκοντα οι πέντε φίλοι; Καλούνται τώρα να γίνουν Κυνηγοί Φαντασμάτων που έρχονται από μια άλλη διάσταση.